L'INTELLIGENCE
OU LES INTELLIGENCES ?

Du même auteur:

PSYCHOLOGIE

Le réel et l'imaginaire dans le jeu de l'enfant, essai sur la genèse de l'imagination, Vrin, 1946, 5ᵉ édit., 1975.
Le jeu de l'enfant après 3 ans, introduction à la pédagogie, Vrin, 1947, 7ᵉ édit., 1978, tr. all.
L'enfant et le jeu, édit. du Scarabée, 1950, nouv. édit. 1967, tr. espagnol, italien, portugais, grec et roumain.
L'enfant et ses conquêtes, 1960, 4ᵉ édit., Vrin, 1976.
Attitudes intellectuelles et spatiales dans le dessin, 1965, éd. du CNRS, 2ᵉ édit., 1975.
Du pied au bon sens, 1968, Vrin.
Jeux et sports, coll. Pléiade, ch. sur *Les jeux de l'enfant*, 1968, tr. allemand.
Traité de psychologie de l'enfant, PUF, ch. *Qu'est-ce que l'enfance?* du tome 1, 1969, et ch. sur *L'imaginaire chez l'enfant* du tome 3, 1972, trad. ital. et espagnol.
Le malaise de la psychologie, 1972, Flammarion.
La route et la maison, t. 1: *Les sources de l'imaginaire*, 1972, Vrin; t. 2: *Psychologie des attitudes intellectuelles*, 1976, Vrin.

PEDAGOGIE

Ecole et éducation, 1957, 4ᵉ édit., 1976, Vrin.
La culture générale, 1960, 3ᵉ édit., 1964.
Fillosofia y politica de la education, Nova, Buenos Aires, 1966.
Autour de l'élève, 1968, Vrin.
L'étudiant périmé, 1968, Vrin.
Psychologie de l'éducation, 1970, Vrin.

HISTOIRE DES DOCTRINES

Les grands pédagogues (avec 12 coll.), 1956, PUF, 6ᵉ édit., 1980, trad. grec, allemand, espagnol, portugais et brésilien.
J.J. Rousseau, sa philosophie de l'éducation, 1962, 2ᵉ édit., 1970, Vrin.
Montaigne, philosophe, psychologue et pédagogue, 1964, Vrin, 2ᵉ édit., 1971.
Pauline Kergomard, 1975, O.M.E.P.
Les grandes psychologies modernes (avec 3 coll.), Mardaga, 1977, tr. espagnol.
Les grandes psychologies dans l'Antiquité, 1978, Vrin, tr. portugais.
La psychologie de l'enfant en langue française (avec 11 coll.), 1979, Privat.

DIVERS

Brindilles, recueil de comptines (en coll. avec Mme Château), Colin, 1950, 6ᵉ édit., 1974.
Le chemin de Clarabide, suite de nouvelles montagnardes, 1970, Arthaud.

A PARAITRE

Les premiers pas des valeurs humaines, essai de philosophie génétique.

 *PSYCHOLOGIE ET SCIENCES HUMAINES*

Jean Château

l'intelligence ou les intelligences?

PIERRE MARDAGA, EDITEUR
2, GALERIE DES PRINCES, 1000 BRUXELLES

© Pierre Mardaga, éditeur
37, rue de la Province, 4020 Liège
2, Galerie des Princes, 1000 Bruxelles
D. 1983-0024-14

« Le demon de Socrates estoit à l'advanture certaine impulsion de volonté, qui se presentoit à luy, sans attendre le conseil de son discours. En une ame bien espurée comme la sienne et préparée par continuel exercice de sagesse et vertu, il est vray semblable que ces inclinations, quoy que temeraires et indigestes, estoient tousjours importantes et dignes d'estre suivies... Et en ay eu de pareillement faibles en raison et violentes en persuasion ou en dissuasion ... ausquelles je me laissay emporter si utilement et heureusement qu'elles pourroyent estre jugées tenir quelque chose d'inspiration divine. »

(Montaigne, 1, 11)

« Elle était aveugle de cœur; elle ne pouvait rien connaître. »

(Giono, *Mort d'un personnage*)

Introduction
L'évolution de la vie psychique

1. Le sens commun contre l'intellectualisme

De toutes parts l'intelligence pose des problèmes. Et souvent des problèmes qui paraissent d'autant plus ardus que s'y mêlent abusivement des préoccupations idéologiques et morales qui, dans une étude scientifique, ne sont jamais à leur place. D'autant plus ardus aussi qu'ils sont souvent posés sur la place publique, ce qui leur donne aussitôt des teintes partisanes, car la discussion dite démocratique n'a guère à voir avec la recherche scientifique. Non que cette recherche ne puisse, elle aussi, glisser parfois vers des idéologies vides de substance réelle, il serait aisé d'en tirer des exemples bien connus, de Lyssenko aux débats récents sur l'inné et l'acquis dans les activités intellectuelles. Mais, pas plus qu'une hirondelle ne fait le printemps, une faiblesse de quelques scientifiques ne doit modifier l'esprit scientifique: il est trop facile de condamner les « bavures » d'autrui et d'y voir péchés majeurs, mieux vaut balayer devant notre porte en sachant bien que le sol ne sera jamais parfaitement net.

Est-ce dire qu'il n'y a pour le scientifique rien à tirer de la voix commune? Je me garderais d'aller jusque-là, cet orgueil de savant est aussi déplaisant que l'infatuation vulgaire. Il faut, autant que l'on peut, distinguer entre ce qui, dans le collectif, n'est que mode passagère, idéologie qui dure quelques années ou quelques décennies, et d'autre part une sagesse profonde qui s'appuie sur l'expérience prolongée des générations et qui, si elle n'est point toujours parfaitement correcte, appelle au moins une interprétation comme si elle procédait par symbolisme.

La pensée commune lorsqu'elle se prolonge, plus exactement le sens commun, mérite notre respect parce que ses affirmations ont triomphé de bien des obstacles, des critiques, des malheurs. Boileau, qui jugeait sagement en la matière, a très bien exposé à ce sujet la thèse de la survivance du plus apte — dans un langage fort classique, certes — à propos du choix de bons auteurs (*Réflexions sur Longin*). Or ce qui vaut dans le domaine des arts vaut tout autant dans ce domaine quotidien qu'est le domaine de ce que nous nommons aujourd'hui les relations humaines, et peut-être gagnerons-nous souvent à relire Montaigne et ses émules pour mieux comprendre nos semblables : les situations économiques et sociales peuvent bien changer, les natures humaines ne changent point aussi vite.

C'est pourquoi, face à ces problèmes confus que pose l'intelligence aux chercheurs de notre fin de siècle, je n'hésiterai point à aller chercher parfois mon inspiration dans ces auteurs populaires qui ont exprimé au mieux le sens commun, Montaigne, Rabelais, Voltaire et tant d'autres. Et le premier conseil qu'ils me donnent, c'est qu'il faut se méfier de l'intelligence abstraite, de l'intelligence académique qui est seulement celle du pédant, du sorbonnagre, des maîtres penseurs. Non point de l'intelligence et de la raison en elles-mêmes, mais de leurs caricatures vides, de leurs simples habits de parade.

Irrationalisme, me dira-t-on ? Non pas, car une telle réflexion partirait d'une vue trop étroite du problème de l'intelligence, d'une vue anhistorique pour laquelle l'intelligence du philosophe classique ou du savant physicien moderne est le modèle de toute intelligence. Ce culte, bien abstrait, de la déesse Raison, s'est avéré, l'histoire en témoigne suffisamment, assez peu raisonnable : c'est opposer trop brutalement la Raison raisonnante à l'activité animale et aux affections. Il y a là un relent du vieux dualisme chrétien et cartésien dont le sens commun n'a jamais accepté les extrêmes.

C'est justement de cette vision, de ces survivances que nous délivre une vue génétique de la philosophie. Il nous faut, pour étudier l'intelligence, la mettre d'abord en situation. Avouer que l'intelligence abstraite du savant physicien est une branche, et non la seule, d'un arbre évolutif, seulement celle qui à notre monde technologique apparaît comme la plus précieuse. Mais ce monde-là date d'hier, et la nature humaine n'a point encore vraiment été modifiée par lui. Notre vie quotidienne, nos amitiés et nos amours, mais aussi nos activités pratiques et communes, disons en gros les 95 % de nos conduites, nos stratégies essentielles, restent encore hors de la portée des ordinateurs. S'ils en dépendent, c'est par des êtres techniques, machines ou langages des machines, non par la parole, disons mieux par le discours, non par le regard et le sourire, non par les directions de nos projets et par ces coups de barre que nos affections donnent à notre navire. L'intelligence dépasse de loin la raison scientifique.

Le psychologue lui-même ne s'en avise pas assez. L'homme de Freud est plus un *animal sexualis* qu'un *homo sapiens;* celui de Marx n'est qu'un *homo oeconomicus* de fantaisie, celui de Watson un robot capable d'apprentissage. Piaget lui-même, le grand Piaget qui a tant fait pour éclairer la genèse des catégories intellectuelles, ne s'est jamais préoccupé vraiment des intelligences affectives et pratiques. Et lorsqu'on connaît et pratique la vaste géographie des tests dits d'intelligence, on est trop facilement entraîné à croire que l'intelligence n'est que ce que mesurent ces tests, comme le Saint Office de jadis ne croyait voir que diables là où il ne comprenait plus.

Il faut tenter de cerner le problème de plus haut. Pour cela sont précieux non seulement les magnifiques recherches qui ont porté sur l'intelligence dite « pratique » — mais je dirais plutôt concrète, on verra plus tard pourquoi —, par les Köhler et les Rey et ceux qui les ont suivis dans le domaine des animaux et des enfants, mais aussi les études historiques ou ethnologiques sur les diverses formes qu'a pu prendre l'intelligence, et enfin le langage commun et les pensées communes qui étendent et nuancent singulièrement le concept d'intelligence.

2. La démarche de l'évolution

Or, en nous inspirant de ces diverses sources, nous pouvons revenir au modèle que nous donne l'évolution. Comme il y a des phyllums qui aboutissent par exemple à l'espèce humaine et à l'espèce des Dauphins, il y a dans le domaine ample de l'intelligence des phyllums qui aboutissent à des formes diverses, d'origine plus ou moins lointaine, plus ou moins efficaces, mais qui coexistent cependant et interfèrent sans cesse dans l'activité psychologique de l'homme. Il ne s'agit pas ici seulement de faire état du fait que chaque espèce animale a son intelligence spécifique, ce qui commence à être bien reconnu, mais aussi, et en plus, du fait que chez l'homme lui-même, à côté de l'une ou l'autre et sans cesse en interaction, il y a des activités intelligentes parallèles. A côté de l'intelligence supérieure d'un Einstein et de sa puissance abstractive, il y a une intelligence affective et une intelligence des situations — comme disait Wallon — peut-être même plutôt une intelligence concrète, à la fois affective, motrice et pratique, dont usait Einstein lorsqu'il parlait à ses enfants ou à son chien, et tout aussi bien dans la conduite ordinaire de ses relations avec ses semblables.

Nul ne voit plus aujourd'hui l'évolution des vivants comme une progression linéaire, comme une unique échelle à multiples barreaux sur chacun desquels serait perchée une espèce parfaitement distincte des autres. Cette vision de mathématicien ou plutôt de théologien subsiste certes encore souvent derrière nos hypothèses scientifiques, nous y reviendrons plus tard, mais mieux vaut, pour prendre un schéma dans l'histoire des vivants — et où le prendrait-on mieux ? — comparer la montée des espèces à un arbre généalogique. Considérons l'arbre généalogique de nos familles royales. Ne subsiste plus — pour ceux qui y croient encore — qu'une branche légitime, mais combien d'autres branches sur cet arbre. Des branches mortes, achevées dans un dernier fils sans descendant — comme fut Louis XVII. Des collatérales, mortes elles aussi, et des collatérales vivantes et parfois bien vivantes dont celle de qui se pense légitime successeur. Parfois, quand on considère cet arbre touffu, on observe des buissonnements (les Guise, les Orléans), parfois un mince filet court, si mince que sa légitimité, disons en termes de biologie son origine exacte, a pu être discutée comme celle du Pithécanthrope de Dubois, mais explosant finalement dans une nouvelle dynastie (pensons aux causes de la guerre de Cent Ans, ou à Henri IV). Enfin, dans les branches encore vivantes, autour de celle qui est considérée comme légitime, d'autres plus ou moins lointaines, des cousins de second ou de nième degré, qui peuvent peut-être un jour, après la disparition des branches plus proches, se trouver les seules prétendantes indiscutables. Or, à y bien regarder, cet arbre ressemble singulièrement à celui des espèces vivantes, c'est là évolution de même mouture, parce qu'en fin de compte les démarches de la vie restent toujours du même type. Comme si la Vie avait défini une stratégie une fois pour toutes.

Mais faites maintenant le saut, et au lieu de légitimité ou de droits, parlez d'intelligence, et vous retrouverez un tableau analogue des intelligences à travers les espèces. Comme, quoiqu'ils aient pu en penser, Louis XVI et même Louis XI avaient de lointains cousins qui étaient de simples métayers et même des serfs, l'intelligence la plus haute est toujours entourée d'aptitudes mineures qui peuvent subsister par elles-mêmes et avoir des succès dans leur humble fonction. Pas plus que le Roi, notre Intelligence abstraite ne doit se prendre pour l'unique forme d'Intelligence qui ait jamais existé. Elle a des parents proches, et je pense ici à cette intelligence concrète que nous étudierons plus loin, et elle a des cousines plus lointaines comme certaines séquences réflexes originelles (réflexe de la respiration ou de la déglutition), et beaucoup plus loin des cousines plus lointaines encore qui assurent les fonctions de ce que l'on nomme la vie végétative.

Tout cela fait bien des longueurs pour peu de chose, pensera peut-être le lecteur. Mais ce n'est pas peu de chose que d'établir et de bien faire comprendre que notre psychologie moderne glisse trop souvent vers la faute impérialiste qui consiste à ne reconnaître comme légitime qu'une seule intelligence et une seule filiation. En réalité, l'intelligence, avant d'assumer telle ou telle forme maîtresse, c'est tout un ensemble de familles de fonctions, de mécanismes, de techniques, constituant une famille assez vaste apparentée elle-même à bien d'autres familles. Toute une hiérarchie se présente ici, depuis la Reine-Intelligence abstraite, jusqu'aux lointaines sagesses des muscles et du cœur, en passant par ces Princes que sont l'intelligence concrète des choses et la saisie des signes sur les visages ( ). C'est à

( ) L'étude de ce trouble appelé prosopagnosie qui consiste dans l'impossibilité de reconnaître les visages, même ses enfants et sa femme (alors que l'on reconnaît la voix) a conduit à découvrir que « la part des ressources du cerveau consacrée à cette tâche apparemment limitée peut sembler disproportionnée » (Geshwind, in *Le Cerveau, Pour la Science*, 1979, p. 128). Mais Geshwind rappelle justement combien cette reconnaissance apparaît essentielle chez tous les animaux sociaux; les singes Rhésus identifient même des photographies de leurs congénères. C'est en effet une véritable intelligence d'autrui qui trouve ici son organe premier.

juste titre que le terme de test, jadis à sens restreint en psychologie, tend à retrouver sa signification classique et générale en s'appliquant également pour le psychologue, le médecin et le biologiste, à des performances éloignées de la conscience claire.

Si nos psychologues s'attachaient plus qu'ils ne le font aux progrès des chercheurs dans le domaine de l'évolution, s'ils n'oubliaient point autant que la pensée humaine continue la vie, qu'elle est seulement une expression plus complète de la vie, il leur paraîtrait naturel d'étendre leur regard plus loin autour d'eux, sans privilégier cette pensée qui est aussi et seulement celle de l'ordinateur. Bien mieux, ils accentueraient beaucoup les recherches qui portent sur les relations entre les divers types de conduites adaptatives, dont certaines ne sont jamais aujourd'hui que des domestiques, des espèces aussi domestiquées que le chien ou le mouton dont l'origine est douteuse : combien de réflexes originels se déguisent aujourd'hui sous forme d'espèces domestiques !

Reprenant, amplifiant et modernisant une stratégie qui inspira jadis Bergson ( ), il nous faut maintenant donc étudier l'intelligence selon

( ) Je n'aime guère le bergsonisme et je lui dois bien rarement quelque inspiration. Je lui reconnais cependant deux mérites. Le premier est un style clair et facile : Bergson fut sans doute le dernier de nos grands psychologues qui fut aussi un grand écrivain. Le second est d'avoir vu que la philosophie ne pouvait plus prendre un nouvel essor sans chercher ses bases dans la psychologie, et, plus loin, dans la théorie de l'évolution; il ne fut certes pas le seul à cette époque à vouloir construire sur la théorie évolutive, mais s'il eut de plus le regard assez clair pour voir le rôle essentiel dévolu à la psychologie dans la genèse philosophique, il s'est égaré très vite, faute à la fois d'une psychologie assez solide et d'une théorie de l'évolution positive, si bien que tout son génie et tous ses efforts n'aboutissent qu'à ce que Berl a nommé « la grande parade du bergsonisme ». Aujourd'hui, de sa psychologie il ne reste plus grand-chose — peut-être seulement la leçon de style — et de sa philosophie moins encore malgré les resucées des Vialleton et autres Teilhard. Ce désastre a quelque chose d'attristant. La partition bergsonienne entre deux types d'adaptation, l'instinct qui prédomine chez les insectes et l'intelligence qui prédomine chez l'homme fut bien jadis une tentative correctement dirigée dans sa ligne essentielle. Mais manquaient à Bergson d'une part de franchir le pas que Köhler fit franchir à la psychologie animale, d'autre part une vue de l'évolution moins théologique que seul ce siècle-ci a permise. Il eut fallu démythifier l'évolution, lui fournir ses aspects aléatoires (erreurs, culs-de-sac) et enfin renoncer à cette coupure trop brutale entre deux lignes évolutives pour entrevoir beaucoup plus de lignes et une fusion plus facile entre elles.

plusieurs dimensions. Une dimension en quelque sorte horizontale faisant état des diversités et des marges. Puis, mais sans les séparer, une autre dimension, évolutive cette fois. Les deux dimensions qui permettent à l'arbre généalogique de croître et de s'épanouir.

3. Organes et fonctions

Dans ce domaine, comme dans tous les domaines de la psychologie, il faut faire aller de pair les organes (cerveau compris) et les fonctions, en se souvenant que si les fonctions se perfectionnent ou se détériorent en relation avec l'état des organes — et jusqu'à un certain point inversement — du fait de l'évolution des organes et des fonctions, il arrive qu'il se produise des retards ou des avancées, disons des marges, ce qui explique par des processus parallèles ou plutôt identiques les survivances de certains organes chez le nourrisson ou même l'adulte et les erreurs et désharmonies qui mènent le psychologue à se défier justement de ce qui ne serait qu'une psychologie des fonctions.

Ce dernier point est d'importance, et il faut y insister un peu, car c'est peut-être en passant par là que se dénouent nombre des difficultés relatives à l'intelligence. Il faut d'abord poser que les démarches, aujourd'hui connues, de l'évolution s'appliquent à la fois aux organes et aux fonctions : les unes comme les autres progressent selon de semblables poussées, stagnations et même régressions évolutives. Ou plutôt il faut bien poser qu'on ne peut séparer organe et fonction, qu'il s'agit là seulement de deux perspectives, chacune à part restant incomplète, des mêmes choses. Ce qui ne veut point dire qu'il n'y ait entre les uns et les autres un certain jeu ; cela ne serait vrai que si, avec Bergson et d'autres, on imaginait quelque puissance qui sache, au moins en gros, où elle va, qui crée un organe pour satisfaire telle ou telle fonction, et à travers celle-ci quelque adaptation générale de tout l'organisme, de tous les organismes du groupe et enfin — logiquement — du Cosmos tout entier. Laissons de côté cette Vie créatrice et considérons, avec les évolutionnistes d'aujourd'hui, que tout organisme use comme il peut de ses organes, que par là c'est le comportement total de l'organisme qui suscite la fonction, qui lui donne un sens. Considérons aussi que le sens de l'organisme lui-même, son appétit d'un certain comportement vital (social ou sexuel, par exemple) est le simple fruit de sa survie en même temps qu'il en devient par la suite, une cause, ou si l'on préfère que, tenant de modifications aléatoires multiples son aptitude à persévérer dans l'être, tout organisme possède aussi par là un dynamisme interne expliquant ses comportements de défense ou d'attaque auxquels on le peut identifier, dynamisme qui, résultant des organes, est en fait l'ensemble des fonctions.

Or, aussi s'ensuit-il que, dans ce remue-ménage des organes et des comportements, il doit se produire, du fait des circonstances aléatoires, des écarts, par exemple des survivances organiques — qui peuvent même entraîner des survivances psychiques — aussi bien que des monstruosités ou des caractères originaux, pathologiques. Egalement ces caractères d'adaptabilité, d'ouverture, qui permettent à certains organes de créer des comportements neufs, et à l'organisme d'inventer des conduites, des consciences et enfin un Je social.

En face des désharmonies — comme disait jadis Rabaud — aussi bien que des créations dont sont plus ou moins capables les organismes, il n'est point possible, à parler strictement, d'invoquer des fonctions. Cependant, dès que l'on quitte cette métaphysique vieillie, il reste que la notion de fonction répond à une sorte de moyenne, c'est une notion statistique qui s'avère fort utile, nous permettant de supposer par exemple, que l'œil possède tous les éléments nécessaires à une vision du type qui est généralement celui des individus d'une certaine espèce. Disons, après bien d'autres, qu'il y a là une notion régulatrice mais non constitutive. Elle nous est cependant imposée par les modes mêmes de l'évolution.

On le voit, nous tentons de suivre au plus près les connaissances que nous fournit aujourd'hui l'étude de l'évolution des vivants. Comment, en effet, si on ne remonte d'abord à ce domaine, comprendre les modalités du psychisme humain, et d'abord en ses débuts enfantins? Cela nous mène d'abord à pouvoir limiter, tout en l'acceptant, le rôle de la notion de fonction. Il ne s'agit plus d'une fonction comme logique et qui puisse être facilement définie, mais d'une ligne générale qui a été — et le temps passé est ici essentiel — qui a été donc suivie généralement par des éléments vivants analogues. Mais aussi nous pouvons nous attendre à trouver des marges de tout fonctionnement organique. Il n'est plus question de proclamer, avec Aristote, une définition parfaite et complète de l'intelligence, par exemple, mais il faut en avoir une vision plus souple, cette vision large que nous commande la biologie elle-même: il y aura tout au moins des modalités diverses de l'intelligence, sinon peut-être des intelligences.

4. Le comportement comme mosaïque d'éléments d'âges différents

Or c'est aussi là que nous mènent des considérations plus franchement génétiques. Revenons maintenant à des idées exposées plus haut: peuvent subsister à la même époque des organismes et des comportements divers bien que possédant une même souche lointaine: les enfants d'Adam ne sont pas tous non plus calqués sur le même type ni au même niveau — ce qui demanderait une action bien précieuse de Jéhovah lui-même! Attendons-nous donc à retrouver dans le même groupe d'individus ou même d'organes des disparités d'ordre chronologique. Nous reviendrons plus tard quelque peu sur les différences entre individus; pour l'instant considérons plutôt les différences de nature et d'origine, disons d'âge, entre les divers éléments d'un unique psychisme. Par des voies différentes des chercheurs contemporains ont touché à ce problème et même parfois ont aperçu son importance.

Je pense ici en particulier à Zazzo et à Lorenz, qui n'appartiennent certes point à la même école. Dans plusieurs ouvrages, Zazzo a insisté sur ce qu'il nomme l'hétérochronie du développement; sans doute est-ce là une caractéristique du débile chez qui ne sont point réussies aussi bien les épreuves psychomotrices que les épreuves spatiales; mais, sans considérer le point de vue clinique, il faut bien accorder qu'il y a là un phénomène qui, s'il prend des allures extraordinaires chez le débile, est également présent chez les sujets considérés comme normaux. Ce déséquilibre que l'on constate chez le débile entre deux domaines amples du psychisme — et c'est là un fait capital sur lequel nous reviendrons plus tard — n'est-il point aussi présent lorsque l'on considère ces diverses formes d'activités psychologiques qui, apparues dans le phyllum à des dates bien différentes et parfois extrêmement lointaines, parviennent cependant à se conjuguer assez bien. En chacun de nous il y a un sinon plusieurs hommes primitifs, un homme du siècle dernier et un *homo technicus* de cette fin du XXe siècle. Ils ne s'accordent point toujours aussi bien que nous le voudrions, ces hommes de l'histoire et du présent et en chacun de nous se heurtent les traditions et la nouvelle mode, le modèle d'un père d'une autre génération et le modèle des grands contemporains de notre génération ou de générations plus jeunes, l'homme paysan notre ancêtre qui prenait bien son temps et l'homme de la vitesse, le sujet obéissant à la loi du groupe et le citoyen indiscipliné proclamant sa liberté propre. Notre personnalité recèle sous son unité apparente, sous le voile de son Je, un grand nombre d'oppositions, de conflits entre les êtres du passé et les êtres du présent; et le berger qui conduit cette troupe disparate a parfois fort à faire pour rétablir ordre et équilibre. La disparité de l'environnement contribue d'ailleurs à ce déséquilibre car hier y côtoie aujourd'hui, tantôt je marche comme mes ancêtres de Néanderthal et tantôt je vole au-dessus des nuages, tantôt j'aime comme aimaient les Romains et tantôt mes projets utilisent des ordinateurs : avion, ordinateur ne sont là que des instruments, mais combien ces instruments changent-ils une part de moi-même. L'homme est sans doute un ensemble ordinairement assez bien équilibré, mais cet ensemble reste fort hétérogène et son unité est celle de la chauve-souris.

Ces réflexions nous conduisent naturellement à voir, dans notre activité psychologique, comme le dit Lorenz, une sorte de mosaïque composée d'éléments fort disparates, une mosaïque qui mêle brique, bois et marbre, ou, pour employer la comparaison même de Lorenz, une sorte de collier de perles enfilées dont l'origine n'est point unique (*Evolution et modification du comportement*, 1974, p. 96). Il y a là des séquences motrices enracinées dans notre stock héréditaire à côté d'éléments neufs plus ou moins importants. Chaque conduite tire ainsi sa diversité non seulement de la nature même des séquences qui la composent mais aussi de leurs modalités et de leurs places dans la série complète.

Cette conception nous paraît capitale, car c'est en ce point que se révèle avec le plus de précision et le plus d'acuité le problème que nous avons posé des divers types d'intelligence, la conduite intelligente étant en fin de compte une conduite analogue aux autres conduites. Notre analyse peut donc déborder provisoirement le domaine attribué ordinairement à l'intelligence à laquelle nous reviendrons ensuite de manière plus précise.

L'étude du comportement moteur chez les animaux a été conduite assez loin aujourd'hui par les éthologistes pour qu'apparaisse nettement cette hétérogénéité des éléments. En utilisant des substituts, des leurres, en modifiant l'environnement de manière plus ou moins sensible, ils sont parvenus en bien des cas à éclairer très nettement ce que la simple observation avait suggéré : il existe en chaque animal un lot plus ou moins ample et plus ou moins fixe de séquences motrices pouvant être utilisées avec succès dans l'environnement normal de l'espèce. En effet, dans cet environnement, ces séquences s'accordent entre elles, forment une suite qui semble continue et finalisée ; mais si manque un déclencheur caractéristique pour un certain élément, celui-ci ne prend plus sa place dans l'ensemble ; et si au contraire ce déclencheur apparaît hors de l'environnement normal, il pourra provoquer l'apparition inconnue de cet élément isolé. Les exemples étudiés sont maintenant légion et bien connus, et ils démontrent amplement de quelle variété de briques est composée la maison. Ou comment l'harmonie musicale naît de notes données par plusieurs instruments.

Les éthologistes n'ont point seulement démontré que l'on ne pouvait, comme l'avaient cru Pavlov et ses disciples, user d'un seul type de briques ou d'un seul instrument : le réflexe conditionné n'est que l'un des éléments présents dans la composition de certaines conduites motrices. Et son importance — comme celle du réflexe originel ou celle de l'essai — varie en fonction des divers comportements moteurs. Il se forme ainsi un ensemble plus ou moins bien équilibré qui mène avec plus ou moins de succès à une réalisation finale.

Or cette manière de voir comporte bien des conséquences qu'il est bon de signaler dès maintenant avant de continuer l'analyse. D'abord qu'il y a là la solution du problème de l'inné et de l'acquis que nous retrouverons plus tard. Ensuite que, selon un mélange variable, il reste toujours dans nos comportements des éléments venus d'une lointaine préhistoire. Enfin que nous retrouvons dans un domaine voisin ces modalités évolutives que connaissent les espèces vivantes. Sans doute bien d'autres choses encore, mais elles apparaîtront peu à peu.

On pensera peut-être que nous abusons de la comparaison avec l'évolution des espèces. Mais ce n'est point seulement comparaison, rappelons-le, car les démarches des tissus vivants restent les mêmes en toutes occasions, et toujours elles ont finalement les mêmes causes dans le jeu complexe des molécules. Qu'il s'agisse des espèces, des organes, des séquences motrices, c'est toujours les mêmes causes qui jouent et on ne peut trouver que des démarches analogues dans cette diversité. Il n'y a là qu'une apparence de réductionnisme, car c'est la même matière que l'on brasse toujours. Le réductionnisme consisterait à croire que l'on peut se contenter des études de l'inférieur pour expliquer le supérieur : celui-ci résiste, il le faut bien reconnaître, à ces tentatives de simplification, en raison de la complexité extrême des activités psychologiques : on ne peut réduire la psychologie à la biochimie du système nerveux, ce serait en fait la faire disparaître. Mais ce refus d'un réductionnisme simpliste doit bien distinguer entre la stratégie d'attaque employée par le chercheur et la démarche dynamique de son objet. L'utilisation de tests d'intelligence ne condamne nullement la conception d'une démarche de cette intelligence comparable à celle qu'a révélée l'évolutionnisme, car c'est la même matière qui joue. Il faut seulement chercher d'autres méthodes de recherche ou, pour mieux dire, attaquer sur d'autres points de la montagne en utilisant des instruments variés en fonction de la roche.

N'insistons pas sur ces problèmes de méthode, l'important n'est point dans ces discussions d'école mais dans les recherches qui permettent de mieux comprendre, quelques méthodes qu'elles emploient. Nous devrons d'ailleurs bien revenir sur ces points lorsque nous aborderons directement l'intelligence abstraite; mais de cela plus tard.

5. Confirmation sur une conduite intelligente

Une analyse d'intelligence en acte devra, si nous sommes dans la bonne direction, confirmer ces analogies sur lesquelles nous nous appuyons. Or la voie est ici plus aisée qu'il ne semble. Il est assez clair à quiconque écarte tout préjugé que penser, c'est brasser des éléments bien divers : l'intelligence est toujours une synthèse d'êtres hétéroclites. Prenons donc un exemple.

Je serais tenté de prendre un exemple parmi les tests d'intelligence classiques que j'ai longtemps utilisés, par exemple le célèbre test D. 48 (ou celui des « dominos »), réputé test très pur en g, mais dont les utilisateurs savent pourtant bien comment la démarche initiale, ordinairement globale, diffère de la démarche complexe de raisonnement qui permet de résoudre les derniers items. Ou bien les tests de Cattell, si usités eux aussi, et qui donneraient lieu aux mêmes réflexions. Ou bien d'autres, sans compter ceux, comme le Binet-Simon, qui font intervenir un pur savoir à côté d'activités intellectuelles complexes. Mais ce sont là mauvaise matière pour procéder à une analyse, car ils ont justement été construits dans un but très précis, ils prétendent cerner l'intelligence et en donner une mesure. Avant de nous hasarder dans cette forêt obscure où errent plus ou moins les spécialistes en usant de cartes dont ils ne sont pas sûrs, prenons donc un exemple de conduite intelligente dans la vie quotidienne.

Je choisirai cette conduite intelligente qui consiste à manger. Qu'il y ait là des éléments automatisés, cela est bien évident, il suffit de considérer un bébé pour voir tout ce qu'il doit non seulement comprendre à sa manière et imiter, mais aussi assimiler et transformer en coutumes et pour être amené à distinguer dans la conduite concernée des activités d'automate, celles qui commandent mes propres gestes lorsque, tout en mangeant, je parle avec mon voisin. Or ces conduites semblent avoir d'abord été acquises intelligemment, d'où une distinction à faire entre ces mêmes éléments *avant* et *après* la mutation assimilatrice. Est-il si assuré d'ailleurs qu'il ne s'agisse là que d'automatismes appris ? Certains gestes ne sont-ils point, comme la déglutition qui les continue, partiellement ou totalement (disons presque totalement) programmés dans le stock héréditaire ; par exemple, le geste de porter-à-la-bouche ou celui de saisir-dans-sa-main pain ou couteau. Il serait bien osé de prétendre que, dans cette activité, il n'y a jamais qu'un apprentissage social ; à tout le moins faut-il accorder que celui-ci continue une certaine organisation physiologique (et physiopsychologique, si l'on veut). Posons donc là côte à côte des réflexes inconditionnels et conditionnés et des activités plus souples comme les réflexes dits de second ordre. Ou, pour ne pas compliquer le problème, parlons d'automatismes dont l'origine est plus ou moins mélangée de constitutionnel et d'apprentissage.

Nous ne sommes point encore à l'intelligence ? direz-vous. Certes non dans un certain sens; mais que pourrait bien être une intelligence qui n'aurait point à son service ces éléments du puzzle intelligent, ces instruments préfabriqués de nos conduites et comme ces molécules de toutes nos activités? Je ne puis saisir ce que serait cette intelligence sans matière et de plus, sans objet, sans support comme la célèbre colombe de Kant — si ce n'est un amusement pour le logicien de service. Il est vrai que ce logicien parvient peut-être à fournir lui-même à son intelligence une matière formelle: ainsi procèdent toutes les logiques pures et toutes les mathématiques; mais ce sont là formes extrêmes et comme marginales d'une intelligence qui a pendant bien des générations construit, compris, prévu et jugé, bien longtemps avant que ne naissent Aristote ou Euclide. N'allons donc point si vite à la fin du roman, posons d'abord bien les personnages.

Or, à revenir à notre manger, nous allons tout de suite trouver des activités intellectuelles qui n'impliquent ni Aristote ni Euclide. Je pense d'abord à ces éclairs de jugement qui découpent et éclairent les gestes comme les objets perçus. C'est W. James, je crois, qui, avant même les Gestaltistes, a attiré l'attention sur ces éclairs-là. Sans cesse ils jouent, ils sont comme de petites lumières projetées sur l'assiette et son contenu, sur ma main, sur mes voisins; ou plutôt ce sont comme de légers coups de barre qui redressent le navire laissé au pilote automatique. Il y a là une activité capitale et dont il faut bien reconnaître que, même après la Gestaltthéorie, elle reste assez mal connue. Sans doute les hommes de la Gestalt ont bien montré que de tels éclairs permettent seuls de fournir une figure et une signification aux percepts, mais, et justement parce qu'ils étaient trop attirés par la perception, étudiée en laboratoire, ils ont moins considéré leur rôle dans l'acte intelligent ou volontaire — bien qu'on les trouve clairement dans les tests d'intelligence inspirés de la Gestalt, par exemple ceux qui usent de figures cachées ou de figures complexes. Ce qui me semble important à souligner dans cette direction, c'est en effet le lien étroit entre la simple intuition — celle des Gestaltistes — ou si l'on veut le jugement perceptif et d'autre part l'acte ou mieux, le geste intelligent qui l'accompagne. Cela est beaucoup plus sensible lorsque j'analyse ma conduite de manger que lorsque j'utilise un test d'intelligence qui reste gratuit, hors du circuit d'activité, hors du cercle des travaux[1].

Laissons de côté pour le moment l'étude de ce mouvement capital des activités intelligentes qu'est l'éclair perceptif et moteur à la fois. Nous devrons le retrouver à propos de l'intelligence concrète. Et, continuant notre analyse, portons cette fois notre attention sur les réflexions qui accompagnent et facilitent l'acte de manger. Sans doute sont-elles assez rares dans une activité aussi machinale, mais quelle activité humaine est complètement machinale et peut se contenter de simples éclairs de conscience ? L'enfant qui façonne sa purée en mer calme ou en édifice, est-il donc disparu dans l'adulte qui calcule ce qu'il boit — surtout s'il doit conduire —, qui pense à ne pas s'attarder et attarder les autres en bavardages, qui coupe son repas de conversations ou même de lecture ? Or tout cela doit aussi être mis au compte de la conduite; on ne peut dénuder celle-ci d'accessoires aussi importants parfois pour chacun de nous.

A peine ai-je jusqu'ici mentionné les relations sociales qui, dans cette même conduite, contribuent à en faire un acte intelligent. On sait cependant combien justement et combien largement depuis quelques années des sociologues ont insisté sur les pratiques sociales de la cuisine et des repas, sur les rituels et la cérémonie, sur l'importance des instruments sociaux (table, couverts, etc.) et de leurs modes d'utilisation. Tout cela aussi est partie intégrante de la conduite qui nous intéresse et nul, même s'il est psychologue, n'a le droit d'étudier cette conduite en la ramenant d'abord à celle d'un débile profond — je n'ose dire d'un singe.

Or nous avons cependant à dessein laissé de côté d'autres éléments essentiels, plus malaisés à disséquer, mais aisés à faire apparaître. Ce sont souvent ces éléments initiateurs qui disparaissent régulièrement dans toute mesure du Q.I. par les tests parce qu'ils res-

---

[1] Simone Weil, qui aimait réfléchir sur les mathématiques — n'oublions pas que, dans le célèbre groupe Bourbaki, son frère André fut sans doute le meilleur mathématicien de cette génération — a fait une excellente analyse de l'intelligence en acte du mathématicien, soulignant «le caractère machinal» des opérations ... illustré par l'existence des «machines à compter» (100), le fait qu'on oublie sans cesse et sans danger la signification des signes si bien que «la signification des signes finit par ne plus rien vouloir dire» (101), et concluant: les mathématiques supérieures «ne sont pas un pur produit de l'automatisme... la pensée et même le génie ont eu part et ont part à leur élaboration; il en résulte un extraordinaire mélange d'opérations aveugles avec des éclairs de pensée» (102), «à un seul éclair de pensée correspond une quantité illimitée d'actions aveugles» (98) (in *Réflexions sur les causes de la liberté...*).

tent en dehors de la performance finale. Ce sont aussi des éléments trop amples et trop synthétiques pour apparaître facilement dans les analyses factorielles et même dans nombre de tests, nous voulons parler des attitudes et des stratégies. Manger, c'est d'abord être disposé à manger. Etre disposé à manger avec tel ou tel, en usant de telle ou telle nourriture, en silence ou en conversant. La conduite de manger d'un prisonnier dans une basse-fosse, qui se jette sur son brouet, n'est pas celle de Louis XIV dans toute sa pompe: il y a pourtant là deux activités qui réclament intelligence.

Qu'il nous suffise pour l'instant d'avoir montré sur un exemple quotidien combien différents sont les éléments qui interviennent dans une activité concrète qui demande quelque intelligence. A plus forte raison cet éventail s'enrichirait-il dans des activités plus complexes. Contentons-nous encore avant de nous pencher vers les stratégies et attitudes que nous venons seulement de signaler, de noter combien doivent échouer les tests, analyses factorielles et même Q.I., malgré leur incontestable utilité, lorsqu'il nous faut cerner l'intelligence dans toute son ampleur et toute sa vie. Il est remarquable, par exemple, que se confondent nécessairement, dans une analyse, des facteurs d'automatisme aussi différents que ceux qui résultent du stock héréditaire et ceux qui procèdent d'un apprentissage particulièrement réussi et prolongé. En ce domaine comme en beaucoup d'autres (par exemple, dans la recherche des maîtres d'œuvre successifs d'une cathédrale) il est quasi impossible de remonter aux sources à travers toutes les gorges du fleuve; il faut partir des sources elles-mêmes.

Repartir des sources, soit, mais quelles sources? Nous apercevons en effet trois modes de retour aux sources.

Le premier se réfère aux sources du mot, à ses significations possibles. C'est là revenir au bon sens du vulgaire et des penseurs anciens dont nous avons dit dès le début qu'il fallait leur faire une place. Mais il ne peut encore s'agir là que d'une sorte de débroussaillage.

Le second consiste à faire appel à des méthodes les plus scientifiques ou plutôt les plus mathématiques possibles pour découvrir non à vrai dire les sources mais les *éléments*. On voit que nous pensons ici aux travaux des psychologues mathématiciens — et souvent des mathématiciens psychologues — qui, en ce domaine, sont si nombreux et si assurés qu'ils occupent d'ordinaire presque à eux seuls toute la scène.

Enfin revenir aux sources, ce sera, reprenant la piste que nous avons déjà quelque peu pratiquée, remonter le cours du temps et nous soucier avant tout longuement des mouvements évolutifs, des genèses.

Significations, aptitudes, niveaux, trois distinctions qu'il faut bien se garder de traiter absolument à part. Nous le verrons chaque fois que l'on place l'une d'elles au centre de l'étude, il n'est point possible d'avancer droit sans garder les deux autres à l'horizon comme, lorsqu'on descend une vallée, ces montagnes qui défendent les deux rives.

Chapitre I
Les significations

1. Etymologies

Le mot français d'intelligence est l'un des plus complexes qu'il soit malgré une étymologie claire. Et cela même nous est un premier signe.

Débarrassons-nous de l'étymologie. Une racine indo-européenne LEG se retrouve aussi bien dans lire ou dans cueillir. Pas d'autre problème là que celui des relations entre les significations, ce qui mérite une analyse d'un autre type.

Notons dès maintenant que cueillir, c'est choisir, c'est élire; l'objet cueilli a été placé dans une certaine classe, distingué d'autres objets qui pourraient paraître analogues ou voisins. Le cueilleur a délibérément pris une certaine direction, initié une nouvelle conduite, alors qu'étaient possibles d'autres directions, d'autres conduites, d'autres regards et d'autres actes. Déjà dans ce geste de cueillir sont ainsi impliqués deux éléments essentiels. L'un est une certaine disparité des choses; le monde ne se présente point comme un Unique, mais comme une mosaïque, bien plus cette mosaïque contient des analogues entre lesquels se fera le choix. Diversité et élection donc, le choix du cueilleur consiste à tirer une chose — à élire — hors d'un groupe, à la placer à part comme ayant sa propre réalité, son propre usage. Cueillir, c'est analyser et globaliser l'un après l'autre. La même conduite du cueillir comprend deux mouvements, l'un qui distingue et l'autre qui distrait.

Notons bien ces deux termes de dis-tinguer et dis-traire, car ils concernent bien deux directions essentielles de l'intelligence. L'une qui, restant dans un champ perceptif, la structure. L'autre qui écarte, qui procède par di-lection. Deux actes qui, au premier abord, paraissent successifs : je cueille des fleurs une par une avant de les rassembler en un bouquet; mais qui peuvent aussi sans doute prendre du champ l'une par rapport à l'autre. Il ne s'agit d'abord que de toucher (*tangere*, d'où *dis-tingere*) du doigt ou même du regard. Puis il s'agit de tirer (*trahere*) à part. Cela suffit-il? Non, nous restons ce faisant dans un même mouvement, qui traite une pluralité comme telle; nous oublions trop le préfixe *inter* de *intelligere*. Faire un bouquet, pour reprendre notre image, ce n'est point seulement mettre côte à côte des fleurs de la même espèce, c'est faire de la masse un ensemble, c'est disposer le rassemblement selon une vue globale. De même l'acte d'intelligence est un acte d'union, un rapprochement selon certaines règles ou plutôt certains principes.

Analyse et synthèse, dira-t-on? Ce n'est pas assez car en parlant ainsi l'on sépare la distinction du rassemblement, on fait trop glisser l'intelligence vers un simple raisonnement ou plutôt un réflexe. La conduite intelligente suppose déjà un projet de rassemblement avant toute distinction, le *inter* accompagne et même précède le *legere*; c'est lui qui est ici le plus important. Comme si le projet primitif choisissait sa matière, ses objets, ses instruments. Distinguer et dis-traire ne sont que deux moments d'une mise en ordre, d'une mise en une unité et l'acte intelligent ne s'achève que par cette réalisation d'un tout.

Peut-être allons-nous trop vite et suivons-nous pour l'instant une seule piste alors qu'il en est d'autres; mais il semble bien que ce soit là la principale. L'*intelligentia* de Cicéron, c'est d'abord la *dianoia* d'Aristote, un raisonnement ou mieux une compréhension. L'intelligence, c'est la fonction qui nous sert à comprendre. Si le *cum* rappelle l'ensemble à réaliser, le prendre (*prehendere*) insiste plus sur ce que nous nommions le dis-traire que sur le distinguer. Cependant si, là aussi, on remonte à l'étymologie indo-européenne de prendre, on trouve une racine *ghend* qui signifie à la fois contenir et saisir d'une part mais aussi mettre devant, pré-senter : dans ces trois significations se retrouvent ainsi, réunion, saisie et perception — mais dans l'ordre inverse et génétique, qui va de l'agir au regarder.

Avec le com-prendre paraît cependant plus clairement un thème qui nous paraît extrêmement important, c'est celui du contenir, donc du clos, de l'enceinte, thème que nous avons déjà rencontré jadis et qui ne peut manquer d'intervenir souvent dans une étude de l'intelligence. N'insistons pas car il naît ici du comprendre qui n'est peut-être pas toute l'intelligence. Nous le retrouverons certainement.

Apparaît aussi avec ce comprendre et la racine *ghend* le thème de la présentation, du mettre devant soi. Et l'on ne peut nier en effet qu'il y a là un trait de l'intelligence qui sait disposer les éléments devant le regard avant même que l'on ait trouvé leur lien de parenté, comme si l'on étalait les pièces du puzzle avant d'en trouver les frontières communes et le tout. Dans cette sorte de déploiement, de déroulement des phénomènes, interviennent une surface et des distances. Il ne s'agit pas là d'une sensation aussi élémentaire qu'une saveur ou qu'une odeur qui n'ont qu'une intensité qualitative; il s'agit d'une sensation étendue. Peu importe qu'il s'agisse là d'une étendue réelle ou d'un espace mental; ce qui semble évident, c'est que l'intelligence suppose une extension, disons mieux une expansion, qu'ignorent les sens les plus primitifs. Est-ce là une extension en quelque sorte étalée? ou une expansion active? peut-être n'y a-t-il là qu'un faux problème que nous avons examiné ailleurs, à propos de l'espace. Ce qui est certain concernant l'intelligence, c'est qu'elle demande une étendue dans laquelle étendre ses ordres et constituer ses détours.

Une autre distinction, et relation ensemble, s'impose. Jusqu'ici l'étymologie nous a seulement aiguillé vers le comprendre et une étymologie analogue. Tout au plus pourrions-nous dès maintenant ajouter qu'il y a bien de la distance du simple cueillir au lire, et que l'intelligence semble ainsi s'étaler dans bien des niveaux; mais c'est là un thème si important que nous devrons en traiter longuement et même par la suite bien le garder sans cesse à l'horizon de nos pensées. N'anticipons donc pas trop, et regardons plutôt vers un autre côté.

2. L'intelligence comme chose

Les usages et significations actuels du mot sont des plus variés, et chacun mérite d'être considéré. Jusqu'ici nous n'avons guère abordé que cette compréhension par laquelle nous pouvons « avoir intelligence » d'une chose, mais cette compréhension n'est point neutre, ce n'est point un pont jeté entre moi et la chose et que je puis aborder de l'un ou de l'autre côté. S'il y a pont, il est à sens unique, et on ne peut le passer qu'à pied, avec effort, d'une conduite active. Avoir intelligence d'une chose, c'est en un certain sens, un « avoir » que l'on s'est fait, une conquête que l'on possède. L'intelligence ne se compare point à cette vision paresseuse qui était jadis le modèle bien erroné de la perception; dès le début, elle est l'acte de la cueillette, ce n'est point un face à face mais une mainmise sur autre chose, une activité de domination.

Un autre mot va nous aider ici, c'est le mot d'intellect, car par ce mot ce que l'on désigne ou veut désigner, c'est justement une structure, une fonction prise dans sa nature de fonction et non dans son dynamisme. Pour Descartes ou Kant, ce qui diffère d'un homme à un autre, ce n'est point l'intellect, mais ce mouvement plus ou moins facile de l'esprit qu'est l'intelligence. Si nous voulions donner aujourd'hui un sens à cet intellect, il le faudrait plonger dans le biologique et en faire une sorte de trésor de l'espèce né de l'évolution, un stock commun à l'espèce. Par ce biais — et sans doute seulement par ce biais — un homme sera identique à un autre, et la foi démocratique sera sauvée des hérétiques (mais qu'en disent les mongoliens ?). C'est là un des problèmes que posent les « prises » de la connaissance humaine, mais nous le retrouvons dès que nous envisageons les différences entre les hommes car autre chose est sans doute une différence entre intellects et une différence entre intelligences. Mais de cela aussi plus tard; il nous suffit d'avoir, par cette feinte digression, mieux éclairé l'intelligence comme activité, et mieux mis en relief les glissements possibles vers un a priori ou un être substantiel.

Mais n'allons-nous point trop vite ? n'emploie-t-on pas aussi le terme d'intelligence, non point pour l'intellect et ses structures, mais pour la substance pensante, l'esprit qui les supporte ? N'a-t-on pas dit et répété souvent que seul l'homme était intelligent, possédait une intelligence ?

L'erreur ici, aujourd'hui bien reconnue, vient de visions métaphysiques — et religieuses — qui ont particulièrement vicié la pensée occidentale pendant plus de vingt siècles. C'est celle qui consiste à tenter de concevoir une intelligence qui existerait par soi et en soi — ou tout au moins en Dieu, comme chez Plotin ou Spinoza. C'est l'autre monde qui se découvre ici, avec ses Idées, formes plus philosophiques des morts-vivants que connaissent les tribus primitives.

Il est naturel de considérer l'intelligence comme une existence, comme une chose qui existe en soi, c'est là une propension générale des esprits. On sait combien facilement les abstractions se font choses. Les religions ont longtemps vécu de cette réalité lourde attribuée aux pensées; les pensées des morts se sont muées en morts-vivants — à quoi les rêves ont pu contribuer aussi — mais également fréquentes sont les réifications de qualités morales. Ce qui n'est plus que symbole dans notre poésie ou certains morceaux d'éloquence et de satire était objet de culte, par exemple en Égypte (les *kas*, « sortes de génies qui personnifient un certain nombre de qualités », *La religion égyptienne*, Vandier, 1944, p. 123). La notion de substance, d'une existence qui supporte et maintient les activités et les conduites n'est point une déviation mentale, elle est inhérente à l'esprit humain, elle constitue l'un des moyens les plus utilisés de fixer le monde afin d'en faire un monde sûr. Faire intervenir ainsi un substrat, un fondement, c'est comme enterrer les fondations de la maison, cela donne confiance dans la vie et le monde. Mais aussi, c'est souvent tromperie et parfois, souvent même, tricherie. Attribuer une substance à un être, c'est le fixer en lui-même, se donner un fixe sur lequel agir ou duquel se défier: tentation facile et utile, mais ordinairement à courte vue car elle ne sert que l'action immédiate, elle néglige les amples détours que demande Platon.

Or cette tentation bien connue et « l'erreur de la maison » qui l'accompagne valent aussi bien pour les qualités que pour les substances, comme il est sensible à propos de l'intelligence: c'est pourquoi celle-ci peut être considérée aussi bien comme une substance, partie de la nature humaine, ou comme une qualité de l'individu. Si l'on compare l'espèce humaine aux autres espèces animales, l'intelligence tend à devenir non plus une substance spirituelle mais une qualité. La qualité en effet peut apparaître comme constitutive, et même comme élément de la substance qui en est pourvue: la substance se confond alors avec ses attributs, comme ceux-ci avec les essences des qualités: Spinoza, à qui l'on pense évidemment ici, ne fait que continuer une propension générale à la réification ou, si l'on veut, à l'essentialisation des qualités. C'est cette propension qui nous mène à considérer que tel individu — et même telle race ou tel peuple — est, comme par nature, trompeur, lâche ou noble et courageux. Et l'on fixe des typologies et attribue des caractères...

Il y a donc là un mouvement général, une sorte de refus du changement, une certaine préférence pour le statique. Sous tout mouvement, sous toute activité, nous cherchons un substrat, une constance. Il ne s'agit d'ailleurs point d'un privilège de l'homme, car ce mouvement se trouve déjà dans la saisie globale des Formes que les recherches de la Gestalttheorie ont étudiées chez diverses espèces animales. Les psychologues ont justement, et souvent excellemment, étudié la constance des formes, la constance des couleurs, la constance des distances; ils se sont aussi posé le problème de la constitution de l'objet; mais ce sont là des expressions diverses de ce même mouvement qui recherche, recrée et même crée le solide, le constant, le fidèle. Longtemps on a trop reculé la conquête de ces constances — celle de l'objet en particulier. Or, de plus en plus, l'on a maintenant tendance, à la suite d'observations et d'expériences multiples, à repousser plus tôt, beaucoup plus tôt, la constitution des Formes et même des objets. Au point que le problème échappe aujourd'hui souvent au psychologue pour tomber dans le domaine du neurologue. Certes il faut se garder ici d'un excès biologique comme jadis il fallait se garder d'un excès socio-psychologique, mais pour ce qui nous intéresse il n'est point douteux que l'on découvre un peu partout un mouvement vers le solide — qui est aussi le fondamental — dont sont des expressions aussi bien le globalisme de la Gestalt, la notion de l'objet pratique (présente chez l'animal) et les discussions sur la substance en général et plus particulièrement sur un Esprit substantiel qui ont pendant des siècles fait la joie et le tourment des philosophes.

Ne nous étonnons donc point si cette intelligence qui apparaît à Descartes comme une qualité variable d'un individu à l'autre est aussi l'Intelligence, spécifique caractéristique de notre espèce. Ne nous étonnons point non plus si cette intelligence, de par son caractère absolu et indivisible s'est si longtemps affirmée à la fois comme présente également en chaque homme, et comme absente également en chaque animal : cette affirmation n'était que la forme la plus précise revêtue dans ce domaine par le mouvement de réification qui nous intéresse. Sur ce point la philosophie rationaliste du XVIIe est allée si loin qu'elle engendrait à la fois l'affirmation de l'égalité intellectuelle (et son corollaire, la démocratie) et la croyance aux animaux-machines (qui s'accordera au mieux avec le machinisme qui naît alors). Si loin encore qu'elle ne pouvait se maintenir dans ces excès : Descartes distinguera malgré tout intelligence et esprit et s'effraiera lui-même de la coupure mise ainsi entre l'âme et le corps (*L. à Elizabeth* en particulier. Voir notre étude sur la psychologie de Descartes, in *Les grandes psychologies modernes*).

Le double sens du mot d'intelligence sur lequel on insiste si souvent, existe, il est vrai, mais les deux sens ne sont point aussi éloignés que l'on voudrait dire. Il est plus enrichissant de refuser cet excès de constance et d'ordre qui creuse des fossés entre les significations diverses d'un même mot: c'est là mode de penser de mathématicien, non point de psychologue ou de philosophe. Mieux vaut donc recoudre en faisant appel comme nous l'avons fait plus haut à l'évolutionnisme. Et même si cela semble aller contre des convictions traditionnelles et honorables.

Il y a dans l'intelligence humaine une certaine constance qui fait penser à l'Esprit, et une certaine variabilité qui fait penser aux imbéciles. Entre les deux toute une gamme d'intelligences, et particulièrement les intelligences des diverses espèces animales. Il ne s'agit donc point d'une distinction absolue de deux significations, comme on l'a dit jadis et même parfois encore récemment, mais d'un certain nombre de variations sur un même thème. Il nous faudra évidemment examiner par la suite les passages d'une signification à une autre, qu'il s'agisse de deux niveaux ou de deux types. Il est visible qu'il se trouve des passages difficiles comme entre l'homme et les animaux supérieurs, d'autres plus faciles entre des espèces voisines ou entre individus de même espèce. Mais ce n'est point chose aisée que de faire cette géographie des intelligences, et cela demande que l'on suive plusieurs sortes de pistes.

Pour l'instant, ce qui ressort c'est d'abord qu'il n'est plus permis de traiter l'intelligence comme un absolu, de réifier l'activité intelligente; mais c'est aussi que l'intelligence n'existe vraiment que comme un certain type de conduite, comme une certaine modalité du comportement. Qu'il faut la rapporter au sujet intelligent, disons mieux à l'organisme intelligent. Et cette remarque va nous amener cette fois à envisager une autre signification, celle qui concerne l'accord entre la conduite d'un organisme et le but que vise cette conduite, qu'il s'agisse d'un semblable et ce sera le problème de l'intelligence comme communication, comme rencontre, ou qu'il s'agisse d'un objet simple et ce sera le problème de l'intelligence comme savoir.

3. Intelligence et savoir

Ce n'est point une faute de la part de Littré que d'avoir dit de l'intelligence que c'est aussi une «action de connaître, de savoir, de pénétrer par l'esprit». C'est en ce sens que l'on «a l'intelligence» d'une langue comme disait Montaigne, ou d'un fait: Voltaire (cité par Littré) ne dit-il pas que les Français ont jusqu'ici eu «peu d'intelligence» du commerce de l'Inde. Chateaubriand emploie même le terme d'intelligences au sens anglais de nouvelles — et la langue anglaise nous est de toute manière un témoignage. La confusion d'intelligent et de de savant se trouve d'ailleurs assez souvent dans le langage vulgaire. Si l'on a plutôt coutume d'opposer intelligence et savoir — par exemple, cet élève ne sait pas grand-chose, mais il est intelligent — il serait erroné de pousser très loin cette opposition car, en revanche, toute intelligence suppose des savoirs antérieurs, comme toute «culture générale» suppose des savoirs d'appui, ces savoirs qui font un «homme cultivé». Tout se passe comme si l'intelligence avait une certaine horreur du vide. C'est par là qu'elle se distingue nettement de la simple imagination. Etre intelligent, ce n'est point accumuler des rêveries en l'air, c'est pénétrer le réel et en tirer des savoirs.

Ceci dit, et la réserve est d'importance, l'opposition de la science et de l'intelligence est trop classique pour qu'elle puisse être négligée. Elle continue en réalité l'opposition déjà soulignée de l'intelligence-substance et de l'activité intelligente.

C'est encore figer et réifier l'intelligence que d'en faire un ensemble de savoirs. Cette réification est même plus grave encore que la précédente. Introduire une substance intelligente, c'était certes là une addition bien inutile et capable de fausser l'étude scientifique; mais au moins cette substance pouvait agir avec une certaine liberté, commander ses stratégies, alors que l'assimilation de l'intelligence à des savoirs résultant d'instructions et apprentissages la réduit à une machine, à un être bien conditionné et chez lequel l'invention elle-même ne sera jamais que la résultante des apprentissages antérieurs. On reconnaît là la position behavioriste ou tout au moins la position que prend le plus souvent cette doctrine afin, dit-elle, d'assurer le caractère scientifique de l'étude. Sans doute toute science doit-elle être explicative, mais, lorsqu'il s'agit d'existants et particulièrement de ces existants complexes que sont les êtres humains, l'explication n'est point aussi proche, aussi simple. Sans même adopter l'attitude de ceux qui, à la suite d'Heisenberg et de son école, placent le probabilisme au premier plan, même si l'on préfère, avec Einstein et la plupart des physiciens actuels, s'appuyer toujours sur une causalité plus ou moins étendue, il n'en reste pas moins que nous ne sommes jamais, vis-à-vis des existants, que des êtres à la vue bien courte. Lorsque l'on regarde en arrière toutes les découvertes qui ont été faites depuis les années 1900 dans le domaine de la biologie, lorsque l'on regarde tous les problèmes nouveaux qui commencent à se poser, lorsque l'on suit de la même manière les étonnants progrès de la physique moléculaire comme de l'astronomie, il nous faut bien avouer que les frontières non seulement du monde connu mais du monde à connaître s'éloignent à mesure que nous avançons. Il n'est point question ici pour nous d'étudier ce parallélisme des deux reculs parallèles de notre route et de notre horizon, ce serait œuvre d'historien des sciences qui n'est point la nôtre; mais l'éloignement continuel des horizons est si évident qu'il nous impose une extrême prudence. C'est pur verbiage que ces affirmations concernant une réduction de notre science à un type fixé d'avance, et aussi bien au pavlovisme et autres behaviorismes qu'à une conception spiritualiste qui renouvellerait plus ou moins l'antique métaphysique (comme la gnose de Princeton, par exemple).

Si l'on veut encore, nous dirons qu'entre notre explication, notre nécessaire explication de l'intelligence par des savoirs, et l'activité souple de cette intelligence, il y a bien du jeu, car en toute science il reste toujours du jeu entre ce qui est connu et ce qui est ignoré. Or c'est justement dans cet interstice, dans ce jeu que se situe l'originalité de l'intelligence. Comme la culture générale, sa cousine, est ce qui reste quand on a tout oublié, l'intelligence la plus profonde, la plus authentique, c'est ce qui reste quand on a écarté toutes les structures. Non qu'intervienne là quelque essence supérieure qui figerait encore l'intelligence, mais plutôt parce que dans son développement l'intelligence implique une mise en activité, un jeu de l'organisme tout entier, un consensus général des organes de l'individu. Mais à ce niveau là l'intelligence, muée en sagesse, ne dépasse-t-elle pas nos activités ordinaires, amples elles aussi, que nous qualifions d'intelligentes ?

Au point où nous en sommes, les problèmes, surtout d'ordre pédagogique et moral se présentent en foule à nous, et nous ne devons point les éviter, bien au contraire. Cependant il ne s'agit encore que de préciser des significations et à propos du savoir qui nous intéresse pour l'instant, de distinguer par exemple l'intelligence aussi bien de la culture générale, de telle ou telle culture, des techniques, de la sagesse et, comme nous l'avons déjà vu, de l'intellect. Cela fait trop de tâches à la fois et leur solution dépend en fin de compte d'une conception de l'intelligence qui ne peut trouver ses fondements seulement dans les significations verbales. Contentons-nous donc d'avancer quelques hypothèses, puisque aussi bien nous ne pouvons non plus attendre la fin de notre recherche pour opérer ces distinctions. Dès maintenant, tentons de ne pas trop nous laisser prendre dans les brumes.

Que l'intelligence soit en chacun de nous modelée par la culture du groupe, c'est là une évidence. C'est même l'un de ces lieux communs qui sonne trop fort aux oreilles de bien des psychologues, pédagogues et philosophes. Mais le langage même nous impose de bien distinguer entre les qualités d'intelligence communes à toutes les cultures et à tous les siècles, et cet ensemble de savoirs, d'attitudes, de techniques, de croyances, de modalités collectives de penser, d'agir et d'aimer qui constituent une certaine *culture*. Cette confusion, vers laquelle tend un behaviorisme accentué aussi bien qu'un certain marxisme, va contre le langage. Aristote n'était pas moins intelligent qu'Einstein, et il ne possédait point une autre intelligence.

La confusion avec ce que l'on appelait jadis — quand on s'en préoccupait encore — la culture générale, est plus dangereuse, car celle-ci ne peut, comme la simple culture, vivre sans une intelligence. Il y a des imbéciles dans toutes les cultures, mais ils n'ont point de culture générale. Il y a, avouons-le, quelque difficulté à séparer la culture générale de l'intelligence et — nous l'avons bien senti autrefois dans notre ouvrage sur la *Culture générale* — la distinction se fait très mal si l'on prend pour point de départ la culture générale. Elle s'entrevoit beaucoup mieux dans l'autre sens, car nous disons plus aisément d'un homme qu'il est intelligent bien qu'il n'ait pas de culture générale. C'est que celle-ci, même si en fin de compte, elle se réduit, elle aussi, à des attitudes, si elle repousse la dureté des structures données par le groupe, apparaît malgré tout plus liée à des savoirs oubliés qui l'ont modelée, construite. Elle ne contient point d'élément biologique, au contraire de l'intelligence; c'est entièrement un produit des rapports de l'individu et du groupe; et c'est pourquoi elle se sépare rarement de ses cousines, les humanités et les sciences: elle garde de ses premiers pas une certaine révérence pour cette famille et — quoi qu'en aient dit certains — elle conserve parfois des rapports avec ses parents proches — tous ses parents — et même si, à la différence de l'érudition pédante, elle ne se fait point gloire de sa noblesse. L'intelligence, au contraire, est, nous semble-t-il, une orpheline. D'une génération antérieure.

4. « Etre d'intelligence »

Une orpheline, disons-nous, mais non point pour cela une solitaire. La différence essentielle ici entre l'intelligence et la culture, générale ou non, c'est que l'intelligence ne connaît ni sa généalogie ni ses parents, et c'est justement là ce qui fait son problème. Sans doute le sens commun lui prête-t-il une origine qu'aujourd'hui nous qualifions de biologique; en ce domaine comme en bien d'autres paraît vrai, approximativement vrai, le «tel père, tel fils». Mais le même sens commun insiste aussi sur l'aspect social de l'intelligence dans son langage même. Etre intelligent, n'est-ce pas toujours aussi «être d'intelligence» avec les autres hommes? N'y a-t-il pas là incluse une connaissance collective ou tout au moins un accord sur un mouvement déterminé de l'esprit ou de l'âme? Généralement d'ailleurs, être d'intelligence avec un autre, c'est à la fois avoir choisi une ligne de conduite commune et, ce qui va de soi, partager avec l'autre la connaissance, le savoir, de cette ligne de conduite, avoir un projet ou une vue communs.

Il reste remarquable non seulement que le «être d'intelligence» manifeste un aspect social de l'intelligence, mais aussi que cet aspect ne soit point aussi simple qu'on le désirerait pour faciliter l'analyse, puisqu'il s'agit à la fois d'un accord sur un concept, projet ou structure commune, et d'un accord sur une conduite. Le traître qui est d'intelligence avec l'ennemi n'est point seulement un homme qui adopte la perspective intellectuelle de l'ennemi, c'est plus que cela, car il lui faut aussi participer à l'action ennemie, accorder sa pensée et ses actes. L'intelligence aussi nous apparaît par là comme plus penchée vers l'activité qu'on ne le dit souvent. Il est vrai que le mot confond parfois l'intelligence et le raisonnement — et certains psychologues en sont ainsi venus à presque assimiler l'intelligence au facteur R — mais c'est là restreindre abusivement les significations ou plutôt la signification globale du mot.

Dans tout acte d'intelligence, un Autre est toujours en cause, même lorsque l'intelligence semble se réduire à un simple raisonnement. Cet Autre, c'est ce cœur de social qui est toujours en nous, celui qui impose sa logique, ses modes de déduction, mais aussi ses concepts, disons même ses objets; et par ce terme d'objets je ne veux point seulement signifier les choses concrètes que nous disons objectives en bonne part parce que nous sommes d'accord avec les autres hommes à leur sujet, je veux dire tout autant et même plus peut-être ces représentations collectives qui ne correspondent plus à des existants ou qui y correspondent de si loin qu'il n'y paraît point, par exemple les idéologies religieuses ou politiques, les êtres mathématiques, les parentés familiales (biologiques ou mystiques), en bref ce que jadis on nommait des êtres de raison, des dieux aux programmes politiques.

Or, par là se produit aussi une ouverture sur l'affectif qu'on ne peut totalement dédaigner car elle est déjà contenue souvent dans le «être d'intelligence».

Il ne faudrait cependant point s'y tromper, ce caractère social n'est point un simple accord; être d'accord, c'est bien moins qu'être d'intelligence et la comparaison de ces deux expressions est révélatrice.

L'accord se fait à bien des niveaux, et point toujours à celui de l'intelligence — comme lorsque deux bœufs tirent la même charrue. S'accorder sur les modalités d'un duel, ce n'est point, loin de là, être d'intelligence, bien que ce soit être d'accord. L'accord peut provenir d'une différence et même d'une opposition, il peut être par là une complémentarité comme entre le procureur et l'avocat; il s'accommode même fort bien de haine et de guerre : pendant la dernière des guerres internationales, les belligérants sont restés d'accord pour ne pas user de gaz asphyxiants, il n'y avait point là d'intelligence avec l'ennemi. Un accord, c'est encore comme un objet; s'il lie les deux contractants, ce peut être aussi bien par des règles (celles d'un jeu de poker) ou par des menottes ou un joug. Et, parce qu'avec l'accord naît une sorte d'objet, on peut étudier cet objet, tenter de lui appliquer des méthodes scientifiques (une psychologie sociale). Il n'en est point de même avec le « être d'intelligence ».

Prenons un exemple. Voici, sur un de ces anciens champs de foire qui parsemaient nos bourgs, deux maquignons qui discutent du prix d'un cheval. Lorsqu'ils se taperont dans les mains pour sceller un accord définitif, cet accord sera devenu une règle objective; si l'intelligence s'y applique, ce ne sera jamais plus que l'intelligence rationnelle qui calcule les billets de banque à verser pour faire l'acompte. Mais, justement avant cet accord, se montrait une autre espèce d'intelligence, une véritable rencontre faite de finasseries, de sourires, de jurons, d'exagérations, en un mot d'un ensemble d'intuitions globales, de stratégies et de stratagèmes qu'envieraient tous les Casanova du monde. A ce moment-là on voit intervenir moins un véritable objet collectif qu'un jeu dynamique collectif inspiré par des attitudes constantes — et peu importe que l'attitude soit d'avidité ou d'amour, elle reste toujours une sorte de force affectivo-stratégique.

L'accord reste froid, il lui faut un apport affectif pour en faire un « être d'intelligence », et cet apport exige une société ou tout au moins une rencontre. Disons mieux, elle exige toute une hiérarchie de groupes diversement superposés, opposés et imbriqués. Il arrive même que jouent à la fois des groupements différents, opposés, et que les attitudes affectives qui promeuvent l'intelligence se heurtent, comme dans cette intelligence passionnelle dont on sait à la fois l'aspect collectif et l'aspect logique.

Ce qui est aussi troublant en cette affaire, c'est que l'affectivité apparaît à la fois comme un facteur positif et comme un facteur négatif dans le développement de l'intelligence. Facteur positif parce que, et contentons-nous d'allusions rapides ici, l'action des adultes porteurs de culture suppose entre eux et l'enfant des liens d'ordre affectif, parce que aussi tout acte d'intelligence repose sur une énergie, sur une motivation, sur une affection au sens large de ce mot plein de sens. Facteur négatif cependant par le trouble qu'apportent à l'intelligence des choses et des hommes, des affections non suffisamment dirigées et contenues. Il semblerait que d'ordinaire dans la signification globale du mot intelligence, ce soit surtout ce facteur négatif qui soit considéré, comme si l'intelligence et le cœur avaient tendance à diverger, comme si l'on pouvait être parfois trop intelligent pour faire confiance à un sentiment, même au plus noble des sentiments. Ce n'est point hasard si l'on accuse si aisément de manquer de puissance affective cette part de la société que l'on baptise aussi, à la russe, d'*intelligentsia*. L'inverse fait aussi preuve dans cette opinion répandue que trop de cœur c'est peu de tête.

Piquons seulement pour l'heure, ces problèmes au passage, mais ne les oublions point car ce sont là de ces problèmes majeurs que doit — ou que devrait ? — se poser toute psychologie de l'intelligence digne de ce nom non seulement pour leur intérêt proprement psychologique, mais parce que de leur solution dépendent aussi bien les principes fondamentaux de l'éthique, de la pédagogie ou de la politique. C'est aussi pour cela qu'il s'impose de prendre son temps avant de les faire passer de l'horizon au centre du champ de la recherche, qu'il convient d'abord d'accumuler les approches, d'asseoir les points d'appui, de ne point oublier la leçon de Platon qui, quelque dogmatique qu'il fût au fond de lui-même, ne cessait de repousser les conclusions afin de mieux les affirmer.

Au terme de ce chapitre qui nous a servi simplement à cerner les sens du mot autant que nous le pouvions, à tenter d'éclaircir un peu cet ensemble indivisible de significations qui n'est point le fait de hasards historiques, mais le résultat d'une succession de réflexions, de glissements naturels, d'assimilations, de compréhensions sélectives, ce que nous tenons dans nos grosses mains, c'est comme une philosophie de l'intelligence, une philosophie populaire sans doute mais si souple, si légère, si pénétrante qu'elle échappe aisément à nos gros doigts d'analyste. Si nous voulons mieux en comprendre les articulations, mieux en éclairer les éléments, il va nous falloir risquer bien des approches et sans doute échouer dans bien des attaques.

Mais en courant ces risques, nous avons bien des chances d'éclaircir aussi d'autres difficultés bien connues des psychologues et philosophes, car l'intelligence reste au centre de toute conception de l'Homme.

Chapitre II
L'intelligence et la mesure

1. Psychologie de l'intelligence et qualité

Puisque l'analyse de l'intelligence est si malaisée, il semble que nous devions avancer avec prudence en utilisant des méthodes scientifiques déjà éprouvées en d'autres domaines, et d'abord des techniques mathématiques. Tel est le sentiment général aujourd'hui après un siècle et demi d'efforts. Mais nous n'en sommes plus à appliquer consciencieusement les techniques des physiciens comme le crurent Weber et Fechner dans leur célèbre « psychophysique », les sciences humaines ont su utiliser et même créer des techniques propres, que parfois d'autres sciences leur ont empruntées par la suite; le meilleur exemple en étant cette analyse factorielle qui, inventée par des psychologues comme Spearman ou Thurstone, est aujourd'hui utilisée par des géographes, des préhistoriens et bien d'autres. On pourrait citer, et nous serons peut-être amené à le faire, d'autres exemples; chaque année presque, nous bénéficions de nouvelles techniques plus ou moins sophistiquées, et l'on ne peut plus parler sérieusement de l'intelligence sans traverser une zone mathématique.

Or, dès le début de ces tentatives, la psychologie mathématique s'est heurtée à des critiques sévères dont l'expression la plus connue est sans aucun doute le célèbre *Essai* de Bergson sur *Les Données immédiates de la conscience*. Cette thèse a beaucoup vieilli, nul n'en doute aujourd'hui, et probablement a-t-elle beaucoup pâti du discrédit plus justifié encore qui s'est attaché à *l'Evolution créatrice* ou à *Matière et mémoire*. Mais l'oublier complètement, avec toute l'œuvre bergsonienne, c'est peut-être jeter le bébé avec l'eau du bain. Il reste qu'aucun progrès scientifique n'a jamais pu réduire vraiment une conscience de qualité à quelque quantité que ce soit : je puis bien calculer des températures et des calories, la qualité de chaleur est autre chose, c'est d'un autre domaine qu'elle dépend, d'un domaine tout psychologique ; chacun sait bien que le sentiment de chaleur qu'il éprouve jure parfois avec le thermomètre. Et il ne sert de rien — ce n'est que repousser le problème — d'incriminer alors un état organique comme la fatigue ou la fébrilité. La considération de la couleur, malgré toutes les études scientifiques qui portent sur les ondes et fréquences, est aussi probante. La qualité en tant que qualité ne peut que rester en dehors de la science mathématique.

Là est l'énorme difficulté que doit bien assumer la psychologie. Elle ne peut, sous peine de se rétrécir comme une peau de chagrin, s'en tenir aux faits mesurables dits de comportement : ce serait prendre la pente qui mène au behaviorisme le plus stérile, qui, sous prétexte d'être scientifique, ramène tout le psychisme à un conditionnement. Il n'est point possible de mesurer vraiment des faits de conscience comme la passion ou la douleur. Or ce sont des faits et même, comme l'a bien montré P. Guillaume dans son *Introduction à la psychologie*, il est délicat et dangereux de vouloir séparer ces faits de conscience et les faits que l'on peut qualifier d'existence : il n'y a jamais là que des faits saisis par la conscience, et la pensée que j'ai d'un nuage n'est pas plus existante ou naturelle que la pensée que j'ai d'une douleur morale. La pensée du nuage ou d'une montagne lointaine n'est pas moins immédiate, moins construite, plus simple que celle que j'ai d'une mélancolie sans cause : si je sépare ordinairement comme deux mondes, celui de la nature et celui des « états de conscience », c'est à la suite d'une construction mentale qui ne va point de soi. Même le Je n'est jamais pensé que comme un objet, singulier certes mais un objet — et qui penserait à quantifier le Je ? — Mais aussi quel psychologue sérieux se laisse entraîner, dans ces conditions, à supprimer le Je, à le condamner, à le remplacer par tous ces adjudants du Je qui constituent le « Self » — comme il est de mode de dire aujourd'hui ? Le Je aussi est un fait, et même si le célèbre Je du « Je pense » cartésien n'est qu'un fantôme, ce fantôme possède une réalité de fantôme, c'est un être, et un réel « Je suis » découle d'un douteux « Je pense ».

Mais laissons là les vocalises et les abysses du *Cogito*. Toujours est-il que le psychologue est face à un Je qu'il ne peut mesurer et, s'il veut faire la psychologie de l'homme adulte, ce Je doit, au moins en tant que conscience du Je — erronée ou non —, entrer dans sa psychologie. Plus question ici de confier la recherche psychologique au terminal d'un ordinateur puisque par sa nature même le Je ou plutôt la conscience d'un Je est supposée une et indivisible.

Si nous ne voulons réduire notre psychologie, nous devons donc bien reconnaître l'existence de qualités et d'êtres qui ne sont point quantifiables. Faute de cette reconnaissance, la psychologie, abandonnant les fonctions ou, si l'on préfère, les activités supérieures du psychisme, se réduit à une simple prolongation de la biologie, elle disparaît en tant que science autonome, comme on le voit chez un assez grand nombre de chercheurs contemporains. L'erreur ici consiste à confondre le scientifique et le mathématique; cette confusion, valable dans les sciences physiques, ne l'est plus dans les sciences humaines — on ne disait pas plus mal jadis les «sciences morales». Ce qui compte dans une science, c'est l'exactitude, non la fonction mathématique. Il n'est pas besoin pour certaines parties de la biologie elle-même d'écarter tout le non-mathématique, sinon on ne pourrait plus même distinguer les divers organismes spécifiques. La biologie à la Buffon n'a point été parfaitement effacée parce que l'on peut aujourd'hui compter le nombre des chromosomes de chaque espèce. On voit cependant progresser rapidement les modèles mathématiques; mais toujours aidés par des descriptions, par des observations scrupuleuses, par la vue exacte du biologiste. A plus forte raison le psychologue reste-t-il d'ordinaire avant tout un observateur prudent, un homme d'intuition plus que de calcul, lui qui doit affronter des réalités dont la plupart refusent encore et refuseront sans doute longtemps de se soumettre au joug mathématique. Vouloir en ce domaine que la psychologie réduise son activité aux techniques des physiciens, c'est méconnaître totalement sa nature. L'amour n'entre pas dans les banques de données destinées aux ordinateurs.

Or, et justement à propos de l'intelligence, le problème se pose sans cesse. N'en est-il pas de l'intelligence comme de ce Je dont nous parlions tout à l'heure? Peut-on vraiment attaquer son étude à l'aide de chiffres et de fonctions? On sait combien le problème a été discuté au début du siècle, et comment nombre de psychologues ont pensé qu'il fallait le résoudre non en discutant mais en marchant. Le célèbre mot: «l'intelligence, c'est ce que mesure mon test» résume fortement la position qui fut alors celle de Binet, mais qui reste encore celle de bien des psychologues. N'y a-t-il pas cependant là une forme très dangereuse de réductionnisme, et n'est-il pas indispensable de mettre bien à leur place les recherches de ce type, de bien fixer leur domaine et leur profondeur, afin de ne pas, séduits par elles, nous arrêter sur une route qui est plus longue ( )?

( ) L'auteur de ces lignes, fort marqué par une éducation de mathématicien, fut jadis de ceux qui non seulement utilisèrent mais enseignèrent la statistique aux étudiants en psychologie. Il fut longtemps très fier d'avoir, dans son domaine, contribué à faire naître et se développer une psychologie mathématique. Mais, une fois celle-ci bien mise en place, il s'est souvent avéré que la psychologie mathématique devenait pour certains Ulysses de la psychologie comme l'île de Circé: on réduisait l'intuition du psychologue aux rouages d'une machine à calculer — ou bien on se contentait de faire de la recherche mathématique de haut niveau, et non plus de la psychologie. L'introduction des calculateurs et ordinateurs a heureusement bien éclairé le mérite exact de ces amants de la Circé mathématique: ceux qui dépassaient le niveau d'un simple collaborateur très technique ont été heureusement contraints de chercher ailleurs leur problème à résoudre.

Nous avons vu au chapitre précédent combien était complexe la notion d'intelligence. On ne peut sans abus la réduire aux fonctions nécessaires pour passer avec succès le Binet-Simon ou quelque autre test dit d'intelligence. C'est pourquoi l'utilisation — évidemment nécessaire — des tests d'intelligence est très dangereuse pour une compréhension exacte de l'intelligence. On se contente alors trop aisément de ce que l'on nomme un concept « opératoire », comme le faisait Binet (du moins dans sa boutade). Or la notion du concept opératoire est des plus dangereuses par sa facilité elle-même. Comme l'outil mathématique, dont elle est parente, elle prête à une prise de recul excessive devant les réalités. Insistons un peu sur ce point trop ignoré malgré son importance.

Toute science est une reconstruction, cela est sûr, mais le fait qu'il s'agisse de re-construire lui impose de retrouver au mieux les éléments des existants sur le plan conceptuel qui est le sien. Ce passage de l'existant à l'abstrait est aussi dangereux qu'inévitable, car pendant la reconstruction on se laisse aisément aller, et justement parce que c'est une reconstruction, à éliminer ou à modifier les directions d'éléments présentés dans le monde des existants; la traduction est aisément une trahison.

Ce déplacement des structures de l'existant à l'abstrait, les sciences physiques en ont parfaitement conscience, et les grands maîtres de notre physique discutent souvent de ses modalités — par exemple dans l'opposition bien connue entre tenants ou adversaires de la thermodynamique probabiliste, ou entre les vues sur la causalité qui séparèrent un Einstein d'un De Broglie. Mais, quelles que soient les modalités de ce déplacement, sa nécessité n'est jamais mise en doute par la physique moderne. Ce qu'elle prétend rejeter de son domaine, c'est ce qui appartient pour elle aux sciences biologiques ou humaines. Elle remplace la couleur du crocus jaune ou celle du ciel de Provence par des fréquences ondulatoires, en sachant fort bien qu'elle fait un choix en vue des opérations physiciennes; elle laisse au psychologue l'étude de la conscience colorée, et à l'artiste le soin d'étudier certaines harmonies. Il peut arriver par la suite que des phénomènes d'abord écartés par le physicien retombent dans son domaine, ainsi dans les harmonies sonores ou pour ce qui constitue aujourd'hui la base de la biochimie cellulaire par exemple. Mais ce grignotage des domaines antérieurement interdits à une science, ces réductions ne sont pas la règle et elles demandent bien du temps et des recherches.

Cerner provisoirement son domaine de recherche, repousser l'explication par des concepts douteux plutôt que d'embrasser tout le domaine que l'on rêvait de parcourir, c'est là cette loi de la science qui la sépare, semble-t-il, des aventures purement philosophiques. Encore faut-il que cette définition, au sens précis du terme, c'est-à-dire cette fixation des frontières, ne déforme point la reconstruction. Le concept opératoire caractéristique soit d'une science en général, soit d'une expérience ou d'une élaboration en particulier, n'est point, ne peut pas être une limite arbitraire. Si l'on dessine dans le domaine scientifique son propre domaine, mieux vaut ne pas procéder au hasard mais respecter les lignes de l'existence, pour être ce bon boucher dont parle déjà Platon.

Les fautes commises en ce moment de la dialectique scientifique peuvent être de plusieurs sortes, comme nous aurons occasion de le voir par la suite sur notre chemin. On doit cependant déjà sentir que ces dernières considérations nous commandent de bien examiner, à propos de l'intelligence, comment se fait ce déplacement et si celui que nous trouvons dans les ouvrages et recherches des psychologues respecte toujours les lignes de l'existence.

La célèbre boutade de Binet n'était point qu'une boutade; elle concernait seulement la direction des recherches, toutes pratiques, de Binet, concernant les arriérés mentaux. La prendre comme guide n'est point possible aujourd'hui si l'on se place sur un terrain plus large. Deux difficultés sont dès lors à examiner : 1) Les tests dits d'intelligence se rapportent-ils à toute l'intelligence et à elle seule ? 2) La mesure suit-elle bien les lignes de l'existence ?

2. Les tests d'intelligence

La littérature concernant le premier point est très étendue mais elle laisse dans un certain désarroi celui qui s'en tient là. Avant tout autre chose il faut bien reconnaître que les tests d'intelligence ont montré leur utilité sur le plan pratique et assez bien répondu à la demande d'A. Binet. La psychologie pratique a trouvé là un instrument efficace, il n'est point encore question de le mettre de côté au profit de techniques venues d'ailleurs, même si celles-ci semblent pouvoir devenir par la suite des instruments plus sûrs et dont on comprendra mieux le fonctionnement, par exemple celles qui sont suggérées par la psychophysiologie. Depuis 70 ans, la preuve de l'utilité des tests d'intelligence a été suffisamment faite.

Cependant non seulement aussi l'on a souvent pendant cette époque mis l'accent sur une mauvaise utilisation possible par un manque de technique ou par une finalité erronée (par la suite d'un excès de vulgarisation d'une part, et d'une utilisation à des fins politiques ou morales condamnables d'autre part); mais de plus l'on a montré les manques et les limites de cette méthode. Contentons-nous de soulever ici les problèmes qui, s'ils n'intéressent pas toujours le praticien, intéressent la recherche scientifique ou même philosophique.

Une première remarque est que l'on ne mesure jamais vraiment l'intelligence, quelques précautions que l'on prenne; on ne mesure que certains résultats, on ne procède point comme le tailleur qui mesure une étoffe avec son mètre par un transfert de l'unité de mesure; même point comme le physicien qui mesure la température de tel objet dans un moment et un lieu parfaitement fixés. Le psychologue qui use d'un Binet-Simon ou d'un WISC mesure le résultat final, ou plutôt l'un des résultats finaux, d'un processus d'activité intelligente. Il procède comme le médecin qui pronostique telle ou telle maladie des viscères à la vue de la peau ou des yeux du malade. Ce qui entre vraiment dans le test, c'est un symptôme, et rien de plus. C'est pourquoi le psychologue, comme le médecin, sait l'utilité qu'il y a de multiplier les symptômes soit en usant de plusieurs tests, soit en utilisant une batterie assez complexe: un seul test ne dit pas assez.

Binet n'avait pas besoin de savoir clairement ce qu'était l'intelligence, il en avait, comme le commun des mortels, une «idée» confuse suffisante et il s'est efforcé d'éclairer cette «idée» en dirigeant vers son objet un nombre suffisant de projecteurs, une batterie de projecteurs. L'intelligence en soi n'était dès lors plus en cause, l'ensemble des symptômes mesurés suffisait à créer une sorte de modèle abstrait utilisable pour le clinicien ou le pédagogue. A l'époque de Binet, il était bien difficile de faire mieux, et sa batterie était une découverte géniale.

Or ce succès, au moins relatif, de la batterie — comme de toutes les batteries analogues — nous mène à nous demander d'abord comment des résultats peuvent permettre d'estimer l'intelligence et, en second lieu, comment ce passage des résultats à l'intelligence est possible à tous les âges envisagés. L'analyse de ces deux problèmes va nous permettre sans doute d'avancer dans notre quête.

Nous avons considéré que les résultats étaient analogues à des symptômes, mais il serait tout aussi juste de dire que ce sont des acquisitions ou, d'une manière plus large encore, une instruction. Il est vrai que l'intelligence est bien autre chose que la simple instruction, disons plus précisément l'information ou, pour que l'on ne s'y trompe pas, l'information-automatismes. Vouloir ramener l'intelligence à ces instructions et ces automatismes qui sont comme cristallisés, c'est n'en voir que l'aspect figé. Il nous paraît bien difficile de suivre ici sans commentaires la distinction connue de Cattell en « intelligence fluide » et « intelligence cristallisée ». On accepte bien la distinction du cristallisé et du souple qui est connue depuis longtemps des psychologues (chez un Janet par exemple) et les sociologues (dans les *Deux sources* de Bergson déjà), mais il s'agit là autant et peut-être plutôt de deux niveaux bien distincts de l'activité intellectuelle et non de deux types parallèles. Reste que ces cristallisations intellectuelles sont comme les cristallisations amoureuses dont parle Stendhal: en figeant un mouvement, elles en révèlent les lignes aussi bien que la hauteur. L'appel dans une batterie, à des connaissances ou à des interférences simples qui, pour n'être pas complètement automatiques, n'en soient pas moins très automatisées, reflète l'activité intelligente qui leur a antérieurement donné un corps, les a constituées: la statue témoigne du sculpteur. Et cette simple remarque suffirait déjà à expliquer pourquoi des examens de connaissance sont aussi pour une assez bonne part des examens d'intelligence.

On nous dira que l'on mesure ainsi plus la mémoire que l'intelligence, et nous le reconnaîtrons en un certain sens, mais en ajoutant immédiatement qu'il est absolument impossible de séparer l'une de l'autre comme l'ont parfois voulu certains pédagogues en quête d'originalité ( ). Il est ainsi normal qu'une machinerie intellectuelle

---

( ) Je ne pense évidemment pas ici à Montaigne, ce philosophe qui réagissait à juste titre contre les excès de son temps, mais à des pédagogues récents qui ont rejeté en son nom les bases nécessaires de tout développement intellectuel solide en les remplaçant par des encouragements excessifs à une prétendue « créativité » aux dépens des repères, points d'appui et automatismes indispensables. Je me souviens, en particulier, de ces attaques contre le « par cœur » développées bruyamment il y a une quinzaine d'années par l'équipe Freinet : comme si le sens poétique aussi bien que l'arithmétique de base, entre autres, pouvaient se construire sans ce dressage et cet appui de la mémoire !

non seulement bien construite — ce qui dépend de l'hérédité — mais bien rodée et complétée — ce qui dépend de l'exercice — fonctionne mieux. Ou, pour prendre un meilleur exemple qu'un arbre qui non seulement est provenu d'un bon germe, mais a été bien planté, bien soigné, fumé, taillé, traité et qui s'est mieux développé, porte plus de fruits et se développe mieux. Aux fruits on reconnaît à la fois le germe, le terrain et le jardinier.

Cependant, il faut bien le reconnaître, on ne trouve point d'aussi fortes corrélations qu'on l'attendrait entre les résultats obtenus aux divers âges sur une même population. Il faut même avouer que, à mesure que la période écoulée entre les mesures augmente, les corrélations diminuent régulièrement. Et aussi qu'elles sont de plus en plus basses à mesure que l'on descend vers des âges plus précoces. Là dessus il n'y a point de doute depuis bien longtemps, mais plus difficile est l'explication de cette relativité de la constance du Q.I. D'où vient qu'il se présente parfois comme constant, et d'où vient qu'il se présente en certains cas comme aussi inconstant ?

Il est une première explication de sa relative constante, c'est celle, que nous examinerons longuement au prochain chapitre, de l'hypothèse d'Anderson (l'overlap), comme de strates successives qui s'accumuleraient d'année en année et dont la richesse, par la vertu du stock déjà appris, croîtrait chaque année d'une proportion un peu moindre. Par là s'expliquerait que le Q.I. manifeste une fiabilité de plus en plus grande. Mais nous y reviendrons.

Il est une autre raison, d'inconstance celle-là, et qui contre-balance en quelque sorte la précédente. C'est vers elle que va nous conduire la seconde considération annoncée à propos des batteries de tests intellectuels. C'est que l'intelligence ne suit point toujours la même ligne. Rappelons d'abord à ce propos deux faits bien établis, concernant l'un le quotient de développement ou Q.D., l'autre la détérioration mentale due à l'âge.

La distinction entre le quotient de développement et le quotient d'intelligence n'est point aussi claire qu'on le pourrait penser. En réalité, ne l'oublions pas, c'est le Q.I. qui est l'aîné des deux, et c'est sur son modèle qu'a été forgé le quotient de développement, en remplaçant dans la division célèbre de Stern le numérateur « âge mental » par le numérateur « âge de développement », mais en gardant toujours en dénominateur l'âge chronologique. La seule différence réside en fait dans le type des mesures portées au numérateur, le Q.I. faisant appel par exemple dans ses premiers âges à des connaissances et le Q.I. à des réussites comportementales comme se tenir debout avec appui ou tenir un cube dans chaque main. La différence entre les épreuves est-elle donc si évidente ? y a-t-il là deux domaines aussi distincts que le jour et la nuit ? Oui, si l'on veut, mais avec un long crépuscule, à tel point que les psychologues anglo-saxons n'usent pas beaucoup de cette différence.

Ils n'ont point tellement tort, parce qu'on ne peut couper brutalement entre Q.D. et Q.I. En réalité il y a continuité des tests de développement les plus précoces jusqu'aux tests d'intelligence pour adultes. Or, il y a là quelque chose de déplaisant — d'où l'intervention du Q.D. Mais on ne peut cependant, sauf quelques exceptions précieuses, utiliser les mêmes épreuves de développement intellectuel à 4 ans et à 18 ans. Et lorsque, comme l'ont fait certains auteurs, on prévoit plusieurs niveaux A, B et C, en s'arrangeant pour qu'il y ait un certain chevauchement entre A et B, puis entre B et C afin d'assumer la continuité, on ne fait que reconnaître la disparité des niveaux masquée par la continuité apparente des épreuves. Les travaux de Piaget ont, par une autre voie, mis en évidence et éclairé justement ces différences de niveaux que supposent les séries de tests d'intelligence; aussi n'est-ce point sans raison que, ces dernières années, on a tenté d'en tirer des tests de niveaux parallèles aux batteries successives d'un Thurstone ou d'un Cattell.

Mais, sans aborder le problème des niveaux piagétiens, regardons maintenant les parentés entre les tests classiques d'intelligence ou de développement adaptés à chaque année. On peut en suivant longtemps une même population, calculer chaque année les corrélations entre les résultats d'une année et d'une autre année. Or, ce qui frappe d'abord c'est l'absence de corrélations positives entre les épreuves des premiers mois et les épreuves passées quelques années plus tard par les mêmes sujets, comme si l'ordre des enfants changeait complètement avec l'âge. En fait, l'on voit bien ici combien le développement biologique, seul mesuré à l'origine par un Q.D., diffère du développement intellectuel: entre les deux il se passe un phénomène capital, une sorte de divergence progressive. Ce n'est point — du moins avec les épreuves actuellement connues ! — à un an que l'on peut aucunement augurer de l'intelligence du futur préadolescent de 13 ans (corrélation de 0.00 dans une célèbre enquête californienne).

Cependant, si l'on ne considère que des âges très proches, et d'autant plus proches que l'enfant est plus jeune, on trouve toujours des corrélations significatives, et de plus en plus fortes à mesure que l'on avance en âge. Si ces corrélations deviennent fortes (par exemple, de .80 entre 7 et 19 ans dans la même enquête), c'est que la place de chaque enfant dans le groupe enfantin ne varie guère, en d'autres termes que son Q.I. présente une constance de plus en plus forte : les prédictions que l'on ne pouvait faire à un an, on peut les risquer à 8 ans et les utiliser à 14 ans sans hardiesse.

Il y a donc là une directive qu'il vaut la peine d'interpréter largement. D'une part l'intelligence proprement dite apparaît progressivement, d'autre part il serait utile de chercher comment se produit son accroissement, quelles causes y contribuent.

Qu'il y ait là une acquisition progressive de connaissances, ou une assimilation progressive de mécanismes opérationnels comme y insiste Piaget, ou même de réflexes et d'ensemble de réflexes conditionnels comme y insistent d'autres, ce sont là des problèmes importants certes, et nous les retrouverons, mais pour l'instant ce qui nous importe d'abord, c'est le fait de cette disparité en fonction des âges, c'est uniquement que, à des âges divers les épreuves utilisées par les tests intellectuels ne sont point toujours comparables, qu'elles intéressent des puissances différentes de la psyché et des savoirs également différents. Il a fallu d'abord couper l'intelligence en tranches et proclamer que ces tranches appartenaient bien à un même arbre, qu'il s'agisse des fleurs, du tronc ou des racines. Mais ce n'est point là étudier l'intelligence en soi — si elle existe — mais des tranches successives d'aptitudes ( ).

( ) Il y aurait encore beaucoup à dire sur cette manière de découper des tranches d'âge comme si elles étaient équivalentes. Citons Ph. E. Vernon, qui n'est cependant pas prodigue de remarques de ce genre : « Puisqu'il n'y a pas de point zéro, nous pouvons seulement placer les enfants plus ou moins haut par rapport à la moyenne et à la variance de leurs contemporains. Bien que nous soyons autorisés (*entitled*) à assumer que les mesures que donne le test pour un unique (*single*) groupe d'âge nous fournissent une échelle d'intervalles, cela n'est certainement point vrai des âges mentaux (M.A.) pour lesquels la croissance, disons de 2 à 3 ans, est sans doute plus forte que celle entre 12 et 13 ans. En ce cas les unités sont loin d'être « égales » (*Intelligence*, 77).

Pour mieux faire sentir le sens de cette remarque, nous allons nous tourner maintenant non plus vers la montée de l'intelligence mais vers sa détérioration normale. Normale, disons-nous, et non pathologique, parce que les détériorations d'ordre pathologique auxquelles a été consacrée une abondante littérature, sont trop complexes et trop multiples pour nous guider sûrement. Heureux ceux qui se promènent aisément dans ces fourrés! Et maintenant ceux pour lesquels ils s'acharnent généreusement à faire tout leur possible. Heureusement pour nous, notre recherche n'est pas clinique!

Il est bien connu qu'avec l'âge se produit ordinairement une détérioration intellectuelle plus ou moins rapide et plus ou moins prononcée. Même si chez les sujets très cultivés cette détérioration est beaucoup plus tardive, sa réalité est incontestable dans certains domaines qui dépendent directement de la détérioration organique, par exemple dans la fixation mémorielle : on sait combien les structures mentales récentes ou trop complexes sont pour des hommes âgés plus difficiles à retenir que les vieux automatismes (les attitudes et caractères aussi, notons-le dès maintenant, subsistent mieux à travers les mutations séniles que les attachements et propensions récentes : ce parallélisme de l'affectif et de l'intellectuel nous intéressera plus tard). On a pu rechercher là à juste titre une manifestation de la distinction de Cattell entre Gf l'intelligence fluide et Gc l'intelligence cristallisée — sur cela aussi nous devrons revenir encore bientôt. Mais il y a autre chose. Si déjà l'on a pu découvrir avec surprise lors de l'énorme enquête américaine de la première guerre mondiale que l'intelligence ne culminait plus après 13 ans, on saisit là et nombre d'enquêtes ont contribué à le confirmer, que jouaient aussi d'autres facteurs que le facteur physiologique. Vernon y insiste justement et retrouve une conclusion déjà ancienne — qu'avait formulée Ombredane après ses belles enquêtes sur des sujets noirs du Katanga ( ) à savoir que la scolarisation prolongée permet l'obtention

( ) Dont quelques anthropophages, par ailleurs bons ouvriers conducteurs de bulldozers (comme il l'a conté un jour longuement à l'auteur)! Vernon ne pouvait évidemment s'appuyer sur ces travaux, puisqu'en bon canadien anglophone d'adoption, il ignore superbement tout ce qui n'est pas publié en anglo-saxon — sauf un article de Binet de 1905 et un article écrit en français par un Brésilien. En revanche, son dernier ouvrage *Intelligence, heredity and environment*, est précieux pour un chercheur français et la plupart du temps pose ou entame les problèmes essentiels, ou du moins les suggère.

d'un meilleur Q.I. pendant plus longtemps, par une meilleure acquisition d'une attitude ludique, alors qu'une scolarisation nulle ou minime correspond à une détérioration dès 14 ans. Vernon, tout en signalant des enquêtes qui ont même parfois conclu que la détérioration était un mythe — les auteurs devaient être jeunes et leurs sujets très cultivés ! — fait sagement place à une différence de scolarisation et de formation intellectuelle (rôle des media, journaux et généralement développement de l'information) qui doit contribuer à expliquer ces différences. Mais il y a sans doute lieu aussi, comme on l'a souvent fait, de faire intervenir le moindre degré d'intérêt pour la passation d'épreuves intellectuelles. Chez les vieillards, comme chez certaines tribus arriérées auxquelles on a voulu appliquer des tests *culture free*, les demandes faites et les problèmes posés ne paraissent plus que des jeux puérils. La motivation individuelle reste en effet essentielle dans la réussite, il ne suffit point que l'énergie et les stratégies intellectuelles soient présentes, il faut encore qu'elles soient mobilisées. C'est pour la même raison, dans un domaine parallèle, qu'il ne manque point de « paresseux » en classe qui par la suite révèlent des capacités élevées : même la littérature nous en fournit bien des exemples !

Ce qui précède nous montre assez combien il est difficile pour un test de cerner « l'intelligence ». Comme si un test ne parvenait jamais qu'à mesurer la simple réponse à une épreuve donnée pour un âge donné et même pour un sujet donné. Il paraît de plus en plus difficile de cerner l'intelligence, de plus en plus préférable de parler de cette intelligence-ci ou de cette intelligence-là en tel ou tel moment, dans tel ou tel environnement ( ). Et l'intervention de la motivation nous

( ) Nous n'avons point parlé de l'environnement immédiat dont l'influence est bien connue des psychologues. Sans doute même a-t-on parfois exagéré dans ce sens, par exemple en faisant trop intervenir le sexe ou la couleur de l'examinateur dont il semblerait que le rôle, bien qu'indubitable, soit moindre qu'on ne l'a dit jadis. Mais, en revanche, on sait aujourd'hui combien compte pour la performance d'un enfant la présence ou l'absence d'adultes dans la salle, particulièrement de la mère. Et n'est-ce point faire intervenir caractère et motivations que de vouloir assurer au sujet testé le plus grand calme comme on l'a si souvent recommandé justement ? C'est-à-dire faire disparaître un des facteurs les plus importants d'une intelligence vraiment efficace. Ne peut-on se souvenir ici du mot d'Alain selon lequel « un examen est une épreuve de caractère ». Nous ne pourrons point oublier ce problème essentiel.

incite à élargir encore notre vue. Dans ces conditions peut-on vraiment procéder à des mesures ? Ou la mesure nous tire-t-elle vraiment de ces difficultés ?

3. Que mesure le psychologue ?

Tournons-nous donc plus directement vers la mesure. Pourra-t-elle nous aider à séparer les composantes de l'intelligence, qu'il s'agisse de matériaux ou d'aptitudes ? Pourra-t-elle nous dire si, plutôt que d'aptitudes, il s'agit d'une réalité globale qui s'applique tantôt ici tantôt là ? Regardons.

A vrai dire, on ne mesure point l'intelligence, on n'opère jamais qu'un classement des sujets d'un groupe; bien plus, il n'est point si faux de considérer avec certains que ce qui est l'objet du psychologue, c'est justement essentiellement un objet qui se refuse à toute réduction arithmétique, physique ou physiologique. Grâce aux tests d'intelligence, on peut seulement *classer* les intelligences et utiliser des *repères* : telle est la signification du Q.I., et la justification de tous les calculs qu'opèrent les psychologues à partir de tests cognitifs. Les difficultés se présentent néanmoins en force lorsqu'on tente de donner une signification quelque peu plus étendue à ces repères fournis par les tests et le Q.I. en faisant appel à cet instrument majeur des sciences humaines qu'est, sous toutes ses formes, le calcul des probabilités.

Que le sujet Jacques ait un âge mental de 10 ans pour un âge chronologique de 8 ans, ce qui lui donne un Q.I. de 125, cela implique déjà un postulat, car en fait il est, par exemple, simplement cinquième dans un groupe de 20 sujets. Passer de ce « rang » de cinquième à un Q.I. de 125, c'est envisager tout autre chose que le groupe, par exemple la classe des 20 élèves de 5e B dont Jacques fait partie. C'est, que l'on envisage des âges mentaux ou des dispersions selon les deux interprétations possibles car cela n'importe point ici, donner à Jacques une place dans un groupement beaucoup plus large, dans ce que l'on nomme un « ensemble-parent » qui comprendrait théoriquement tous les enfants placés dans les mêmes conditions sociales et éducatives. Ce postulat se justifie par le fait que les examinateurs ont validé leurs épreuves d'intelligence à d'autres reprises, sur des populations différentes assez nombreuses. Si l'ensemble-parent est un être fictif, un être de raison, son utilisation est autorisée par la validation des épreuves.

Encore faut-il que les populations qui ont servi à la validation de l'épreuve constituent un échantillon vraiment représentatif, comme l'on sait: la psychologie de l'intelligence a ici emprunté aux techniques sociologiques du sondage cette notion d'échantillon représentatif, et cet emprunt ne va point sans poser des difficultés.

Première difficulté: représentatif soit, mais représentatif de quoi ? Lorsqu'il s'agit d'opinions politiques, par exemple, on peut fort bien, car on possède des techniques assez sûres, constituer un échantillon représentatif; mais l'on sait bien alors ce qu'il faut représenter, par exemple l'ensemble des citoyens ou électeurs français susceptibles de voter à la date du sondage. Mais quand il s'agit de tests d'intelligence, comment fixerons-nous cet échantillon représentatif et par suite l'ensemble-parent qu'il représente ? Cela est possible certes, ce peut être l'ensemble des enfants écossais qui auront onze ans dans l'année; de toute manière un choix est fait, explicitement ou non.

C'est la manière de faire ce choix qui a indirectement posé tant de difficultés aux psychologues de l'enfance. L'ensemble-parent reste trop souvent un simple abstrait, et l'on s'en aperçoit lorsque l'on est bien forcé de constater des inégalités entre les groupes en fonction des modes d'élevage, d'éducation, des classes sociales, des sexes, des ethnies, etc. Les spécialistes savent combien il est aventureux en certains cas d'appliquer un même test d'intelligence aux U.S.A. ou en France, en ville ou en campagne, dans un milieu très cultivé ou dans un milieu peu cultivé. De là bien des embrouillements et des confusions qui prêtent par la suite à des interprétations parfois fantaisistes. Il est si facile de se laisser aller à prendre pour guide sans même y prêter garde le modèle de l'enfant de culture occidentale, urbain, non marginal, de classe moyenne, etc. On reconnaît là l'équivalent de l'artificiel rat blanc des biologistes. Mais cet « enfant blanc » des psychologues qui leur sert si souvent de définition opératoire et leur permet d'invoquer un ensemble-parent, c'est un enfant beaucoup trop sage et plus retors qu'il n'y paraît.

Reconnaissons-le, les ethnologues ont depuis longtemps tiré la sonnette d'alarme. De là des tests neufs que l'on a voulu indépendants des ethnies ou des classes sociales, *culture free* ou *culture fair*. C'était là donner satisfaction au moins au philosophe qui, naïf ou non je ne le sais point encore, se pose le problème de la nature humaine et de l'espèce humaine. Mais l'on sait trop que ces efforts, malgré leur énorme intérêt, malgré les progrès qu'ils ont fait faire à la science des tests, sont restés assez peu satisfaisants : on a voulu supprimer l'influence du langage dans des tests aussi ingénieux que les labyrinthes de Porteus ou d'autres épreuves ne comportant point ou quasi point de consignes et l'analyse a retrouvé un facteur langagier dans les résultats. Et, par ailleurs, on s'est avisé après plusieurs décennies qu'avaient changé l'environnement des enfants auquel étaient empruntées les épreuves. De toutes parts l'étude de l'intelligence à travers les tests débouchait sur une psychologie des différences entre les diverses populations, sur une psychologie différentielle de l'intelligence. On était bien loin de pouvoir, en suivant cette voie, définir l'intelligence !

Seconde difficulté liée à la première. Toute étude, toute analyse des résultats d'un test ne va valoir que pour la population testée. Et ici nous abordons dans un terrain de jeu qui trop souvent se transforme en ring ou en cirque, car des intérêts particuliers y sont engagés pour peu que l'on n'y prenne garde. Avant de commencer à conclure sur le fond, qui cousine beaucoup avec le domaine des valeurs, la morale et la politique, il convient de s'élever, et de prendre de la distance pour ne point se contenter de connaître parfaitement les techniques qui ne sont jamais que des instruments, mais pour bien comprendre et éclairer ce que veulent dire ces techniques et ce que l'on met en jeu lorsqu'on les utilise.

Déjà Binet, nous le savons, était parti d'un classement, d'un rangement de ses sujets. En divisant l'âge mental (A.M.) ainsi obtenu par l'âge chronologique (A.C.), Stern n'en continue pas moins à prendre d'abord appui sur un classement. La différence est qu'il s'agit alors, pour chaque sujet, d'un classement dans le groupe des enfants de même âge chronologique. Cette introduction d'un groupe d'âge chronologique qui joue le rôle d'ensemble-parent permet, et c'est là le pas en avant fait par Stern, de comparer les résultats obtenus à divers âges. Comme si l'on avait annulé l'âge chronologique du sujet en divisant A.M. par A.C. pour obtenir un Q.I. dont la valeur serait la même à tous les âges. Or, cette transformation, ce passage de l'âge mental au quotient intellectuel suppose certaines affirmations d'importance. D'abord que la dispersion des âges mentaux des sujets de chaque groupe d'âge est la même. Il ne suffit point en effet que l'on s'arrange pour que la moyenne obtenue par les sujets corresponde à un âge chronologique pris pour unité de mesure, pour une valeur 100 à chaque âge. Si la dispersion des sujets de 5 ans était trois fois plus importante que celle des sujets de 14 ans, les numérateurs de la division seraient beaucoup plus forts, s'ils dépassaient 100, et beaucoup plus faibles s'ils restaient au-dessous, ce qui donnerait une dispersion beaucoup plus forte des sujets de 5 ans, et des Q.I. de génies à côté des Q.I. d'imbéciles vraiment trop fréquents. Or l'on sait que les constructeurs de tests se sont heurtés à des problèmes de ce genre et ont dépensé beaucoup de phosphore à leur sujet. De là des questions brutales : le Q.I. n'avait-il pas tendance à se resserrer autour de la moyenne avec l'âge ? ne plafonnait-il pas vers un certain âge de l'adolescence qui, selon les auteurs et leur habileté à construire des tests, variait de 13 à 25 ans ? et autres problèmes qui étaient généralement uniquement des artéfacts dépendant des modes de construction des tests.

Des psychologues comme Thomson et Wechsler sont parvenus à effacer certains de ces artéfacts en remplaçant le quotient de Stern (M.A.:A.C. = Q.I.) par un quotient de déviation. C'était là donner plus de place à l'utilisation des techniques statistiques et lorsque la révision du Binet-Simon lui-même en fit un Terman-Merril, Mac Nemar put considérer dès lors le quotient intellectuel comme un véritable indice de dispersion. Il semblait que la transformation fut efficace, qu'elle ne posait point trop de problèmes — malgré les discussions théoriques — et qu'elle permettait enfin un usage plus logique des techniques mathématiques. C'était en fait là reconnaître franchement et adopter le postulat de la similitude de l'intelligence à tous les âges, non plus seulement en ce qui concernait sa répartition, mais en ce qui concernait sa nature même, puisqu'on pouvait maintenant, par exemple, comparer, du moins le semblait-il, le quotient intellectuel des divers âges mesurés avec la même unité de mesure — en fait l'écart-type statistique.

Or c'est là que le bât nous blesse, car notre simplicité naïve ne peut admettre sans réserves ce passage à un quotient intellectuel réduit à un quotient de déviation. Il y a, dans ce passage, un abandon de l'intelligence intégrale, qui vicie toutes les conclusions générales que, par la suite, on voudrait prétendre fondées. Ce pragmatisme, pour l'instant efficace, laisse trop vite, sans le dire, la philosophie sur le bord de la route.

4. Les groupes et les variances

Non que les psychologues dignes de ce nom soient ignorants du postulat impliqué par ce mode de mesure. Mais, trop pris par le glissement vers la pragmatique immédiate, ils le négligent. Il est curieux de voir, par exemple, comment des chercheurs aussi éminents qu'Eysenck ou Vernon signalent bien, sans ambiguïté possible, qu'ils étudient la « variance » des intelligences étudiées ( ), mais se gardent

---

( ) La variance correspond à la moyenne des carrés des écarts à la moyenne dans une population. C'est le carré de l'écart type (sigma). Si on l'utilise plutôt que les écarts des sujets par rapport à la moyenne, c'est que le passage au carré permet de trouver des valeurs toujours positives (et une racine positive, l'écart type). Disons simplement que c'est l'une des estimations des différences, la plus facile à utiliser pour un statisticien.

de considérer les conséquences qui en résultent ( ); à plus forte rai-

( ) Eysenck voit pourtant bien le danger de ce cul-de-sac dans lequel s'enfonce la psychologie corrélationnelle ... «il y a encore une foule d'éléments qui nous manquent. Pour ne parler que des choses les plus simples, nous ne savons quasiment rien de l'hérédité des *aptitudes primaires* qui constituent pourtant une part si considérable de la structure hiérarchisée de l'intelligence» (*L'inégalité de l'homme*, 127). Or il ne lui a sans doute point échappé que cette ignorance dépend justement de la méthode, dont il signale les manques ailleurs.

Dans le remarquable travail de Jencks dont fait état la prochaine note, tout un chapitre est consacré à ces problèmes, ce qui est inattendu dans les ouvrages de ce genre. Il est vrai que ce chapitre, extrêmement court (4, 5 pages) est «largement une confession d'ignorance» (p. 141) — au moins une confession honnête et d'autant plus honnête que l'ouvrage de Jencks, le titre le dit nettement, ne porte que sur «l'inégalité» et refuse d'utiliser, dans cette direction, le terme d'intelligence.

son des psychologues et pédagogues moins bien armés et, encore plus aisément, des journalistes et autres vulgarisateurs en viennent-ils à penser que des études basées sur un tel fondement peuvent seules nous livrer le secret de l'intelligence humaine. Cette erreur — dont j'ai déjà trop souvent parlé à diverses reprises sous le nom d'«erreur de la différence», parce qu'on la retrouve presque dans toutes les activités psychiques — est certes une erreur utile, et même indispensable en d'autres matières et d'autres moments; disons même qu'elle s'impose au praticien, s'il réussit à n'être que praticien. Mais elle est une tare pour qui veut regarder de plus haut.

Dans une intelligence réelle et même dans une aptitude réelle, il est possible de distinguer deux parts: d'abord, la différence du sujet, par exemple Jean, avec les autres sujets du groupe, disons d, et c'est cette différence d qui est mesurée et fait l'objet des ouvrages scientifiques concernant l'intelligence, puis la part commune C entre les sujets de ce groupe 1, aussi bien possédée par Jean que par Daniel, Robert ou Bill. On le voit sans peine, cette distinction, fondement de bien des recherches, reste artificielle, et d'autant plus artificielle que le groupe 1 est plus artificiel. Car Jean peut faire partie d'un autre groupe, non plus scolaire mais chronologique, ou du groupe des coureurs à pied, ou des collectionneurs de timbres. Sans compter que, à un autre âge, Jean fera partie peut-être de groupes plus restreints comme celui des pilotes de ligne ou des ouvriers spécialisés de l'usine Thompson.

Le choix du groupe reste parfaitement arbitraire. On pourra avancer des raisons en faveur du groupe chronologique, mais c'est supposer que les sujets mûrissent tous de la même manière. Pour le groupe scolaire tout aussi bien, mais à scolarité égale, un enfant moins âgé est considéré généralement comme plus favorisé de la divinité de l'Intelligence. Et, si l'on conduit des recherches dans les milieux adultes spécialisés, il saute aux yeux que la part commune deviendra beaucoup plus importante par rapport aux différences dans des groupes choisis et restreints — comme les pilotes de ligne cités plus haut. De plus, la partie des aptitudes constituée par les différences varie en nature comme en qualité lorsque l'on passe, par exemple du simple soldat à ses cadres, ou du manœuvre aux cadres de l'usine.

Parler de variance, c'est ne tenir compte que des différences entre les sujets. Or, cette variance, indifférente à la moyenne, peut varier elle-même sans que cette moyenne change ou inversement rester constante avec une moyenne altérée — au contraire de la variabilité (le *variation quotient* des anglo-saxons) qui mesure la dispersion en fonction de la moyenne (100 sigma : m). Cette notion de variabilité, que dès maintenant nous ne pouvions passer sous silence, est beaucoup plus représentative du groupe, car, usant d'une mesure quasi officielle (mètre, taille ou note à des épreuves psychologiques), elle tient compte, en fonction de cette mesure, *à la fois* des deux dimensions de la population étudiée, moyenne et dispersion.

Mais, malheureusement les recherches « scientifiques » (sic) n'usent guère de la variabilité, même lorsque cet usage est facile. Tout juste mentionne-t-on parfois cette notion dans quelques manuels ( ), alors que son usage irait souvent vers des résultats bien

( ) Une exception vaut cependant d'être notée : il s'agit de l'excellent ouvrage de Ch. Jencks, *L'inégalité, influence de la famille et de l'école en Amérique*, 1972, trad. en 1979 (voir en particulier p. 25, notes 3 et 4 de la traduction française). Tout le problème de l'inégalité est en effet commandé par cette évidence que « les personnes ayant des faibles revenus valorisent davantage un supplément de revenu que ne le font les personnes disposant de revenus élevés » (p. 25). L'intelligence est comme le revenu ; ce n'est pas seulement la différence entre revenus.

différents de ceux que fournissent les méthodes classiques (comme si un arbre n'avait que des fleurs et pas de racines et que par suite il suffise d'arroser pédagogiquement les fleurs).

5. Le zéro psychologique

Il y a certes une raison à ce dédain, c'est que, lorsqu'il s'agit de mesurer des faits psychologiques on peut rarement faire état d'un véritable zéro. Dès lors on choisit la technique qui fournit des résultats précis (toute science ne doit-elle pas être précise !), cette technique qui prend comme données les différences entre les sujets. C'est pourquoi l'intelligence n'apparaît plus que comme la différence entre les sujets. Pourquoi aussi elle suppose un groupe, elle ne peut être qu'une réalité sociale — d'où l'on est porté à en faire une œuvre du groupe à l'intérieur de l'individu.

Les grands maîtres de la psychologie statisticienne n'ignorent point tout cela, même s'ils n'en parlent généralement guère. Eysenck, l'un des plus ouverts et des plus perspicaces en ce domaine, ne manque pas cependant de le noter assez longuement à plusieurs reprises ( ).

( ) Par exemple, à la page 241 de *L'inégalité de l'homme,* il fait sagement remarquer que si, par quelque progrès éducatif, on augmentait de 30 points le Q.I. moyen d'une population noire comparée à une population blanche analogue «la proportion de variance attribuée à l'environnement demeurerait toujours de 20 % dans chaque race mais entre les races elle éclipserait presque celle des facteurs héréditaires» et il note que, par suite «cela ne modifierait en rien les résultats exposés dans le présent ouvrage en ce qui concerne le rôle *actuel* de l'hérédité. Remarques qui vont dans le même sens dans les premières pages du Ch. II. Louable prudence certes, et peu commune, mais dont nous aurions aimé qu'Eysenck tirât plus de conséquences. Demande peut-être injuste cependant car son but était bien différent du nôtre. Nous plaçant à un point de vue moins limité, il nous semble que l'on peut et doit aller plus loin non seulement sur le plan théorique mais en ce qui concerne les conséquences sociales.

Mais cette honnêteté exemplaire est bien rare et il faut déjà être très averti et comme avoir «cristallisé» sur ce problème pour trouver dans les travaux sur l'intelligence — et même sur la recherche en sciences psychologiques — les réserves qui devraient être formulées au grand jour pour ne point induire en erreur pédagogues et philosophes ( ).

( ) C'est une chose étrange mais sans doute significative que de voir comment aujourd'hui ceux qui appartiennent aux grandes tendances de recherche de type psychologique peuvent aimer à travailler en vase clos, avec leur langage ésotérique, statistique, psychanalytique ou même philosophique. Rien d'anormal si de telles recherches en viennent si facilement à se perdre dans des culs-de-sac et des sectes. Une science sérieuse est autrement plus ouverte.

Quelques marginaux ont cependant cherché à fixer un zéro. Et, nous l'avons signalé d'ailleurs, cela est possible dans certains domaines de la psychologie (*Le malaise de la psychologie*, ch. III). Mais lorsqu'il s'agit d'une «fonction» aussi fondamentale que l'intelligence, comme de la mémoire, de l'apprentissage, ou des pulsions primitives, alimentaire, sexuelle, etc., comment fixer vraiment un zéro? C'est ce que nous avons déjà suggéré dans notre introduction, et nous ne pouvons point revenir en arrière; la fixation d'un zéro suppose que l'on puisse faire fond sur un commencement naturel, sur un fait de nature, comme l'est une mutation rapide dans le domaine biologique, comme l'est l'apparition des dents ou la fin de l'ossification pendant l'enfance. Comme le peut être le début inférieur d'une branche dans un arbre ou le confluent d'une rivière avec un fleuve. Comme l'est pour l'anthropologie le niveau de la plante des pieds chez un bipède, ou l'âge des premières règles. Ce n'est pourtant point de ce côté-là que semblent s'être dirigés les très rares chercheurs d'un zéro psychologique mais, imbus de leurs mathématiques, vers des artefacts nés de calculs et graphiques. Le plus typique, bien que déjà âgé (1928), celui de Thurstone consistait à postuler d'abord une relation linéaire entre les scores des âges mentaux et les indices de dispersion, comme si l'on pouvait compter sur une sorte de progression selon un angle d'ouverture constante : c'est vraiment là perdre contact avec une progression plus qualitative que quantitative pour laquelle il n'y a point d'intervalles égaux entre les âges chronologiques. D'autres chercheurs ont, tout aussi justement, substitué une courbe logarithmique à la ligne droite de Thurstone. Vernon, tout en parlant très rapidement de la classique courbe en S, remarque plus sagement que les diverses fonctions psychologiques ne progressent point toutes à la même vitesse.

Peut-être est-ce dans ce sens qu'on pourrait esquisser une grossière solution en parlant non plus de vitesse — car la vitesse dépend de la mesure arbitrairement choisie — mais du moment de naissance de tel ou tel comportement. Sans doute en est-il ici comme de la naissance d'un enfant dont on a souvent dit qu'elle n'était jamais qu'une étape, le point de départ, l'âge véritable étant fixé par l'époque de la conception (avec quelques réserves sur lesquelles nous passerons). L'apparition de tout comportement, de toute fonction psychologique n'est jamais un zéro absolu en psychologie, c'est retomber dans la philosophie classique distinguant nettement la psyché de l'organique, c'est oublier l'impérissable leçon du premier philosophe du siècle dernier, je veux dire de Darwin : nous y avons insisté lourdement dès notre introduction, et c'est maintenenat l'un des moments où il nous faut le mieux nous en souvenir. Mais la continuité de l'évolution à laquelle croyait Darwin n'est plus aussi assurée aujourd'hui après les apports dus en particulier à Mendel avec ses gènes et à De Vries avec ses mutations. Si le néo-darwinisme est revenu à une certaine continuité en faisant intervenir des faits nouveaux qui permettaient de ne plus voir dans l'évolution cette sorte de Providence à laquelle Darwin lui-même faisait allusion à propos de la sélection, dans un texte mille fois cité, ni au plus pur des hasards avec les caprices de *L'Oenotheria Lamarckiana* observée par De Vries, il est aujourd'hui possible, sur cette voie irrégulière que suit l'évolution, et sur ces restes et survivances qui constituent les organismes vivants de cette fin du XXᵉ siècle, de détecter certains coudes de l'évolution, et des niveaux comportementaux qui leur correspondent. Cela n'est point facile, reconnaissons-le, et souvent l'on se demande bien où l'on pourrait trouver quelque étape (ce qui fait que le psychologue se retranche dans son enclos bien protégé, constitué des seules différences et limité, dé-fini, par les notions de variance ou d'écart type ou de Q.I.), par exemple lorsqu'il s'agit de l'imagerie mentale ou de l'intelligence. Il en est là comme des limites de la vie ou des frontières entre la vie végétale et la vie animale. Faux problème évidemment que tout cela la plupart du temps.

Il serait aussi faux cependant de refuser absolument toute frontière ou de tendre à les effacer. J'ai été fort frappé un jour dans un congrès de voir Piaget qui d'ordinaire sait fort bien distinguer des étapes et comme rompre la continuité des progrès génétiques, se refuser à accorder une importance spéciale (comme le faisaient Malrieu et moi-même) à l'apparition de la représentation humaine, comparable seulement selon lui à la sortie de l'eau de nos lointains ancêtres. En un sens Piaget n'avait point tort, mais ce refus de rompre la continuité évolutive demande à être tempéré si l'on ne veut supprimer toute psychologie et surtout toute psychologie de l'intelligence. Que les étapes, les niveaux doivent parfois être extrêmement souples — comme ceux dont Piaget fait lui-même état — cela est assuré, mais il y a des *moments privilégiés* ou tout au moins de courtes zones privilégiées, et ce sont là des moments particulièrement importants, comme celui par lequel l'homme actuel se sépare du chimpanzé — le moment signalé déjà si bien par les époux Kellog et que même les travaux les plus récents des Gardner, Premacq et autres n'ont pu effacer. Là sont à la fois les problèmes majeurs et les suggestions les plus précieuses.

Sans faire appel à des moments aussi importants, ne peut-on fixer souvent un zéro à un comportement et à des épreuves? Il ne s'agira certes point de zéros absolus, mais de zéros relatifs. Il y a un zéro de vitesse en course pour un cul-de-jatte s'il n'y a pas de zéro de taille pour un enfant. Il y a un zéro de calcul pour un enfant qui ignore l'addition — même s'il connaît par cœur la suite des nombres — et un zéro d'algèbre ou un zéro de poésie classique (avec vers et rimes). Il y a un zéro de couleur pour un daltonien et un zéro de vision pour un aveugle (ce qui permet de fixer des mesures précieuses de vision). On pourrait multiplier les exemples dans les domaines organiques et même psychologiques.

Sans doute sont-ce là autant de zéros, non un zéro absolu; mais où donc, même en physique trouve-t-on jamais un zéro absolu ? Seul le métaphysicien en fait état — encore Platon fait-il appel à un contraire de Dieu, et y a-t-il toujours quelque manichéisme latent en toute religion populaire. Le zéro de température ( ) n'est point le zéro de

( ) Le zéro centigrade ou le Fahrenheit, car le prétendu « zéro absolu », malgré son utilité, est plus un zéro mathématique qu'un zéro physique, qu'un zéro existentiel.

poids ou le zéro de viscosité. Les physiciens se sont heurtés en fin de compte aux difficultés que connaissent aujourd'hui les psychologues de l'intelligence. Heureusement pour eux ils n'avaient point encore à leur disposition la voie facile de la simple variance qui les eut ramenés à des considérations psychologiques comme plus chaud ou plus lourd ou plus long, à de simples rangements !

Notre psychologie de l'intelligence est donc restreinte, limitée par ses techniques, et c'est en vain qu'elle tente de s'étendre. On ne peut comparer les corrélations trouvées dans deux groupes différents. Anastasi, lui aussi grand utilisateur de la psychologie corrélationnelle, l'admet franchement dans un coin de son célèbre manuel. Et il nous faut, une fois de plus — car nous l'avons trop souvent exposé et trop longuement — posé d'abord cette réserve.

Dès que l'on fait appel à une comparaison entre deux groupes, il faut une mesure commune. Si l'on ne fait point appel à une mesure résultant d'une même unité, aucun progrès n'est possible. Or, la solution trouvée, celle qui s'impose, est de prendre d'une part comme zéro, un zéro « opérationnel » qui est, dans chaque groupe, constitué par une moyenne, et d'autre part une unité opérationnelle de mesure donnée par un indice de dispersion, le célèbre écart type ou son carré, la variance. Il se trouve que souvent ce bricolage est efficace, et il l'est évidemment d'autant plus que les groupes sont plus semblables entre eux non seulement en moyenne et en variance mais en répartition (selon la célèbre courbe de Gauss, appelée à tort normale, car on ne la rencontre point si souvent qu'on pourrait l'espérer; il y faudrait une accumulation assez rare de facteurs de hasard; mais le presque-normal ou souvent le non-tout-à-fait-anormal font l'affaire). En toute rigueur, en ridicule rigueur, jamais les mesures prises avec deux épreuves sur une même population ne constituent elles-mêmes deux populations de mesure comparables — ce qui demanderait une corrélation de 1. A plus forte raison ne peut-on comparer en toute rigueur les courbes obtenues par deux populations sous les deux mêmes aspects pour chacune, ou, pour employer un langage statistique, les deux corrélations obtenues avec les deux mêmes épreuves sur deux populations.

6. Usage de la variabilité

Reconnaissons-le cependant, tout ceci, lorsqu'il s'agit de la pratique, ne paraît pas bien grave; s'il est néanmoins bon de le rappeler, c'est que, dans ce domaine, les démarches aventureuses sont faciles. Et il y a beaucoup plus grave c'est que, en s'occupant des corrélations ou des variances, on oublie ou plutôt on écarte délibérément les moyennes. Or la même variance n'a nullement le même sens si la moyenne de chaque groupe diffère sensiblement de celle de l'autre. Si l'on considère les différences de taille entre adultes elles doivent naturellement être bien plus importantes qu'entre enfants de deux ans! Or il est fort possible, au moins lorsqu'il s'agit d'une même épreuve, d'une même mesure (comme la taille) d'envisager en même temps la dispersion des sujets et leur taille : c'est là faire intervenir cette variabilité que nous citions plus haut.

Il ne s'agit plus cette fois comme récemment de trouver une sorte d'articulation dans le mouvement génétique, comme l'on en trouve dans l'évolution. Il s'agit de fausser un peu moins les résultats d'un seul et unique test en remontant jusqu'à la note zéro. En un certain sens, c'est là retrouver l'esprit de la division avancée par Stern, dans sa définition du Q.I. ( ). On dira qu'il n'est guère de test d'intelli-

( ) En réalité, ce n'est point seulement parce que l'on manque de zéro absolu dans chacune des populations étudiées que toute comparaison entre groupes est au fond erronée. C'est aussi parce que la dispersion (mesurée par la variance) varie d'un groupe à l'autre — l'usage de la variabilité serait évidemment un élément correcteur précieux des deux parts. Mais d'une part l'on croit corriger la mesure des moyennes par ce zéro relatif qu'est la moyenne de chaque groupe, d'autre part on procède à une réduction analogue des dispersions en les ramenant toutes à celles d'une population modèle, la population gaussienne ou « normale » (avec variance égale à 1): ce procédé, nécessaire dans le calcul des corrélations, retrouve son équivalent lorsque l'on se contente de faire état des pourcentages de chaque variance expliquée par tel ou tel facteur (par exemple, hérédité contre environnement: ou facteurs fournis par les analyses factorielles, V, S, R, P, etc.). Nous avons discuté ailleurs longuement ces techniques, en particulier dans l'ouvrage déjà cité sur *le Malaise de la psychologie*. Concluons seulement cette note en répétant que la comparaison de deux groupes à partir de mesures statistiques ne constitue encore qu'une psychologie sauvage, *au moins aussi* arbitraire que la psychologie des grands romanciers.

gence assez rébarbatif pour pouvoir fournir une note zéro. Cela n'est point si sûr, mais à bien chercher on en pourrait certainement construire parfois ( ) qui puissent partir d'une note zéro et convenir en-

( ) L'auteur parle d'expérience, ayant largement usé jadis pendant des années et efficacement, d'un test de figures cachées (le test de structuration spatiale T.I.B.I.S., in *Travail humain*, 1959, p. 282), à résultats normaux à tous niveaux de la maternelle aux adultes cultivés. La difficulté ordinaire en cette affaire est d'aborder un problème qui reste du même type à travers les âges. On sait, par exemple, que des tests aussi utiles que le Binet-Simon ou les Matrices ou les Cattell 1, 2 et 3, ne font pas appel aux mêmes activités mentales à tous leurs niveaux.

core à des adultes. Cela est rare, pour des raisons que nous avons exposées : il ne peut guère s'agir alors que d'activités déjà constituées extrêmement tôt; encore les prend-on en oubliant leurs fondements. Mais, même ainsi, la recherche reste moins superficielle, elle plonge plus profondément dans ces racines qui nourrissent l'intelligence. Seulement, et c'est là probablement l'une des raisons qui ont entravé les démarches dans cette voie, la disparité des groupes saute alors aux yeux; il n'est plus possible de dissimuler derrière des calculs plus ou moins complexes les inévitables approximations de la psychologie corrélationnelle.

Il nous est arrivé pendant plusieurs années (vers 1970) non seulement de placer les variabilités $\sqrt{v}{:}m$ au premier plan de nos recherches expérimentales, mais aussi de mettre sur pied (à la suite des expériences approximatives que nous avions faites à propos de la *Culture générale*) des formules de calcul de corrélations qui, tenant compte des moyennes des tests, portaient en fait également sur le rang et surtout sur l'importance de ce rang dans le groupe (une différence 0,5 sur 20 étant moins importante, évidemment, qu'une différence 0,5 sur une échelle de 5). De telles formules, trop compliquées pour un usage courant dans la pratique peuvent, je pense, être aujourd'hui aisément construites et confiées à des ordinateurs. Or, à leur usage — que le manque des outils mathématiques alors disponibles a évidemment confiné jadis à des recherches théoriques et à des ronéos pour séminaires —, j'ai constaté que sur des populations d'enfants d'âges assez voisins, les résultats ne changeaient guère de structure, mais que les liaisons apparaissaient beaucoup plus fortes. Cela était à prévoir, puisque les techniques normales écartent délibérément une bonne part de la mesure, la part commune qui correspond à la moyenne. Et il est clair que, dans ces conditions, des analyses factorielles font émerger un facteur commun autrement important, puisqu'il est seul à expliquer ce qu'il y a de commun entre les deux moyennes. Il nous faut regarder plus attentivement là car, sous ce fait et sous ces artéfacts, se cache en réalité un problème capital concernant l'importance des différences entre les intelligences de divers individus, l'inégalité des intelligences. N'anticipons point encore sur ce point (que nous retrouverons au chapitre V), mais signalons-le pour montrer au lecteur où nous allons, lentement, mais sûrement.

7. Le facteur g

Il ne suffit pas de reconnaître avec Anastasi, Vernon, Eysenck et d'autres psycho-statisticiens consciencieux que la considération de populations trop sélectionnées diminue ou fait disparaître le facteur général, le célèbre facteur g. Il faut en exposer franchement les causes, cela va nous être plus facile après les considérations qui ont précédé; et cela entraînera des conséquences importantes.

Le facteur g, du moins lorsqu'il s'agit d'épreuves intellectuelles, correspond à une certaine activité assez fréquente chez les divers sujets de la population étudiée (ou, si l'on fait des comparaisons, dans un ensemble-parent, mais passons sur ces difficultés). Pour qu'elle apparaisse, il est cependant nécessaire qu'elle soit suffisamment générale dans les diverses épreuves constituant la batterie : c'est en cela qu'elle semble générale. Elle est comme une sorte de dénominateur commun aux épreuves A, B, C, etc., et à côté d'elle apparaissent des aptitudes, ou des facteurs si l'on préfère, plus importants soit dans un test A, soit dans un test B. Tous les psychologues savent combien l'interprétation de la signification des facteurs a fait couler d'encre, et nous ne pouvons ici que fournir l'interprétation qui ressort de ce que nous avons écrit précédemment, celle qui en gros nous est commune avec l'école anglaise. L'important pour le progrès de notre analyse est que, dans une population, le facteur g devient très important, par exemple lorsqu'on étudie des sujets scolaires dans plusieurs classes (ou même dans une classe non sélectionnée); alors qu'au contraire le facteur g tend à s'effacer dans des populations très sélectionnées. Cette opposition entre deux types de résultats est essentiellement une opposition entre deux types de populations plus ou moins homogènes (et l'on pourrait même considérer que le premier est plus européen et le second plus américain, justement en fonction d'une certaine disparité fréquente des populations sur ce point). Ce fait bien connu ( ) nous prouve que, en éten-

( ) Plus souvent des scolaires et moins d'étudiants ou adultes en Europe qu'aux USA parmi les sujets étudiés. Et, nous allons en parler plus loin, une éducation différente — surtout il y a quelques années — plus soucieuse d'informations (et des célèbres «unités» d'information), ou au contraire plus amoureuse d'éducation et — osons le mot — d'humanités. Différences qui ont, semble-t-il, tendance à s'atténuer.

dant l'ampleur d'une population d'une part, en usant de populations plus jeunes et moins spécialisées d'autre part, on ne s'en tient point seulement à la superficie de la psyché, aux aptitudes techniques et plus ou moins superficielles, mais que l'on descend à la base de l'intelligence, et à une base d'autant plus profonde qu'augmente l'ampleur et la non-spécialisation de la population.

Ce que nous retrouvons ainsi sous le facteur *g* commun aux diverses épreuves d'une batterie, c'est donc aussi un facteur commun aux individus dans ce qu'il y a de plus profond dans le cercle de leur intelligence. Et, en nous tournant désormais peu à peu vers les interactions entre la part commune et les aptitudes individuelles, nous allons commencer à comprendre mieux comment d'une part le facteur commun qui fait les intelligences semblables émerge et prend de la force, plus ou moins de force selon les éléments de l'hérédité et du milieu, et comment il donne naissance non seulement au tronc de l'arbre intellectuel mais à ces branches et brindilles que sont les facteurs bien connus des factorialistes.

Qu'est-ce que le facteur que Spearman a nommé *g*? A l'origine simplement un «general factor», et cette généralité ne vaut alors que par rapport aux éléments particuliers dont il émerge. Il faut toujours garder cette origine en mémoire pour en juger. Et, selon la même ligne, ne pas oublier que si les éléments particuliers varient, le facteur *g* varie nécessairement par là même. Bien qu'il ne s'agisse point ici d'une classification, tout se passe comme si, les espèces changeant, le groupe se modifiait. Il sera donc possible de chercher tout aussi bien un facteur général derrière des épreuves d'éducation physique, derrière des épreuves musicales, militaires, amoureuses, etc.: ce sont là aujourd'hui recherches et problèmes classiques: parfois l'on trouve un facteur général important, et parfois peu de chose.

Revenons à notre intelligence. Il s'avère maintenant que la nature du facteur général dépend des épreuves choisies, donc d'une certaine conception de l'intelligence. L'ordinateur peut bien fonctionner à merveille, les résultats qu'il donnera dépendent des données qui lui ont été fournies, et cela quelle que soit la technique fournie (Thurstone, Hotelling, Spearman, Fisher, etc.). On conçoit fort bien que, dans le domaine des sports, si l'on forme une batterie comprenant 100 m, 200 m, saut en longueur et tennis, elle ne donnera point le même facteur général qu'une batterie comprenant haltères, poids, boxe et karaté. C'est ce qui se produit évidemment aussi dans le domaine de l'intelligence, mais sous des conditions particulières. Nous en noterons deux.

D'abord le caractère plus ou moins sophistiqué des épreuves. S'il s'agissait d'épreuves très complexes, aussi différentes que seraient la dictée musicale et le calcul pour un enfant de dix ans, on conçoit que le facteur général serait limité — mais non nul, nous y reviendrons tout à l'heure. Or, lorsqu'on fait cette fois appel à des populations très sélectionnées d'adultes de grandes écoles, de pilotes de lignes, etc., on ne peut leur poser ces épreuves faciles que comportent un Binet-Simon ou un Wechsler; il faut des épreuves très complexes pour pouvoir les différencier, et par suite, il faut aussi mettre en jeu des techniques et des savoirs délicats. Il en est ici comme d'un concours classique, qui doit se montrer sélectif et qui, pour cela, utilise des épreuves différentes et difficiles. Il n'est point étonnant que, dans ce cas, le facteur général perde de son poids, de sa part dans la variance. C'est là un fait bien connu, d'où l'on conclut parfois qu'avec l'âge les aptitudes se distinguent de plus en plus les unes des autres ou, pour employer le langage des factorialistes, qu'une analyse multifactorielle, dès lors plus justifiée que l'analyse inspirée de Spearman, fournit un complexe de facteurs plus étrangers les uns aux autres, représentés par des lignes formant des angles moins aigus, moins «obliques».

Mais c'est là une question de niveau de la population, et c'est tout. Une autre méthode de recherche donnera des résultats bien différents. Il est regrettable que cet artéfact, si commun, ait inspiré parfois nos pédagogues.

En effet, et c'est là la seconde remarque annoncée, ce parti-pris multi-factoriel, développé surtout aux USA, et en particulier à la suite de Thurstone, n'est point convaincant, et l'école anglaise a plutôt tendance, refusant ces artifices mathématiques — ou en utilisant d'autres dont l'exposé n'a pas ici sa place — à diminuer fortement la multiplicité des facteurs résultant de l'analyse. Des regroupements sont possibles et, sous les facteurs issus d'un calcul simpliste, apparaissent alors des facteurs «de second ordre» ou même un facteur g dont l'importance est considérable, surtout chez les enfants.

L'analyse mathématique est comme la langue pour Esope. Elle ne peut jamais que suggérer des solutions au psychologue, et elle doit se taire lorsqu'on parle de pratique. Non que les méthodes ingénieuses mises au point soient contestables: ceux qui les ont imaginées connaissaient bien leur métier. Mais parce que n'entrent pas dans la machine ni toutes les données du problème ni une unité de mesure (une *ratio scale*) rationnelle. C'est bricolage de génie, mais rien de plus. Et certes nous, psychologues, sommes bien heureux de disposer des outils que le statisticien a mis à notre disposition, mais il faut prendre garde et savoir utiliser l'outil sans vaine prétention. Et ne pas empiéter aussi vite sur la philosophie de l'éducation (ou des valeurs politiques et morales).

Il ne faut donc point s'étonner si se produisent assez souvent des variations dans les estimations du Q.I. d'un unique sujet en fonction de la batterie de test employée. Même si l'on néglige les facteurs d'environnement bien connus (fatigue, présences, adresse de l'examinateur, humeur du moment, etc.) qui commandent la prudence et demandent une grande expérience dans l'interprétation, il reste des facteurs d'erreur ou tout au moins d'approximation qui vicient la conclusion: comme un sondage social, la mesure d'un Q.I. reste, bien qu'à un moindre degré, une estimation liée à un moment donné et à une population donnée. Et, comme la fiabilité du sondage augmente avec l'importance de la population, celle du Q.I. augmente avec l'ampleur de la batterie — et avec l'âge du sujet. Il ne s'agit point là de facteurs de hasard, mais de facteurs fondamentaux.

Il faut encore moins s'étonner de ces querelles si souvent amusantes, rarement sérieuses, qui séparent les études portant sur la variance. Il ne pourrait y avoir accord que si cette sorte d'écrémage que réalise l'extraction de l'écart à la moyenne hors de la note était réalisé de la même manière et jusqu'à la même profondeur dans toutes les études. Faute de quoi l'on en vient, comme nous le verrons bientôt, à nihiliser parfois des facteurs aussi précieux pour l'intelligence que l'attention ou le contrôle de soi ou la persévérance, et à rechercher les 120 cellules de l'intelligence qui prévoient des rêveries aussi peu fondées que la plupart des idéologies politiques. Heureusement pour lui, le créateur de ces 120 cellules — que je me garderai de nommer — a trouvé et dit d'autres choses!

Méfions-nous donc de l'outil mathématique, c'est un outil qui dérape souvent. Et, tout en l'utilisant prudemment, cherchons aussi ailleurs.

Chapitre III
Position des vrais problèmes

1. De la pensée en mosaïque vers une intelligence générale

L'outil dérape souvent, c'est vrai, mais il arrive que son utilisation et ses résultats soient très suggestifs. Ils le sont en particulier en ce qui concerne le caractère unitaire ou multidimensionnel de l'intelligence. Mais mieux vaut se contenter de regarder cet usage et ces résultats du coin de l'œil, sans se perdre dans de vaines controverses qui souvent ont trop rappelé le problème de la sexualité des anges.

Au centre, la nature de g, problème bien posé déjà par Spearman. Mais aussi sa genèse, s'il en a une. Et enfin la manière dont il peut progresser et agrandir son domaine. Problèmes dont les conséquences pédagogiques et ergonomiques sautent aux yeux : en réalité il ne s'agit sans doute point de quelque faculté indivisible et métaphysique, mais de l'organisation bio-psychologique qui constitue ce que l'on nomme ordinairement l'intelligence, aussi bien animale qu'humaine, et de la vie de cette organisation, en particulier des transferts et des spécialisations que tout homme adulte connaît, même s'il n'est pas psychologue. Cela nous conduira donc nécessairement aussi parfois sur des terrains qui sont ordinairement ceux de l'éducation, de la culture générale et des aptitudes particulières, scolaires ou techniques. Vaste programme, nous l'avouons, mais que l'on ne peut limiter sans fausser toute recherche sur l'intelligence.

Sur la nature de ce facteur général, nous serons prudents, espérant la voir apparaître peu à peu à partir des recherches et des analyses qui porteront sur ses avatars. C'est une vue génétique qui doit nous conduire ici, il ne s'agit pas, comme le firent trop aisément des philosophes et psychologues classiques et parfois «scientifiques», de poser d'abord quelque entité métaphysique. Sur ce point nous avons d'ailleurs dit l'essentiel dans notre Introduction.

Redescendre vers l'animal s'impose. Laissons de côté d'abord ces conduites automatiques, appartenant pour la plus grande part au trésor de l'espèce, qui précèdent l'intelligence et peu à peu construisent pour elle des réflexes, des séquences, préparent les moellons dont sera montée la maison. Ce qui frappe d'abord dans l'intelligence animale proprement dite, ce sont, à côté de la force que prennent parfois les attachements, l'instabilité de l'attention, la faiblesse de la mémoire concernant les stratégies intelligentes, en bref les facteurs de dissociation. Un chien ou — selon la légende — une mule peut bien conserver longtemps la mémoire d'une sévère émotion, mais ce n'est point là l'effet d'une sorte de remâchage intellectuel, c'est l'intensité de la douleur qui entre en jeu. Dès qu'il s'agit de dépasser un conditionnement, l'instabilité apparaît. Un problème réussi par hasard une fois ne sera point pour cela connu désormais et résolu à tous coups; il faudra, même à un chimpanzé, beaucoup plus de temps pour assimiler la réussite, pour que la courbe d'apprentissage montre soudain cette chute (du nombre des épreuves avant réussite) dans laquelle, au début du siècle, les psychologues ont bien vu un symptôme indubitable de l'apparition de l'intelligence.

Ce qui se montre déjà ici, c'est cette dispersion des activités intellectuelles que retrouve le psychologue de l'enfance. Pensée «en îlots» disait Wallon, pensée «discrète» (du latin *discretus*) disait un autre à la même époque, peu importe; ici, plus précisément nous dirons de l'intelligence qu'elle est une intelligence en mosaïque. Mais ce sont là des constatations parfois tardives; il faut les conforter par des notations plus élémentaires.

La simple perception ne pose point le problème au même degré, tant aujourd'hui paraissent précoces, et de plus en plus précoces, ses conquêtes. Mais les activités intellectuelles des premiers mois sont au contraire des activités passagères. Sans doute un bébé passe-t-il par des périodes ludiques, on le voit bien dans les admirables observations d'un Piaget ou d'un Malrieu, mais ces périodes restent très courtes, et leurs objets restent ordinairement assez étrangers les uns aux autres. Il faut souvent des mois avant que soit renouvelé un succès obtenu par hasard, à tel point que Piaget en a fait une étape capitale dans la suite des étapes génétiques du premier âge. Plus tard même une imitation intentionnelle, un mot prononcé pour la première fois restent ensuite dans la brume pendant des jours ou des semaines avant de reparaître. Mais il y a là des faits si connus qu'il n'est guère utile d'y insister, cette instabilité — liée d'ailleurs à des répétitions lassantes mais passagères — étant une caractéristique que connaissent toutes les mères.

Défaut de l'attention, défaut des associations, caractère restreint du champ temporel, tout cela correspond à un même caractère commun aux très jeunes enfants qui est aussi cette absence de g dont nous parlions plus haut. En effet g n'est point simplement une énergie psychique, comme l'avait bien vu Spearman, c'est aussi et par là même un facteur de liaison, d'unité — le Je naîtra de la même source. Comme si, sortant de son incoordination primaire l'organisme physique et l'organisme psychologique — mais n'est-ce point la même chose ? — mobilisaient toutes les ressources en les appelant à une convergence commune, à un projet commun, faisaient de ces soldats isolés qu'avait fournis le stock héréditaire une armée dirigée par une stratégie. Comme si commençait le lent processus de rassemblement et d'unification qui, à l'intérieur de l'unité mouvante du Je, avancera délibérément vers les réalisations futures.

Ce mouvement de rassemblement n'est point seulement mémoire brute (*rote memory*), c'est une visée de l'énergie concrète. Aussi commande-t-elle, dès son début, une certaine rigidité qui donne une forme à l'émiettement primitif. Il est remarquable que les tests utilisés dans une grande étude californienne, de 2 à 13 ans, révèlent entre 20 et 40 mois, à côté du facteur sensori-moteur prévu, un facteur de rigidité, le troisième facteur valable correspondant à g ou V n'apparaissant vraiment qu'après 4 ans (Vernon, *op. cit.*, 72): de telles analyses (plus fiables à un âge où la moyenne est plus faible) rejoignent les observations très classiques dans la littérature de la psychologie de l'enfant, par exemple celles de M. Montessori sur l'amour de l'ordre de l'enfant de 2 ans. On verra plus loin que, dans notre laboratoire, nous avons retrouvé des résultats analogues. Mais on peut ici remonter jusqu'à Preyer et à ses observations sur les répétitions lassantes des bébés. Le début d'une régulation élémentaire, d'une importance capitale dans cette période qui commence au cours de la seconde année, peut sans excès trouver des ébauches dès la première année. Il suffit de feuilleter Piaget, Malrieu, Gesell, Valentine ou Preyer pour se convaincre de l'importance de cette prise de possession d'un familier, d'un point d'appui constant qu'est la répétition aussi bien que, un peu plus tard, la règle.

Cette répétition n'est point longtemps une simple écholalie stéréotypée, Piaget a bien signalé l'importance que prend ce qu'il nomme «l'application des schèmes connus aux situations nouvelles», d'ailleurs liée à la «coordination des schèmes secondaires» (*La Naissance de l'Intelligence*, ch. IV). Or ce comportement propre à une certaine période du second semestre, s'il dérive évidemment des réactions circulaires qui l'ont précédé, c'est-à-dire de répétitions plus ou moins complexes, annonce les comportements inventifs qui, généralement vers le début de la seconde année, introduiront non seulement à l'intelligence mais encore plus tard à l'intelligence représentative.

Cette convergence des observations les plus classiques et les plus variées avec les résultats moins assurés des analyses factorielles nous permet d'affirmer sans hésitation que l'intelligence naît du concours d'éléments disparates, qu'elle rassemble des séquences d'activité auparavant indépendantes. Or ce qui importe le plus ici, nous semble-t-il, c'est l'activité qui opère les transferts et les liaisons, celle qui suit la ligne des analogies dans sa marche en avant.

Cette intelligence naissante ne doit point, en effet, se caractériser d'abord par son matériau, il faut faire une grande place à cette «indifférence de l'indicateur» dont parlait Spearman. Néanmoins (et malgré ce que nous avons souvent dit à ce propos pour des niveaux plus élevés de la scolarité) peut-être serait-il sage ici de ne pas sacrifier complètement le fond à la forme. Si on s'y laisse aller complètement, on risque, serait-on le meilleur observateur du monde, de ne plus guère retenir que la naissance des conduites logiques et mathématiques, et de dresser une intelligence trop rationnelle qui est plus celle d'un professeur du Collège de France que celle d'un sage grec ou hindou. Donc, si nous ne ne voulons point mutiler l'intelligence, prenons bien garde à découper selon les lignes naturelles.

Que l'intelligence soit d'abord concrète, cela est nécessaire en un sens, tant que la représentation n'a point assuré son empire. Toute intelligence animale reste concrète. Mais ne nous y trompons pas en appuyant trop sur ce point, les gestes que, depuis les Bühler, on qualifie de «fonctionnels» ont déjà aussi dans le développement de l'enfant de cet âge une importance capitale, Piaget lui-même après quelque ambiguïté première, l'a nettement et souvent reconnu. Or le propre de ce fonctionnel, c'est de n'avoir point d'indicateur au sens spearmanien, mais seulement des occasions, des facteurs de déclenchement. Si, par la suite, le jeu enfantin doit, pour passer à un niveau supérieur, emprunter des modèles, il gardera cependant la ligne fonctionnelle par sa gratuité : or c'est surtout de ce côté-là qu'il nous faudra chercher l'intelligence générale.

Parmi plusieurs questions qui doivent nous arrêter ici, et qui ne sont point sans relations entre elles, la place de l'intelligence concrète dans la genèse de l'intelligence humaine est essentielle : c'est là un point que, avec d'autres psychologues, nous avons touché si souvent que nous ne nous arrêterons point aux différences qui peuvent séparer entre eux des auteurs en apparence assez proches (comme Piaget et Wallon, ou Malrieu et moi-même). En second lieu, vient la place que conserve l'intelligence concrète à côté de l'intelligence représentative et abstraite; ce qui implique une analyse de ce type d'intelligence mieux connu dans le monde animal que dans le monde humain où il prend sans doute d'autres aspects. En troisième lieu, la nature exacte de g et ses avatars aussi bien que sa distinction d'activités voisines (culture générale par exemple). Enfin, après avoir étudié la génération de g il faut étudier sa descendance. Tout cela ne peut aller sans faire intervenir au centre de quasi toutes ces analyses, l'étude des relations, complémentaires ou hostiles, riches ou pauvres, qui s'installent entre l'intelligence concrète et l'intelligence représentative — ou, pour mieux dire, abstraite, nous devrons revenir sur ces termes. Et nous n'en aurons point fini pour cela.

Le second point va être sérieusement facilité par ce que nous avons dit de l'émiettement intellectuel au niveau de l'animal ou de l'enfant. Manque alors l'installation de ces séquences auxquelles, au contraire, se complairont l'adolescent, « l'intellectuel » et le « scientifique ». C'est cette intelligence-là qui comporte essentiellement, mais non uniquement, une saisie soudaine de la solution. Au début du siècle, on a trop insisté, semble-t-il sur le rôle des essais et erreurs dans le monde animal. On sait maintenant qu'à côté de conduites aussi aléatoires, il est des conduites qui comportent une recherche visible du passage : dans une boîte à problème, l'animal qui doit ouvrir une serrure cherche, après plusieurs expériences, du côté de la porte, comme si ce monde était polarisé, plus clair d'une part et plus obscur d'une autre; et, en même temps, notons-le avec soin dès maintenant, s'installe une *attitude* caractérisée non seulement par cette présentation singulière du monde mais aussi par un ensemble de modalités de l'activité, par exemple des mains et du regard chez un singe.

Cette intelligence-là, la Gestaltthéorie en avait fait une description assez fine. Si, depuis lors, les recherches de psychologie animale et de psychologie de l'enfant ont montré sans ambiguïté que nombre des Gestalts étaient le résultat d'activités antérieures, que, comme dit Piaget « les Formes ont une histoire », il n'en reste pas moins qu'il subsiste, et les travaux les plus récents le prouvent de plus en plus, des données antérieures à l'expérience individuelle post-naissance, des séquences gestuelles et des codes constituant ce « trésor de l'espèce » sur lequel avaient trop insisté les psychologues biologistes des environs de 1900. Si l'intelligence concrète continue la perception, celle-ci ne part point de rien. En fin de compte, il n'y a jamais que des développements d'activités et de codes plus primitifs. Comme si l'on ne faisait jamais que développer un savoir antérieur, ainsi que l'a suggéré un jour Alain dans une vision géniale.

Ne plaçons donc point trop sur le devant de la scène des articulations que fournit l'expérience conduite dans un certain environnement de choses et d'adultes. Dans de magnifiques travaux, Piaget nous semble souvent faire une part trop faible à cette intuition de l'intelligence que les Gestaltistes avaient trop prônée. Comme si les mécanismes génératifs l'intéressaient plus que l'utilisation de l'intelligence elle-même. C'est pourquoi son intelligence logicienne manque la meilleure part des relations humaines — alors qu'il l'a parfois si bien notée dans les observations de ses enfants.

Tous les observateurs des animaux supérieurs et des enfants sont frappés par cette entente subtile entre mère et enfant, comme le sont les grands romanciers à des âges plus élevés. Cela doit aussi apparaître dans notre psychologie de l'intelligence, car l'intelligence consiste aussi à « être d'intelligence » avec l'Autre.

Bien plus, pour comprendre l'intelligence du mathématicien, celle de la géométrie descriptive ou celle de la causalité, il faut d'abord cet apprentissage et cette possession de la saisie affective, de l'intuition d'une Forme de peur, de sourire, d'attente, de méfiance, etc., que possèdent pleinement même certains chiens.

2. Le regard

Il convient de faire intervenir ici le rôle essentiel du regard. Longtemps j'ai été surpris de voir combien celui-ci était ignoré de la psychologie scientifique. Sur ce point la « psychologie d'inspiration » comme disait Alain, celle qu'on apprend chez les romanciers ou les artistes était — et est encore — bien en avance sur la psychologie scientifique et même la psychanalyse. L'homme de la psychologie classique était alors un homme sans visage, sans regard et sans sourire (voir dans *Du pied au bon sens*, le long ch. XI de 1965, consacré au regard). Déjà cependant les spécialistes de la psychologie animale avaient commencé à éclairer l'importance du regard chez les animaux supérieurs pour lesquels le regard est une activité d'agression ou de possession tout autant que de tendresse. C'est essentiellement chez les primates, par exemple chez les chimpanzés parmi lesquels vécut quelque temps Jane Van Lawick (*Les chimpanzés et moi*) que cette fonction capitale empruntée à la vue par le regard se dévoila comme l'une des bases essentielles à la fois de la sociabilité et du psychisme. On a souvent parlé à ce propos du primat de la vue, et c'est mal dire car d'autres espèces, parmi les oiseaux en particulier ( ) accordent aussi un primat à la vue, mais non point à cette vue

( ) La vue des oiseaux est remarquable, et les biologistes notent souvent combien elle peut l'emporter sur celle de l'homme. Mais d'une part — sauf rares exceptions, chez les nocturnes en particulier — les oiseaux ne peuvent faire converger les deux champs visuels de l'œil droit et de l'œil gauche comme le fait l'homme (ce qui creuse mieux les distances). D'autre part, l'instabilité de la plupart des oiseaux est bien connue : des séquences limitées et rapides constituent l'essentiel de cette activité, en alternant avec des phases d'immobilité somnolente. Deux raisons pour lesquelles l'oiseau ne peut, comme l'homme ou le mammifère supérieur, user de sa vision pour commander une conduite patiente et prolongée en fonction d'un but bien fixé, suivre une stratégie intelligente. Cervelle d'oiseau, dit-on; certes oui, mais aussi éclairs de vision d'oiseau. Toujours va manquer une vigilance bien dirigée (alors que la dualité du champ visuel facilite la vigilance générale élémentaire), toujours va manquer un vrai regard.

dirigée et prolongée qu'est le regard, à cette communication qui peut, selon les individus, les espèces et les moments, être à sens unique ou à double voie lorsqu'elle transmet non seulement des informations mais des affections et des appréciations.

Les psychologues commencent enfin, en accordant à la toute petite enfance la première place, à comprendre quel champ d'étude immense s'ouvre à eux, car, si nous connaissons bien la perception visuelle grâce à de multiples travaux expérimentaux dont certains ne manquent point de valeur dans le champ de la psychologie, nous ignorons à peu près complètement la psychologie du regard, malgré les incitations des écrivains et artistes ( ).

( ) Alain avait bien souligné l'activité du regard : « Ecouter, c'est attendre, au lieu que regarder, c'est déjà agir » (*Les idées et les âges*, p. 138, éd. Pléiade), mais aussi «... la puissance du regard a quelque chose d'immédiat et d'inexplicable. L'œil humain signifie beaucoup, sans qu'on puisse toujours dire quoi. C'est dans le regard humain que l'on guette le consentement, la faiblesse, le refus, la résolution, la menace. Chacun de nous saisit les moindres reliefs de ce globe brillant. Un regard fixe et impérieux peut nous émouvoir jusqu'aux entrailles... » (*Propos* du 4 mars 1922), et « il n'est point d'œil qui soit indifférent à l'œil » — afin de poser le problème du primat, du visage et du regard dans l'art du peintre (*Propos*, 15 janvier 1930). A quoi l'art de l'écran nous a aujourd'hui bien habitués. Mais Hegel déjà n'avait-il point souligné cette royauté de la vue dans le psychisme humain ?

Alain, qui bien que non psychologue selon certains pédants de petits bulletins, avait bien saisi cette fonction du regard, n'avait pas manqué de noter aussi que, derrière le regard, c'est tout le visage qui parle, qui hait, qui aime, qui se tait ou qui hurle. Qu'il y ait de l'intelligence dans le visage et dans le regard qui en est le centre, cela est trop clair, même si ce code n'est pas toujours aussi facile à déchiffrer chez l'homme (cet acteur, cet hypocrite) que chez le primate ou même le chien. « Un visage n'est qu'une grand-route des émotions » (*Entretiens chez le sculpteur*, p. 627, Pléiade) dit encore Alain. Or cette expression est aussi langage car le premier langage est justement celui du visage et des yeux qui en sont le centre. C'est là une des remarques faites par tous ceux qui ont pu observer des enfants sauvages (par exemple, les célèbres Kamala et Amala) ou des enfants ayant longtemps vécu à l'écart. Des prisonniers aussi, à ce que l'on dit, comme si regard et intelligence se perdaient ensemble. Les démarches du visage et du regard, si l'on permet ce terme, sont presque aussi instructives sur l'intelligence que, sur le caractère, les démarches gestuelles; le malheur est qu'il est autrement difficile de fixer ici des épreuves et que, pour mesurer l'intelligence, il faut chercher ailleurs, dans des résultats ( ). Ce serait cependant courir bien des ris-

( ) Profitons de cette occasion, et puisque nous appelons à l'aide des auteurs non mentionnés ordinairement comme psychologues, pour citer et commenter un précieux texte des *Cahiers* de P. Valéry (Tome 1 de Pléiade, p. 928-9): « Ne pas confondre: psychologue et 'peintre du cœur humain'. Il y a eu et il y aura des peintres excellents de ce cœur. De psychologue, je n'en connais point; mais des embryons, des projets de psychologues, des parties de psychologue.

Encore ne peut-il se concevoir de psychologue qui ne soit autre chose que psychologue et bien autre chose...

... la psychologie ne peint pas le cœur que son objet est de reconstruire... le psychologue ne regarde les notions d'homme et de vie que comme grossières notions vulgaires — comme le mécanicien écoute parler de *force* celui qui ne distingue dans les phénomènes le travail de la puissance, la force vive de la force morte, etc. ».

Beau sujet de réflexion que ce texte pour l'apprenti psychologue (je le verrais volontiers disserter là-dessus), bien qu'il date de 1913. Pour ma part, moins ambitieux que P. Valéry, je reconnaîtrais bien avec lui que « un mauvais peintre du cœur peut se croire psychologue, c'est une illusion moderne », mais j'inverserais aussi cette dernière formule car on ne peut bien expliquer ce que l'on ne peut d'abord décrire, bien décrire en le cernant dans son environnement, en plaçant la figure à étudier sur un fond dont dépend la figure. En me souvenant d'une autre formule du même auteur, et de la même époque (p. 926) qui tempère les citations précédentes et leur donne leur vrai sens: « Il n'est pas permis, car il n'est pas possible, de s'attacher à étudier la pensée sans s'attacher à décrire quelque chose de plus — l'être tout entier ». Autre beau sujet de dissertation pour psychologues formés aux humanités.

ques que de vouloir, en ces difficultés, rejeter complètement, au profit des données scientifiques encore troubles, la vieille croyance dans l'aspect intelligent ou sot d'un visage. Il est vrai que, dans les régions quotidiennes et moyennes, l'erreur est toujours proche : ceux qui ont eu, comme l'auteur, occasion de procéder assez souvent à ce que l'on nomme vulgairement dans le jargon des concours et des embauches des « examens de gueule » ont, s'ils ne sont imbus d'eux-mêmes, appris par leur propre expérience et celle de leurs collègues combien ces examens sont insuffisants, trompeurs et souvent dérisoires. Tout le comportement y intervient certes et non seulement le visage, mais mieux vaut avoir d'abord mis au point des épreuves plus fiables ! Ceci dit — et un psychologue ne peut le nier ni le taire sans se renier — n'oublions point les cas marginaux, ces extrêmes de l'idiotie ou de l'intelligence dont l'aspect, négatif ou positif, n'est point niable : l'instrument qui juge par le regard est un instrument très grossier, mais il possède une réalité, et ce n'est point hasard si le langage commun, faute d'autres moyens, a multiplié les expressions concernant cette psychologie du regard, de « l'œil de vache » à « l'œil perçant ».

Si nous nous attardons ainsi sur cette expression du regard, toujours sujet de mépris pour le psychologue de métier à qui il faut plus de prudence, c'est que la recherche d'instruments plus sûrs à un certain niveau, d'instruments qui permettent de juger des différences ordinaires, normales, de ces différences qui interviennent dans les orientations scolaires et professionnelles ou dans des diagnostics de troubles mentaux, a conduit à dédaigner certaines formes d'intelligence qui sont à la base de l'intelligence représentative et souvent la suppléent.

Enfin le psychologue commence maintenant à aborder ce problème, à chercher à quoi l'on reconnaît un « œil vif » ou un « œil éteint », quelles sont les fonctions multiples du regard convergeant entre elles moins pour informer, pour donner intelligence d'une chose, que pour attacher, pour « être d'intelligence ». Dans un article parfois excellent dans ses observations et ses conclusions, J. Abecassis remarque bien comme nous le faisions en 1965, et comme c'est la signification classique, que « le regard est une relation et non une simple vision par l'intermédiaire d'un organe », mais surtout que « la thématique du regard est celle de la médiation » (*Enfance*, 3-4, 1979, p. 192-3). Ce qui ramène à la vieille idée d'Alain pour qui la pensée humaine commence dans les bras des nourrices, ce giron où naissent *les Dieux,* ou — mais les deux amis se rencontrent — cette formule de P. Valéry: «Le travail de définir commence à la naissance» (*ibid.*, 932).

Mais non, cette formule de P. Valéry, jetée rapidement sur un cahier, vraie en soi, ne suffit pas. Quelle naissance, demanderais-je? Et Alain aussi ne s'est point posé le problème: ce fils de vétérinaire avait trop lu Descartes et oublie, en faveur des animaux-machines, les enseignements de son père. Et ceux de Darwin.

3. Le langage le plus primitif

Laissons maintenant les philosophes comme les spécialistes de la psychologie de l'animal — ceux-ci auraient beaucoup plus à dire, mais notre visée est essentiellement humaine. Ce sont les observateurs de l'enfance qui, lorsqu'ils regardent bien, doivent nous guider, dans leurs travaux futurs et dans les rares notations anciennes. Mais ces réflexions rapides sur le regard nous ont montré en quel sens il fallait entendre cette expression de «naissance de l'intelligence» que Piaget a justement donnée comme titre à l'un de ses plus précieux ouvrages. Il ne doit point s'agir seulement de la naissance d'une intelligence rationnelle et abstraite, mais d'une intelligence concrète qui, d'abord en miettes, se resserre peu à peu sur elle-même en inventant des modes de transfert et de progrès. Or, et justement parce qu'elle précède le langage articulé qui reste, même aujourd'hui, le privilège de l'homme, la conduite intelligente n'est point, comme l'imaginaient trop de classiques, liée d'abord au langage, à l'expression, mais à l'échange, aux premiers échanges. Notre psychologie, ignorant les avertissements non seulement d'Alain mais de Pestalozzi, de Comte, et de bien d'autres s'est tenue trop longtemps à un domaine purement cognitif afin d'expliquer l'intelligence. En descendant plus bas, on découvre que, chez le bébé, l'attachement comme l'on dit selon la mode actuelle, c'est déjà de l'intelligence. Chez le bébé humain, les attachements passent par les regards et l'intelligence est d'abord sourire: le sourire d'intelligence est aussi intelligence du sourire.

Pourquoi vouloir voir dans le sourire quelque expression ou quelque information? Je sais bien que, de nos jours, les sciences humaines ne peuvent rien dire sans se référer sans cesse à ces deux notions. Mais n'y a-t-il pas, avant toute information et même avant toute expression déterminée, un langage qui ne dit rien? Non point exactement le célèbre Mané Thécel Pharès dont le sens secret surprit

Balthazar : ce n'est là, en plus intense, que le coup de sonnette inattendu ou la sonnerie de téléphone qui vous interrompt, signaux de quelque-chose-dont-on-ne-sait-encore-rien mais qui pourra se préciser. Il y a de l'information dans le Mané Thécel Pharès même si Balthazar ne le comprend point — et n'y en a-t-il pas en ce sens en tout langage étranger incompris qui témoigne d'une esquisse de transmission volontaire d'une information : c'est le langage du coup de sonnette ou de la sonnerie du téléphone. Avec cependant cette différence à noter que sonnette ou téléphone ne sont guère que des préludes, qu'ils annoncent des structures linguistiques à venir, alors que c'est l'obscurité même du message, sa non-signification véritable, qui crée l'angoisse de Balthazar : il y a là un signe qui n'est tel que parce qu'il signifie seulement qu'il se refuse à signifier, qui ne vaut que par une sorte de négativité de signe. Comme un sourire secret et, par là même, menaçant. Comme une Joconde en négatif.

Ces exemples et ces remarques nous introduisent à une sorte de langage qui refuse l'information, à un langage pré-informatoire qui n'est point pour cela un pré-langage, qui au contraire peut provenir du comble d'une duplicité cachée, d'une horreur seulement manifestée par sa qualité d'horrible comme le chat d'Alice ne se manifeste que par son sourire. Nous sommes ainsi conduits à séparer très nettement le langage et l'information.

On peut aller plus loin et plonger plus profond dans le mystère de l'âme primitive et enfantine en suivant maintenant une grande idée dont je ne sais si Alain ne l'a pas empruntée à Hegel (au Hegel de l'*Encyclopédie*), l'idée d'un langage absolu, celui du menhir, du cairn (ou montjoie) et de certains sourires. Il ne s'agit point d'un signal, pas plus que dans le cas de la sonnette, du téléphone ou du Mané Thécel Pharès ; car en ceux-ci se dessine une certaine activité ignorée, mystérieuse ou future, une activité en quelque sorte en marche, une activité dont on voit bien les pas sur le sable sans en deviner le but. Le propre du langage absolu c'est justement son inanité, sa vanité. Il ne dit rien, mais de plus il n'exprime point une sorte de désir de communication articulée, de communication qui use de signes. Le langage absolu n'exprime que lui-même et ne vaut que par la liaison avec l'Autre. Non point une liaison de plaisir ou de labeur, mais une liaison tout court, disons le mot : un attachement.

Tel est le sourire enfantin dès qu'il informe le regard vers la mère, dès qu'il n'est plus ce sourire des premières heures qui dit satisfaction des pulsions. La reconnaissance de ce type de sourire par la psychologie de l'enfant la plus récente est capitale, car elle ouvre la voie à la compréhension d'un langage fondamental qui dépend d'abord du regard. Très vite s'y mêlera le son, et l'écholalie sera encore un langage annonçant cette fois le langage vocal et humain ; mais pendant cette toute petite enfance s'est révélée une forme de connaissance d'autrui, de liaison avec autrui, d'intelligence avec l'Autre, qui est essentielle non seulement parce qu'elle dénonce la limite des psychologies des pulsions ou des réflexes, mais parce qu'elle attire l'attention sur une forme d'intelligence qui procède par vues globales, sans analyses préalables, sans structurations sensibles, parce que, dès cette empathie primitive dont on parle souvent, le regard et le sourire opèrent déjà, entre mère et enfant, ce que chercheront plus tard à exprimer le menhir ou le cairn. Prenons donc garde à ne point trop figer l'intelligence dans un raisonnement qui annonce l'ordinateur, respectons cet aspect intuitif, cette sorte de goût immédiat, cette jouissance simple qui, prenons-y garde, sont aussi le propre de l'art.

Je serais tenté ici de continuer sur ce terrain en tirant en quelque sorte l'intelligence vers l'art comme le fils vers le Père. Mais cela n'en est pas encore temps. Je pose seulement un jalon vers cette idée — paradoxale seulement dans les cas marginaux — qu'il y a une certaine poésie dans l'intelligence — peut-être même dans l'intelligence qui raisonne, bien que si peu !

Ce qui fait que, au niveau où nous nous sommes placés maintenant, l'intelligence subsiste alors qu'aucune information ne passe, c'est qu'il lui reste cependant une sorte de substance, un matériau comme formel, celui qui permet de caractériser aussi — mais n'est-ce point la même chose — cette vigilance qui intrigue de plus en plus les psychophysiologistes. Nous avons déjà fait le rapprochement plus haut, il faut maintenant le développer sous un autre aspect.

Il ne s'agit certes point d'identifier la vigilance à l'intelligence, la moindre connaissance de l'état des recherches sur le cerveau nous l'interdit. Il s'agit de discerner le rôle capital de cette vigilance générale qui scrute un horizon encore vide, qui, sans s'ancrer sur la figure centrale, tient compte aussi du fond et comme du coin de l'œil. Ici l'on saisit mieux le rôle capital du regard dans l'intelligence originelle de l'homme. Par le regard les phénomènes s'étendent et se distinguent, des apparences se tiennent à côté de la figure ; elles ne sont plus comme ces bruits qui se fondent trop aisément avec ce qui constitue la figure auditive — et c'est bien pour cela que l'informaticien s'est adressé à l'audition (et non à l'ouïe) pour étudier le « bruit » des parasites même dans le domaine des signes visuels. Mais s'il reste beaucoup à chercher en ce sens — et le travail est en cours de toute manière — et même si nous accordons trop ici à la vue aux dépens de l'ouïe, si nous pensons que celle-ci tire sa valeur du fait qu'elle prête plus tard à une sorte d'échange organique entre voix et oreille plus qu'entre deux sortes de domaines auditifs apparentés — il reste qu'à la source des premières conduites qui révèlent l'intelligence, regard et sourire, nous trouvons une vigilance dont le seul matériau, dont la seule énergie est l'attachement; mais que signifie ce mot trop affectif, qu'y a-t-il derrière l'attachement sinon une vigilance plus ou moins privilégiée accompagnée d'un état affectif encore seulement esquissé dans son amplitude générale ?

La reconnaissance, non plus du visage humain en général — dont on sait combien elle comporte d'éléments natifs, grâce à des travaux qui ont prospéré depuis quelque vingt ans — mais du visage de la mère, comme la prise de possession des sons du langage et non plus seulement de leur caresse ou de leur rugosité (ce qui est ordinairement le niveau de l'animal domestique), posent de nouveaux problèmes car l'intelligence désormais peut se fixer mieux, des périodes privilégiées de jeu peuvent commencer, et le monde présenter des structures plus nettes. Ces étapes aujourd'hui bien explorées sont rejetées souvent vers la simple activité perceptive, mais, Piaget y insiste sans cesse et sans guère être contredit, cette activité perceptive qui découpera l'objet pratique (5e étape des observations de Piaget sur ses enfants) est un progrès de l'analyse qui ne va point déjà sans certaines synthèses — on parlera alors de syncrétisme, d'assimilation, etc., et il ne manque pas de distinctions à respecter dans l'étude détaillée, mais cela ne change rien aux grandes lignes qui nous intéressent aujourd'hui car ce que nous voulons cerner, c'est l'intelligence concrète qui en effet prolonge l'activité perceptive.

Niveau de l'objet, de la Gestalt objective, et par là possibilité de liaisons entre ces éléments, marche vers les opérations, tout psychologue s'est penché là dessus. Mais à trop le faire on néglige, nous semble-t-il, de faire sa place, sa très grande place à l'intelligence concrète — ou pratique et affective — qui, dans son activité centrale, possède une originalité jusque bien tard dans l'âge adulte.

Problème des intelligences et des aptitudes donc, nous ne pouvons l'éviter maintenant.

4. Divergences et convergences

Au niveau où nous sommes placés, il n'est pas encore possible de faire appel aux facteurs que discerne l'analyse factorielle, nous sommes de toute manière à un niveau beaucoup trop bas pour distinguer des facteurs intellectuels : ce sont des aptitudes motrices ou perceptives qui sont en jeu en premier lieu. Nous avons insisté sur la vision et le regard parce que ce dernier permet de bien poser le problème, parce qu'aussi l'importance de la vision chez les Primates est évidente — à tel point que Köhler et d'autres ont jadis pensé parfois que le problème de la Gestalt était conditionné d'abord par des éléments optiques. Mais si nous voulons maintenant chercher comment s'éloignent ou se rapprochent les branches de l'arbre psychique, il va nous falloir regarder ailleurs et retrouver un problème trop ressassé pour que nous y jetions autre chose qu'un rapide coup d'œil.

En effet les différences perceptives et motrices, si elles ne sont point sans influence sur l'intelligence, ne sont point la cause des embranchements psychiques. Après tous les excellents travaux qui ont été menés ces dernières années sur les handicapés physiques, et en particulier sur les aveugles et les muets, il est bien établi que les manques dans ces domaines moteur et perceptif peuvent bien nuancer les réussites mais ne tranchent point les aptitudes mentales. Il n'y a pas une intelligence visuelle et une intelligence auditive, mais ce sont les mêmes puissances intellectuelles qui font appel à l'œil ou à l'oreille, qui dirigent une unique attention vers l'une ou l'autre direction. Il faut dire adieu à ces conceptions des environs de 1900 qui accordaient trop aux sens et pas assez à la vigilance générale.

C'est l'apparition de la pensée représentative qui pose ici un problème. Qu'il y ait, sinon une véritable coupure, du moins seulement un lien lâche entre les intelligences qui précèdent ou suivent ce moment capital pendant lequel l'homme réalise enfin des prouesses que l'animal ne peut jamais qu'esquisser, c'est là un point trop important et trop solidement assuré aujourd'hui — malgré des divergences dont j'ai souvent fait état ailleurs — pour qu'il soit utile d'y revenir. Or c'est à ce moment-là, avant l'apparition des constructions mentales les plus élémentaires, que se dégage l'intelligence proprement humaine, celle qui usera de signes articulés et d'un espace mental amplement prolongé selon de multiples dimensions (voir ici notre *Psychologie des attitudes intellectuelles*). Le vrai problème est de savoir si, à travers ce filet qui, grâce au jeu fonctionnel puis au faire-semblant, passe de l'intelligence concrète à l'intelligence abstraite, s'aborde toute l'intelligence, ou, en d'autres termes, si l'intelligence préreprésentative ne continue pas pour elle-même à côté de l'intelligence abstraite.

Ce qui trompe également ici, c'est la place accordée au langage. Nous aborderons donc ce problème des diverses intelligences possibles en gardant toujours et à la fois en vue, les genèses de la représentation et du langage.

Peut-on vraiment couper entre une intelligence que nous dirions pratique, issue directement de l'intelligence animale, et une intelligence verbale ou théorique, apanage de l'homme ?

Se poser ce problème et même ces problèmes, c'est se demander comment et jusqu'à quel point l'intelligence pratique peut se passer d'éléments verbaux, ou même d'éléments représentatifs.

Posons d'abord — s'il le faut, nous y reviendrons — que les éléments représentatifs sont indispensables pour qu'émerge une pensée pratique qui soit également une intelligence humaine. On a trop rapproché sur ce point l'homme des animaux supérieurs qui ne disposent encore que d'éléments représentatifs fort limités, si limités qu'ils ne jouent guère dans leur pratique — si toutefois ils en disposent vraiment, ce que pour notre part nous repoussons. Ce que Piaget nomme l'intelligence sensori-motrice ne devient intelligence humaine que par la mutation représentative. Mais, dès que celle-ci se développe, vont entrer en jeu dans la conduite pratique des éléments mentaux qui transformeront, par exemple, le détour animal pour en faire un détour humain. Non qu'il y ait toujours rupture, mais le détour animal va être prolongé, nourri, étoffé de représentations, sans l'être nécessairement de langage. La venue de la représentation n'effacera point complètement une intelligence engagée dans la situation, une intelligence concrète, mais elle la transformera.

Nous sommes trop aisément trompés par les affirmations de ceux, marxistes et lacaniens en particulier, qui voudraient que la pensée humaine naisse avec le langage. Cette thèse, encore commune, déprécie la représentation, elle accorde trop à une prétendue fonction symbolique dont en fait il est difficile de priver l'animal supérieur. Le langage n'est jamais que l'un des instruments dont dispose l'intelligence, ce n'est point le seul ni le plus fondamental. Nous allons essayer de suivre cette idée sur plusieurs voies parallèles. Nous considérons :
1. les facteurs dégagés par les analyses factorielles et les tests d'intelligence,

2. les recherches portant directement sur l'intelligence pratique de l'enfant,
3. ce que peut nous apporter l'histoire, au sens large du mot,
4. ce qu'apprend l'expérience quotidienne pour peu qu'on y prenne garde.

Mais ce serait une mauvaise méthode que de prendre ici pour guides successivement ces quatre principales sources de renseignements. Ce qui doit nous guider, ce sont les mécanismes de passage, la suite génétique. Disons donc que, grâce à ces apports de techniques différentes, nous allons tenter de suivre au-delà de la petite enfance les avatars et les lignes selon lesquels procède l'intelligence, tout en sachant fort bien qu'il ne s'agit là ni de quelque indivisible puissance métaphysique ni d'une sorte d'armée avançant sans organisation et sans chef.

Deux, mouvements semblent commander ce devenir de l'intelligence et, sous peine de verser dans un associationnisme désuet ou dans une multiplication d'intelligences, il ne faut jamais traiter l'un sans l'autre : ce fut là une faute commune et, afin d'éviter un éclectisme sans force, on s'est alors imposé d'étendre à tous les moments de l'intelligence une unique ligne, d'où des théories qui, malgré leur utilité et leurs résultats, ont, comme les deux que nous citions plus haut, démontré leur insuffisance.

Dans la petite enfance, nous avons trouvé une intelligence en mosaïque. Comme l'écrit Vernon, « As Bayles, Mac Call and others have pointed out, these findings imply that no general intellectual capacity is revealed in the first years, but rather the progressive emergence of discrete series of skills » (*op. cit.*, 82). Comment donc peut émerger cette intelligence générale que, malgré des réserves, révèle le facteur g, intelligence générale qui, ne l'oublions pas, est, si l'on refuse de s'en tenir à l'analyse de la seule dispersion, beaucoup plus importante encore que ne le révèle la recherche mathématique, comme le savent bien tous les maîtres de l'enseignement primaire ? Comme le savent aussi, ne l'oublions pas, les orienteurs, longtemps surpris des succès obtenus grâce aux tests de facteur g, alors que l'analyse d'un poste de travail en divers facteurs et l'utilisation diagnostique de cette analyse se révélait fort médiocre (sur ces points, voir notre *Culture générale*).

Deux types de genèse dans des directions divergentes peuvent ici être envisagés, celui qui est connu comme le problème de « l'overlap » discuté par plusieurs auteurs après Anderson, et le problème du transfert sur lequel nous avons personnellement travaillé (avec nombre d'autres !).

5. L'overlap

L'hypothèse de l'overlap, avancée en 1940, ne peut être complètement écartée car elle consiste seulement à dire que l'acquis antérieur subsiste dans l'intelligence mesurée, comme c'est le fait indiscutable pour la taille d'un enfant. L'accroissement annuel ne fait qu'ajouter à un stock qui, d'année en année, devient plus important, si bien que ce stock joue une part de plus en plus grande dans l'intelligence, dans le Q.I. De la même manière la taille d'un enfant de 16 ans risque, par le simple effet de la taille qu'il avait à 14 ans, de placer le sujet mesuré dans le lot des grands ou dans le lot des petits comme à 14 ans. Cela suffirait à expliquer la constance du Q.I. : «puisque l'individu en croissance ne perd pas ce qu'il possède déjà, la constance du Q.I. est dans une large mesure une part de la relation de chevauchements (overlap)» entre les courbes des tailles ou des Q.I. d'un groupe donné (Anderson, cité par Anastasi, *Differential psychology*, 295).

Il y a là un postulat que fait bien ressortir la comparaison du Q.I. avec le rang de taille dans le groupe, c'est que l'acquis est comme un corps solide, c'est-à-dire en psychologie, un corps mort. Mieux vaudrait, au lieu des strates successives d'intelligence, envisager des poussées de plus en plus fortes, comparer plus à la vigueur du muscle qu'à la taille. En ce cas on devrait trouver des corrélations généralement positives entre les Q.I. et les croissances de Q.I., les d.Q.I., d'une année à l'autre (comme entre les rangs de l'intelligence déjà acquise en l'année x et les mêmes rangs en l'année x + 1). On voit bien ici que ce qui est en cause, c'est au fond la constance du Q.I. Qu'il reste le même et l'acquis de chaque année sera proportionnel à ce facteur constant, la corrélation entre Q.I. et d.Q.I. restera proche de 1. Ou, si l'on veut parler de l'âge mental que prônait Binet, chaque année, l'âge mental sera multiplié par le quotient d'intelligence : un sujet de dix ans de Q.I. égal à 120 (et qui, par suite a un âge mental de 12 ans) aura lors de ses onze ans un âge mental de $11 \times 1,2 = 13,2$, ce qui lui donnera un âge mental de 13,2, avec le même quotient d'intelligence de 120.

Or, les résultats expérimentaux furent d'abord peu satisfaisants (Roff, 1941). Cela s'explique fort bien si le taux d'accroissement varie chaque année, ou, pour mieux dire, si l'accroissement n'est qu'un accroissement de savoirs, d'informations. Il en est alors de l'esprit comme d'un arbre fruitier : un pêcher qui a donné beaucoup de fruits en une année x favorable, pourra ne donner presque rien en l'année x + 1 si l'environnement (pluie, soleil, taille, etc.) est défavorable. Dès lors la croissance du Q.I. étant aléatoire, la constance serait assurée d'abord par la somme des savoirs déjà acquis. Même avec un d.Q.I. très faible pour la onzième année, le sujet garderait une somme de savoirs suffisante pour ne pas tomber beaucoup plus bas ; tout au plus pourrait-il garder un âge mental de 12 ans pour un âge chronologique de 11 ans, donc un Q.I. de 12:11, soit environ 110. On comprend aisément que cette relative constance du Q.I. basée sur une somme de savoirs subirait une chute beaucoup plus importante si l'âge chronologique était faible. Par exemple, pour un âge chronologique de 5 ans et un Q.I. également de 120 (et un M.A. de 6 ans), en cas d'acquisitions nulles entre 5 et 6 ans, le Q.I. tomberait cette fois à 100. Ces considérations expliqueraient ainsi pourquoi le pronostic, très faible dans les premières années, prend plus de sûreté par l'effet de l'âge.

On a voulu conclure de là, Bloom (1964) par exemple, que le Q.I. dépendait uniquement ou tout au moins principalement des informations fournies par l'environnement : il y aurait de bonnes et de mauvaises années pour la croissance intellectuelle comme pour la croissance des pêchers : l'intelligence se mesurerait sur des couches successives analogues aux couches de l'aubier d'un tronc.

Ce serait oublier bien des éléments qui interviennent dans cette croissance. Il est trop facile de tout expliquer par une maturation (à la Gesell), cela est vrai, mais trop facile aussi de tout expliquer par l'apport social d'informations. On peut envisager des facteurs endogènes beaucoup plus souples : la maturation pure et régulière n'existe pas. Même lorsqu'il s'agit de la taille, il y a des périodes où jouent des poussées privilégiées (chez le bébé, à la prépuberté) ; et l'environnement, on le sait bien aujourd'hui, joue un rôle important par l'intermédiaire de la nourriture en particulier. A plus forte raison, lorsqu'il s'agit d'un phénomène aussi complexe que l'intelligence, est-il impossible de faire appel à une maturation régulière dans tous les cas. Par ailleurs, ramener ainsi l'intelligence à des savoirs à des ensembles d'informations, n'est-ce pas en faire une chose morte ? Ce qui est acquis, n'est-ce point aussi, à côté de savoirs rigides, des élans, des dynamismes, des stratégies, des attitudes, autant de forces qui permettent une avance de plus en plus assurée ? A moins de revenir à cet être inerte qu'était l'esprit des associationnistes, il est impossible de considérer notre psyché simplement comme une succession de strates indépendantes. En fait, chaque strate agit sur la suivante : la terre arable amassée par les générations antérieures, favorise par son épaississement même la poussée de plantes nouvelles : les botanistes connaissent bien cette conquête progressive des terrains nus par une végétation dont, en quelque sorte, chaque espèce s'élève sur la pourriture des espèces antérieures. Encore cette comparaison reste-t-elle insuffisante, car c'est la strate inférieure qui, à chaque fois, s'élève et, parfois même en créant des espèces nouvelles, nourrit la strate supérieure.

Ces considérations sur le concept de l'overlap ont le bénéfice de nous permettre déjà de mieux poser le ou plutôt les problèmes de l'intelligence, et de faire sentir leur complexité. Ajoutons, pour compléter notre argumentation, que des recherches plus récentes (Pinneau, 1961) ont trouvé cette fois des corrélations positives entre Q.I. et d.Q.I., ce qui conduirait plutôt à une conclusion prudente n'expliquant point la croissance intellectuelle ni par le seul environnement ni par de simples facteurs endogènes. Nous retrouverons ce problème, mais nous ne pouvons cependant nous dispenser d'esquisser rapidement deux lignes de considérations concernant l'environnement et l'âge ( ).

( ) D'autres considérations, pédagogiques cette fois, devraient être longuement développées, mais ce n'en est point l'heure. Contentons-nous de signaler qu'autre est une pédagogie qui considère l'essentiel de la psyché comme constitué d'informations et d'apprentissages (d'où ces « unités de connaissances » qui nous sont venues à la mode à travers l'Atlantique), ou si l'on envisage plutôt la psyché comme un ensemble — plus ou moins unifié — d'élans, d'attitudes, de stratégies, de transferts volontaires. Les « social relations » d'un côté, les « humanités » de l'autre. Les informations d'un côté, la culture générale de l'autre.

L'environnement agit, bien que de manière différente, à la fois sur le savoir et sur les facteurs dynamiques. Un bon environnement avec une formation continue due à un même groupe usant des mêmes méthodes éducatives favorisera l'acquisition à la fois de certains savoirs — au moins des savoirs de base — et des éléments dynamiques (attitudes et stratégies, aptitude à apprendre, etc.). Un environnement médiocre pourra être aussi efficace sur certains points ou certaines techniques particulières; et un mauvais environnement entravera entièrement la croissance du Q.I. N'insistons pas, ce sont là problèmes connus. Mais il y faut joindre que la nature, la direction de l'activité intellectuelle dépendent aussi du milieu, par exemple du type d'éducation — comme on le voit en passant parfois d'un pays à un autre.

Et cela nous conduit à notre seconde considération concernant cette fois non plus l'environnement mais l'âge, considération que nous avons déjà touchée rapidement dans le chapitre précédent et sur laquelle il nous faudra bien revenir plus tard. C'est que, à vrai dire, chaque âge a son intelligence, parce que changent les intérêts, les valeurs, les amours. Après 13 ou 14 ans, comme on l'a dit après la grande enquête américaine, si l'intelligence ne semblait pas augmenter, c'est sans doute parce qu'en ce temps-là la formation intellectuelle due à l'école était achevée — et aujourd'hui par la prolongation des études, cet âge limite s'est élevé — mais c'est aussi parce que changent désormais les attitudes dans une vie post-scolaire. Nous l'avons dit après Ombredane, l'attitude ludique qui permet de s'intéresser aux tests d'intelligence est capitale; mais cela implique aussi qu'il faudrait complètement modifier les épreuves portant sur l'intelligence en fonction de l'âge et de l'activité. Ce que les psychologues nomment intelligence et prennent pour définition opératoire ne tient pas compte des activités professionnelles, familiales, etc., en un mot de ce qui constitue la matière de l'activité intellectuelle de l'adulte.

Nos deux considérations, parties du problème de l'overlap, se rejoignent donc quelque peu en mettant en cause, sous deux aspects complémentaires, l'environnement. C'est là un lieu commun, un «topos» de la psychologie de l'intelligence et tant de recherches y sont encore matière à discussion que nous n'ajouterons point les quelques résultats que nous avons pu cueillir nous-même. Ce qu'il faut, c'est changer délibérément la méthode d'attaque — et tout cet ouvrage vise ce but — en s'efforçant de poser d'autres problèmes en marge ou plutôt de considérer d'autres perspectives. Or tout ce que nous venons de dire dans les pages précédentes concerne surtout le matériau de l'intelligence; c'est pourquoi nous assistons à une diversification si crue des problèmes et même des résultats. Il sera sans doute bon d'essayer de nous dégager un peu plus des matériaux pour considérer les mécanismes de passage. Peut-être serons-nous alors amenés à mieux éclairer la difficulté première, celle des relations entre l'intelligence concrète et l'intelligence abstraite.

Nous allons donc nous demander à nouveau, en passant par d'autres chemins, quelles étapes et quelles voies donnent naissance à une intelligence générale, disons provisoirement à un facteur g pour employer un langage connu.

Le facteur g, c'est un facteur général qui varie en fonction des épreuves, nous l'avons dit et, comme l'on remarquait un jour, on trouverait des corrélations positives, et un facteur g, entre des épreuves portant sur le nombre de dents et un test d'intelligence, à condition de prendre des sujets d'âges très divers, disons de 2 à 15 ans. Cela est vrai, mais ce facteur g là ne mérite point un tel mépris, car il est bien évident que c'est un facteur de croissance qui joue aussi bien sur le nombre de dents, la taille, la force, la mémoire, l'intelligence, etc. De même il existe un facteur g d'éducation physique, à condition de bien choisir les épreuves. Mais dans le domaine particulier de l'intelligence qui nous intéresse, le facteur g de Spearman et autres n'est point un simple artefact, il répond à une certaine unité de l'activité intellectuelle, et il pose avant tout ce problème de l'unité — même si des artefacts mathématiques le peuvent dissoudre, dans des populations choisies et restreintes à cet effet.

Unité de l'organisme, unité de l'intelligence, unité de l'esprit, ce sont là problèmes qui devraient être au premier plan des préoccupations philosophiques (Kant) et psychologiques. Or, nous l'avons vu, la pensée des premières années reste en mosaïque, elle ne glisse point aisément à fournir un facteur g. Comment donc celui-ci peut-il apparaître par la suite ? Ou, si l'on veut, comment s'opère une unité du psychisme, de l'intelligence ? On voit que, posé de la sorte, notre problème, tout en rejoignant d'anciennes préoccupations des philosophes, n'est point si actuel pour les psychologues.

Chapitre IV
Les divergences et l'intelligence de la rencontre

1. Facteurs V et S

Nos savants manquent de courtoisie. Ne voilà-t-il pas qu'ils en viennent maintenant à nous dire, avec preuves à l'appui, qu'il y a des différences entre les cerveaux masculin et féminin ( ) ( ). Quelle

( ) « Les différences sexuelles (au niveau du cerveau) furent d'abord mises en évidence grâce à des techniques très complexes alors qu'elles sont aujourd'hui visibles à l'œil nu. Peut-être avait-on peur de faire cette constatation et espérait-on ne rien voir » (Bruce Mac Ewen de la Rockefeller University). Ces différences sont retrouvées aussi bien par des chercheurs américains, australiens, de Saint-Domingue. Les faits sont bien exposés dans l'ouvrage collectif dirigé par Evelyne Sullerot sur *Le Fait féminin*. On trouvera des notations analogues dans l'ouvrage très clair et très bien informé de Guy Lazorthes: *Le Cerveau et l'Esprit* (1982), page 101-103; également dans le même ouvrage, au chapitre III, un bon exposé du problème des latéralisations cérébrales et des données actuellement acquises sur ce sujet. Si nous ne nous appuyons pas sur ces données, ni sur d'autres du même domaine, bien que les recherches des physiologistes et neurologues aient toujours été pour nous des incitations essentielles et qu'elles s'accordent aujourd'hui parfaitement avec les vues exprimées ici, c'est que nous nous en tenons délibérément au modèle psychologique.

( ) Plutôt que des différences en S et en V, nous aurions pu partir des différences concernant l'égocentrisme, que Witkin dans des recherches classiques a retrouvées jusque dans la perception. Mais cette supériorité de l'égocentrisme féminin prête moins à poser les problèmes de l'intelligence. Signalons cependant 1) qu'elle ressort de travaux assez nombreux et solides, 2) qu'elle constitue une sorte de différence de fond pour les intelligences des deux sexes; les vaudevillistes s'y réfèrent souvent, mais surtout c'est là un aspect de cette importance capitale des attitudes comme bases de l'intelligence dont nous parlerons au chapitre VI. D'ailleurs l'égocentrisme, contrairement à ce que l'on dit trop facilement, a parfois du bon, et même est nécessaire pour certaines activités du plus haut niveau (voir notre étude sur l'égocentrisme au ch. III de *L'enfant et ses conquêtes*).

goujaterie! ne sait-on donc point l'égalité — j'allais dire l'identité — des sexes? Eh bien, non, sans entrer dans des complications scientifiques, il paraîtrait que la dissymétrie bien connue des deux hémisphères serait surtout sensible chez les hommes, qu'il y aurait d'ailleurs une indubitable action des hormones sexuelles sur le cerveau (bien confirmée par des études portant sur les transsexuels, les sujets qui changent de sexe). Il en serait du cerveau comme de la barbe ou de la taille, eux aussi liés au sexe. Et l'on en vient, sans trop s'en vanter en ce siècle de féminisme — qui manque souvent trop de féminité — à se demander s'il n'y aurait pas aussi des différences sur la psyché portée par des corps autrement sexués. Certes, c'est là une vieille croyance, mais ne risque-t-elle pas d'intervenir dans une recherche sérieuse — ne disons pas scientifique, afin de ne pas parler à vide — jusque sur la notion d'intelligence?

Qu'il y ait des différences entre les deux psychés, c'est ce que nient des conceptions célèbres de ce siècle: «On ne naît pas femme, on le devient», cette formule brutale de Simone de Beauvoir mettait un énorme accent sur la part de l'éducation dans le comportement féminin. On sait quel sort a été fait à cette conception dans l'éducation actuelle. On sait aussi combien elle s'est parfois retrouvée dans des discussions entre psychanalystes ou psychiatres, comment ce primat de l'éducation a justifié complexes d'Œdipe ou d'Electre. Et surtout comment l'on a été conduit à offrir aux deux sexes les mêmes programmes et, plus tard, les mêmes emplois — à de très légères réserves près.

Or il se trouve que le psychologue de l'intelligence, depuis longtemps, a trouvé des différences entre les sexes. Suivant la mode qui faisait primer le sociologique sur le biologique, il a attribué volontiers ces différences à la formation commandée par les adultes. Longtemps même on a minimisé la plus visible de ces différences, la supériorité des garçons dans ce que l'on nomme le facteur S et celle des filles dans le secteur V, et surtout peut-être le facteur W (words). Expliquons un peu ce point.

Facteur S, c'est là vision plus exacte, comme de l'inclinaison d'une étagère sur l'horizontale ou de la distance d'un objet lointain. Un facteur S élevé chez un sujet le prédispose à mieux saisir la géométrie dans l'espace, la vision d'une structure spatiale articulée comme d'une statue, d'un monument, d'une dent ( ), lui ouvre cer-

( ) Je pense à certains psychologues praticiens qui ont usé de tests très saturés en facteur S pour contribuer à la sélection des étudiants en dentisterie.

tains métiers (grutier, par exemple, ou architecte) ou certains sports (la supériorité des hommes au tennis ne proviendrait point seulement de qualités physiques). Au contraire, parler des facteurs V et même W, c'est envisager le langage, soit uniquement dans son vocabulaire (W), soit dans son organisation et sa fluidité (V). Mais plus généralement, envisageons un facteur verbal général, comme on le fait le plus souvent. Les filles, mieux pourvues en ce domaine, montrent en effet une certaine précocité signalée dès les débuts du siècle (par exemple, par Mme Descœudres, 1921), et retrouvée constamment depuis lors, ce qui explique l'hypothèse de Sandra Wittelson écrivant: «Le cerveau des filles et des garçons pourrait être différemment organisé pour les processus cognitifs impliqués dans la lecture».

Avouons-le, il reste bien du flou dans la conception de ces deux facteurs. Cela est inhérent à la méthode factorielle elle-même, dont nous avons déjà souligné les imperfections. Ses résultats variant avec le groupe considéré, ce n'est point seulement le sexe qui joue, mais l'âge, la classe sociale, le niveau scolaire, si bien que l'on ne peut, malgré des techniques complexes, cerner d'une manière précise aucun des facteurs contribuant à constituer la variance. Le facteur S, par exemple, a été envisagé bien différemment. Il semble qu'il soit apparu d'abord sous la forme d'un facteur K (du nom de son découvreur, l'Egyptien El Koussy), qui était plutôt un facteur mécanique. Que l'on soit passé de ce facteur K à un facteur S n'est point surprenant car il est bien évident que tout travail mécanique exige une bonne vision dans l'espace; mais cette vision ne suffit point d'une part car il doit alors s'y ajouter des qualités manuelles (soit pour manipuler exactement comme un horloger, soit pour dessiner un projet comme un architecte) et, d'autre part, ce que suggère déjà notre exemple de l'architecte, cette vision d'ensemble, n'est-ce point aussi une mise en ordre, montage ou classement, ne voit-on pas apparaître alors des qualités indispensables à un bon raisonnement? L'espace mental ne diffère point tellement de l'espace visuo-moteur qu'il n'en garde les données essentielles. En termes statistiques, il arrive souvent que les axes des facteurs S et R soient très rapprochés.

Des réflexions analogues vaudraient pour le facteur V. Là encore il n'est point besoin de s'en tenir, pour comprendre, aux résultats trop souvent brumeux des analyses factorielles qui ne portent que sur la part émergente des icebergs mentaux. Il est bien certain qu'il ne suffit pas pour bien s'exprimer de posséder un vaste vocabulaire, sinon l'on pourrait recruter bien des génies en usant des jeux de la télé. Ce n'est point en apprenant un dictionnaire par cœur que l'on forme parfaitement son expression verbale, orale ou écrite; c'est là un adjuvant, certes, et le facteur W (words) qui caractérise cette mémoire verbale ne peut être séparé complètement du facteur V — les axes ne sont pas perpendiculaires. On peut être, comme sans doute Vigny ou Villon, un très grand écrivain sans disposer d'un vocabulaire étendu, et, pour en avoir un d'une considérable ampleur, San Antonio n'est point nécessairement un éternel génie; mais, ceci dit, un bon vocabulaire est bien évidemment un auxiliaire de poids, on le voit bien en considérant cette fois l'autre extrême de la population, les rustres au penser aussi lourd que le parler, chez qui se présente une double déficience de V et de W.

Continuons cette analyse, dans laquelle parle autant l'expérience que l'enquête expérimentale, cela permettra de mieux entrevoir la route. Or ce qui frappe, à mieux regarder, c'est cette tentation qu'ont eue aussi bien la vue commune que la recherche factorielle, à séparer V et W, comme s'il y avait là deux éléments d'un même mécanisme, l'un statique et l'autre dynamique. Il n'est certes point permis de trancher brutalement (de ne considérer que des axes perpendiculaires), il faut bien se dire que notre langage est un mixte comme tout comportement psychologique, comportant des briques et des maçons, et, si les briques ne s'arrangent point seules en un mur, les maçons ne feront pas un mur de briques avec leurs seules mains. Ce que le facteur V ajoute à W, c'est ce que l'on nomme ordinairement la fluidité verbale, la facilité à composer des phrases, à articuler des propositions. Un animal domestique peut bien apprendre à réagir à un mot, mais il ne parvient pas vraiment à composer, à construire, quoi qu'en aient cru récemment certains chercheurs américains. Sa prétendue «composition» plafonne trop vite pour qu'on n'y soupçonne des artefacts.

Deux directions donc en apparence, celles de S et de V, mais non sans imprécision et sans relations entre elles — car parler de structure verbale, de construction, n'est-ce pas faire intervenir déjà un espace mental, comme les psychologues le savent depuis longtemps? Néanmoins deux directions, correspondant plus ou moins aux prédominances des intelligences de chaque sexe, l'un plus épistolier et l'autre plus géomètre, l'un plus intéressé par les éléments et le présent, l'autre par les ensembles, l'un peut-être plus concret et l'autre plus abstrait.

Mais non, cette dernière distinction est trop risquée, il n'y a là qu'une tendance. Et, allant plus loin, nous allons voir quelles fautes on commettrait facilement sur cette voie par précipitation et prévention.

Je pense aux beaux vers de Péguy sur la manie d'ordre féminine : «O femmes qui rangez les travaux et les jours...» (*Eve*). L'ordre n'est nullement l'apanage de ceux chez qui prédomine le facteur verbal malgré les contraintes strictes morphologiques et syntaxiques, on le retrouve aussi bien dans les considérations géométriques ou dans les techniques artisanales. Comme si ces deux tendances dépendaient elles-mêmes d'une propension plus large encore. Comme si, également, chaque sexe était nécessairement mené plutôt vers un ordre qui lui est propre, celui qui dispose les outils ou les lettres, celui qui dispose les séquences visuelles et techniques ou les suites d'un comportement ménager et cuisinier. Comme si cet ordre, plus ample mais aussi plus profond que les facteurs S ou V, échappait aux analyses statistiques mais commandait néanmoins les déplacements dans l'espace mental comme dans l'espace moteur. Ou, pour aller plus loin encore, comme si, en toute conduite d'ordre psychologique, il fallait avant tout se conformer à un certain modèle ou, ce qui revient au même, soumettre son organisme propre à ce modèle, réaliser sans cesse un contrôle de soi afin de contrôler aussi les choses.

2. Les démarches génétiques de l'intelligence

On voit mieux maintenant se dessiner la direction de notre recherche. Il ne s'agit plus de parler d'une intelligence unique ni d'un certain nombre de facteurs dont les actions se composeraient d'elles-mêmes. Il faut envisager un véritable organisme dynamique dans lequel une énergie ordonnatrice commande, mais aussi coordonne et même construit en bonne part les canaux et facteurs par lesquels va couler l'intelligence. Non plus l'unité simpliste de l'esprit un et indivisible de Descartes, non plus la multiplicité des instances intellectuelles (ou personnelles, d'ailleurs), mais à la fois une diversité et une unité qu'il faut envisager d'abord à part puis ensemble dans leur commune visée et leur commun élan.

Qu'il y ait par suite une sorte de marche du multiple vers l'un, cela est bien assuré, mais il y a tout aussi bien une marche de l'un vers le multiple. Deux démarches qui semblent en apparence opposées, mais qui, en réalité se complètent en même temps qu'elle se suivent à divers niveaux. L'erreur à commettre ici serait de privilégier l'une ou l'autre démarche sous une perspective aussi bien chronologique qu'axiologique. En réalité, c'est tout un jeu complexe de ces deux démarches qu'il faut suivre pas à pas de notre mieux.

On serait tenté par exemple de privilégier la démarche qui va du multiple à l'un. Cette tendance — d'inspiration plus sociologique — se justifierait fort bien si nous voulions suivre l'émergence de ce Je qui commande chez l'homme tout acte intelligent, comme l'a vu Kant. Mais ce serait oublier que l'unité de notre être, avant de se trouver dans la synthèse intelligente, se trouve d'abord dans l'individualité de notre organisme, dans une unité de squelette, de chair et de sang — comme dans ce «soi» organique, domaine actuel d'une immunologie triomphante. Sans doute sommes-nous alors bien au-dessous du niveau de l'intelligence, mais nous avons dit dans notre introduction pourquoi et comment une explication psychologique doit toujours prendre racine dans le biologique en suivant les lignes évolutives. Il ne s'agit point là d'un réductionnisme biologique, il s'agit simplement de respecter ce fait indubitable que ce sont les mêmes forces qui, en se développant, en se heurtant, en se sélectionnant, en se détruisant, ont, à travers des milliards d'années, construit les lignées vivantes et finalement l'espèce humaine. Le problème de l'individualisation ne se pose point seulement au niveau de l'opposition entre l'individu et la société (où nous l'avons d'abord découvert), mais aussi et déjà au niveau de la plus petite cellule vivante. Déjà commence à se jouer, à s'entrelacer, à s'étendre et se replier, cette activité qui, un jour, explosera dans l'intelligence humaine. Le multiple — et donc le marginal — y est aussi important que l'unité — et donc l'individualité.

Inversement, il n'y a point à privilégier la démarche de l'un au multiple, car l'unité reste une sorte de conquête; c'est la conquête du vivant lui-même dont le propre est de conserver son unité, de garder une avance sur ce multiple qui est la mort du vivant — pour paraphraser un mot célèbre de Bichat. Ce primat de l'unité qui, en fin de compte se doit de retrouver, sous une forme ou une autre (de Platon et Plotin à Bergson ou Teilhard) une position métaphysique, c'est seulement un rêve d'une heure que compromet sans cesse le mouvement du multiple.

Encore ce rêve reste-t-il pour le psychologue seulement un trait de la personnalité, bien que d'une extrême importance, et, n'oublions point de l'ajouter, sur le plan de la conscience. Si maintenant, revenant à l'intelligence nous tenons compte des deux tendances vers l'un et le multiple, nous allons tenter d'envisager sous cette double perspective la genèse et la vie de ces éléments, V, S et d'autres qui constituent à chaque niveau l'acte d'intelligence. Nous avions déjà été conduits à distinguer une sorte de dimension sur laquelle S et V se trouvaient des deux côtés du point central sans cependant aller aux extrêmes puisqu'ils impliquaient l'un et l'autre un ordre. L'opposition de l'unité et du divers nous fournit une seconde dimension : c'est celle sur laquelle se placent les amoureux des systèmes et les amoureux de la fantaisie. N'oublions point non plus la dimension chronologique sans laquelle aucune psychologie et aucune philosophie ne sont valables. Ni cette dimension quantitative, si souvent décevante, qui est celle du Q.I. et des autres notions statistiques utilisées en ce domaine. Déjà quatre dimensions d'importance ; sans l'une d'elles, toute étude de l'intelligence est fondamentalement faussée.

Continuons notre travail en cherchant selon quelles grandes lignes l'activité intelligente se déploie en aptitudes et techniques très spéciales — dont S et V sont les exemples majeurs — ou au contraire se replie sur elle-même pour constituer une intelligence valable en des domaines divers.

Or une telle étude doit être génétique. Mettre ici le temps et ses niveaux entre parenthèses, sous prétexte de simplifier le problème, c'est réduire l'organisme à des états multiples et divers. Comment se présente donc dès ses débuts cette activité intelligente ?

Les travaux des éthologistes et des psychologues de l'enfance sont ici très éclairants. On admet généralement que les premiers actes d'intelligence sont des détours : au lieu de céder à l'appel ou à la répulsion des objets, l'organisme intelligent prend de la distance pour faire un détour. Cela implique qu'il tient compte non seulement de la figure qui se trouve au centre du champ, mais des objets que contient le champ, des horizons. Il y a là un mouvement d'unité, une vision d'un ensemble unifié. Au lieu que la simple perception est une saisie de l'objet — ou, pour mieux dire, d'un phénomène, d'une forme — l'intelligence étend ses tentacules au-delà, l'activité perceptive change alors de démarche, elle se fait exploratrice tout en gardant son centre, son enracinement dans un champ orienté vers l'objet de désir ou de répulsion. Primat de l'activité unifiante ? ou primat d'un divers qui intervient dans le champ de la vigilance? Les deux à la fois, car c'est même mouvement. Néanmoins, l'observateur qui regarde du dehors peut bien considérer qu'avant cet acte de détour, il n'existait pour le sujet étudié que des phénomènes séparés — que le détour reliera en une seule démarche — qu'un multiple, et que par suite prédomine en cette naissance du détour un passage du multiple à l'un. Mais c'est oublier que chaque phénomène perceptif contient une sorte d'unité perceptive par la mise entre parenthèses, ou au moins en veilleuse, du fond perceptif. L'important est plus dans le mouvement en avant, dans la mise en jeu de ces tentacules exploratrices et conquérantes que sont les détours sous toutes leurs formes (piste, outil, voix, etc.)

Certes, à propos de la pensée primitive, non ou encore peu intelligente, on n'a point tort de parler de pensée en mosaïque, de pensée discrète, de pensée en îlots, mais il ne faut pas oublier que c'est là une vision de l'observateur, du psychologue, non du sujet. On ne pourrait attribuer vraiment ces termes au sujet que si celui-ci s'avisait — et qui ne le fait parfois? — du décousu de ses pensées, de l'apparence kaléidoscopique de ses images de rêverie, de son manque de concentration, de vigilance et même de «sérieux». Nous y reviendrons en fin de ce chapitre à propos de la primauté de l'instant en certaines formes d'intelligence.

Mais nous ne pouvons nous en tenir maintenant à la vision du sujet, animal ou bébé, sans renoncer à toute analyse et à toute science de ce sujet. Toute phénoménologie intégrale est mort-née; elle n'a d'intérêt que si on lui échappe, si l'on en fait un souvenir, un ensemble, un système. Laissons donc d'abord à part ce rêve d'une vue authentique du phénomène, et regardons plutôt cette diversité des briques dont va se construire l'intelligence.

Disons-le bien clairement, il ne s'agit vraiment pour nous ici que de l'intelligence humaine, et si nous appelons parfois l'intelligence animale, en particulier celle des Primates, à la rescousse, c'est pour mieux saisir certaines démarches fondamentales. Or, à propos de l'intelligence de l'enfant, un premier problème se pose tout de suite: peut-on mettre sur la même ligne, comme le dit Piaget, l'intelligence sensori-motrice et l'intelligence représentative ou y a-t-il là deux conduites différentes bien que nées d'une même source? Ce premier problème, nous en avons trop souvent traité pour qu'il nous retienne longuement. Rappelons donc brièvement ce qui nous semble, et uniquement pour nous fournir des points de départ.

L'intelligence animale et celle de l'enfant pendant ses premiers mois restent collées au concret, percept ou image (d'ailleurs aisément confondus comme l'on sait): le détour s'effectue dans le monde des existants et, pour l'enfant, d'abord dans le monde des adultes; il porte sur les choses sensibles et sur les gestes, il est sensori-moteur, et le terme d'intelligence sensori-motrice ordinairement employé lui convient parfaitement. Au contraire, avec l'apparition d'une conduite représentative qui étend le monde à des faire-semblant, à des représentations de modèles, un monde mental à la disposition du sujet se superpose au monde sensori-moteur, il en est d'abord une sorte de décalque puis il prend peu à peu du jeu par rapport à lui. Ce monde continue l'activité fonctionnelle — sans objet immédiat — du bébé en lui conférant une signification; de là toutes les abstractions de l'imaginaire.

Mais intelligence sensori-motrice ou intelligence représentative, ce sont toujours les mêmes activités organiques qui sont en jeu, les mêmes types de muscles et de neurones. La différence se trouve nécessairement dans leur organisation progressive qui dépend essentiellement de l'activité, dans des assemblages et des réactions chimiques que commence à comprendre la psychophysiologie. Il n'est donc point étonnant que, à divers niveaux, apparaissent des faits analogues.

Ainsi en est-il de cette démarche qui subsume du divers à l'unité, qui rassemble plusieurs phénomènes ou objets en une classe, qui généralise. Sans doute faudrait-il distinguer ses diverses manifestations comme l'on s'y est souvent donné beaucoup de mal, mais ce qui nous intéressera pour le moment, c'est l'existence et l'importance de cette démarche, qu'on y cherche un transfert, une généralisation ou une classification: la distinction ne peut venir que plus tard. Sur ce point nous avons récemment (*Psy. att. intell.*, ch. 8 et 9) rassemblé nombre de documents de psychologie animale et humaine à la suite de Harlow et de bien d'autres. Mais cette étude du transfert et de ses formes d'assimilation ou d'imprégnation est moins intéressante que l'étude des démarches de l'intelligence humaine prise en elle-même.

Notons cependant, à partir des études statistiques un double mouvement. Celui, parti de Spearman, qui donne — nous le savons — la première place à un facteur «*g*» d'énergie mentale; ce mouvement, nous le retrouverons encore largement sous un autre aspect lorsque nous ferons intervenir la culture générale et les cultures collectives. Un autre mouvement, beaucoup moins connu et aussi beaucoup moins exploré malheureusement, est celui qu'a pris pour sujet d'études Fleishman (1959 et 1972) à l'aide d'analyses factorielles identiques opérées en des moments successifs d'un apprentissage: on voit le facteur «g» se transformer en cédant de sa substance progressivement à des facteurs particuliers propres à la conduite qui doit être acquise. Nous retrouvons ici, mais à deux moments différents, les deux mouvements d'unification et de diversification dont nous parlions dans les pages précédentes. Mais de telles études viennent trop tard, à des niveaux déjà très élevés, et même lorsque — comme c'est le cas des recherches de Fleishman — elles ne prétendent point conclure autrement que sur les éléments, c'est-à-dire les variances étudiées, il faut aussi chercher ailleurs des résultats et des observations qui portent sur des domaines plus étendus.

Le premier mouvement, celui qui resserre la mosaïque primitive, procède par des voies diverses en fonction des problèmes posés à différents niveaux. Déjà la perception fournit des saisies générales, ce n'est point tel ou tel brin d'herbe que perçoit le mouton, il reconnaît l'herbe en général (l'éleveur ferait ici quelques réserves à propos des plantes toxiques, mais passons); cette idée de Bergson n'est point erronée, la perception n'est point celle de ce «divers» qui est la matière de la perception chez un Kant. L'organisme qui perçoit, possède déjà des mécanismes généraux. Ou, pour mieux dire, des mécanismes d'abstraction spontanée qui ne distinguent point suffisamment les détails pour procéder à des individualisations véritables, qui saisissent des Formes élémentaires plus ou moins précises: ce n'est point dès sa naissance que l'enfant distingue sa propre mère des autres adultes, il y faut une sorte d'apprentissage, mais qui procède assez aisément sur des bases déjà fixées.

Entre aussi en jeu très précocement ce syncrétisme qui a tant occupé les psychologues dans la première moitié de ce siècle. Or, si la conscience est ici en jeu, si l'analogie ou plutôt la similitude apparaît, il ne s'agit point encore d'un rapprochement délibéré, mais bien plutôt d'une constatation comme si deux images s'attiraient mutuellement. Nous sommes dans cette zone trouble où commandent des associations souvent étonnantes pour «l'adulte blanc et civilisé». Sans doute la piste de l'intelligence s'amorce-t-elle là dans cette association confuse et consciente, souvent à peine consciente. Mais le manque d'analyse, de comparaison stricte, la prise en considération de simples coïncidences, la «participation» comme disait Lévy-Bruhl, tout cela ne se peut comprendre sans une référence constante à des tensions, à des pulsions, à des élans ou des répulsions, disons d'un mot à des affections. La pensée syncrétique est d'abord affective.

Plus largement toute pensée — et toute intelligence — commence par des affections. Ce n'est point là pensée neuve. Jean-Jacques Ribot et Alain nous l'avaient appris avant que Wallon vienne minutieusement scruter et établir cette primauté de l'affectif. Mais on ne les écoute point assez sans doute lorsque l'on traite de l'intelligence.

3. L'intelligence des amours

C'est une grave erreur que de vouloir ramener l'intelligence à des opérations, même en donnant à ce terme un sens assez large pour y comprendre, dans une phase pré-opératoire, le détour animal. L'intelligence est d'abord une manière, un ensemble de manières, de résoudre ou de poser un problème. Or ce problème peut aussi bien concerner des amours que des nombres. Bien plus, c'est d'abord d'amours qu'il s'agit, car — chez l'homme du moins — ce sont les Autres qui sont les premiers objets, ou plutôt les premiers phénomènes. Et l'on ne manie point un adulte comme l'on manie un hochet.

Nous voici arrivés au point central de notre thèse — et peut-être de cet ouvrage — car il s'agit de faire entrer en scène non plus seulement l'intellect et son fonctionnement, mais aussi l'intelligence des autres au sens où l'on parle « d'être d'intelligence ». L'intelligence qui nous intéresse, c'est tout autre chose que l'intelligence des ordinateurs qui se réduit à des opérations plus ou moins complexes, c'est aussi une intelligence du cœur. Non plus l'articulation d'éléments rigides, mais le sentiment de nuances vécues. Une intelligence que connaissent les romanciers mieux que les statisticiens. Que l'on ne se méprenne point ici, Balzac n'efface pas Spearman ni Piaget, mais sans lui et ses pareils, il s'agirait d'autre chose que de l'intelligence intégrale, d'une conduite conforme à une certaine définition opérationnelle et qui la plupart du temps nous est assez étrangère.

C'est faute de cette précaution que des gens trop « intelligents » n'ont pu au début du siècle comprendre la « mentalité primitive » et s'étonner de ses « contradictions ». On s'étonnerait de même des conduites enfantines si l'enfant n'était plus près de nous et si l'amour ne permettait de le comprendre mieux ou plutôt de mieux « se mettre à sa place ».

C'est que, même au niveau de ce monde du syncrétisme, il y a déjà place pour des conduites qui vont fournir ses bases à l'intelligence des structures. Bien plus déjà s'instaurent des conduites qui, seules, préludent et proclament toute l'intelligence, opératoire ou non. S'il y a des associations parfois surprenantes pour l'adulte — qui y voit volontiers de la poésie! — il y a tout autant des dissociations originales. L'instabilité enfantine, si visible dans les jeux d'un petit de la maternelle (voir notre *Jeu de l'enfant après 3 ans*) s'y double d'un conservatisme tout aussi évident, les deux tendances prenant force de leur opposition même : sans des rites, des séquences motrices et verbales ankylosées, sans toute une sorte de rigidité et d'automatisation, sans un territoire et même une propriété, notre enfant manquerait de ces points d'appui qui contrebalancent et par là légitiment son instabilité, qui lui ouvrent le monde des choses mais aussi celui des imitations.

Or cette opposition et cette complémentarité valent d'abord envers les personnes, et le développement de l'imaginaire et de ses folies ne serait point permis sans ce cadre ferme que présentent les adultes avec qui notre enfant est « d'intelligence ». Avant le langage humain, avant même la conquête des préludes de la représentation, s'impose le recours à l'Autre. Regard, sourire, ou plutôt regards et sourires dans une diversité de plus en plus accrue, ce sont là des débuts de l'intelligence aussi importants que les expériences de détour, et plus précoces. Il ne s'agit point vraiment là de deux directions de l'intelligence — cela viendra certes plus tard — mais de deux composantes dont la complémentarité est bien connue aujourd'hui. En effet c'est là ce que nous ont appris toutes ces recherches qui ont mis l'accent sur l'action primordiale de la relation mère-enfant : si cette relation est maigre et faussée, c'est l'intelligence mesurée par les tests qui va en pâtir elle-même. Etre intelligent, c'est d'abord être bien élevé, avoir été bien élevé. Le thème a été trop exploré et vulgarisé ces dernières années pour que nous ayons vraiment besoin d'y insister.

Ce n'est point cependant qu'il y ait là une entente comme entre marchands. Les mots n'y comptent guère au début, mais plutôt la mélopée, la « prosodie » comme l'on dit aujourd'hui, le ton; aussi les aspects du visage ou plutôt de la physionomie, et même les gestes comme de bercer ou de nourrir. Jean-Jacques, ce « père dénaturé », l'avait bien compris qui mit à la mode l'allaitement maternel chez les aristocrates de son temps : c'est que le lait compte moins que l'activité de téter en accord avec la mère, que le contact, que la complémentarité des gestes et des attitudes. Freud non plus ne s'y est point trompé, bien que son stade oral, exact en son origine, ait tout aussitôt dévié vers les fantasmes psychanalytiques. En ce point où naît l'intelligence véritable, ce qui compte, ce n'est point tant la bouche ou le lait que la complémentarité d'attitudes et, disons-le dès cet âge, d'affections.

Attachement et instabilité, ces deux directions de l'intelligence se dessinent dès la naissance. Allons plus loin, cette base affective est sans aucun doute posée en bonne part avant même la naissance. On l'a toujours su en ce qui concerne l'instabilité; on l'a pu prouver récemment en ce qui concerne l'attachement, non seulement par l'observation attentive des premiers jours qui révèle des réflexes (comme ceux qui permettent la tétée) formés vers la fin de la vie fœtale — ce que cette fois établissent les études sur les prématurés — mais aussi par les expériences à la mode depuis plusieurs années (Fajan, etc.) qui établissent sans aucun doute une sensibilité particulière du bébé à des substituts choisis du visage humain, et même plus particulièrement aux yeux. Point de surprise donc si ces deux lignes se retrouvent le plus clairement du monde dans les mois, et même les premières années qui suivent.

Ce qui compte ici et nous pousse à insister, c'est que l'on serait trop porté à négliger l'origine lointaine de l'intelligence humaine, et par là aussi à laisser glisser des parts essentielles de celle-ci. Sans doute, nous l'avons déjà dit, ne trouve-t-on point de corrélations significatives entre le quotient de développement des deux premières années et le quotient de l'intelligence des années de scolarité, mais cela témoigne seulement d'une part que les mesures sont très hétérogènes, d'autre part qu'il y a une vie des activités intelligentes qui, comme des fleuves, détournent parfois leurs cours. Mais n'est-ce pas déjà un fait commun chez des vivants: la chenille ne se fait-elle pas papillon, et les branches du saule pleureur ne tombent-elles point lorsque monte le tronc ?

On ne peut traiter à part de je ne sais quelle intelligence pure et il fut bien vain de chercher des tests mesurant une telle intelligence pure, ces tests de «g» ou ces tests *culture free* ou *culture fair* qui ont fait couler tant d'encre et perdre tant d'énergie aux psychologues. L'intelligence n'est pas indépendante de la personnalité, je serais même tenté de dire que c'en est une partie très importante. Vouloir ainsi composer un homme d'éléments indépendants, ce serait ne voir en lui qu'une sorte de robot aux organes articulés, les bras fabriqués à Lyon, les jambes à Toronto et la cervelle à Paris (naturellement ! mais sans que Paris ait réussi à lui fabriquer un cœur sensible).

On aurait pu, il est vrai, tenter aussi de mettre au point des épreuves d'attachement ou de sourire, par exemple; je ne pense point que cela soit impossible, et en effet des études récentes du sourire vont en ce sens. Mais, sans préjuger de résultats incertains, tout éducateur sait bien qu'il y a une relation entre l'intelligence et une certaine vivacité, et comme un surplus de vie; la relation peut être trompeuse cela est vrai, mais les extrêmes sont probants, comme l'excitation ou l'absence de sourire.

Quels chemins allons-nous donc pouvoir suivre désormais à partir de cette hypothèse, ou, ce qui est même chose, quels sont donc les pistes, les itinéraires que suit l'intelligence? Nous tentons ici de tracer une première esquisse — la carte viendra plus tard — en distinguant plusieurs étapes ou plutôt plusieurs thèmes successifs:
1. le passage d'un multiple affectif à une intelligence conceptuelle,
2. l'existence et la nature d'une intelligence non verbale,
3. les relations de celle-ci avec une intelligence verbale,
4. l'accord entre une intelligence générale (et une culture générale) et des directions particulières, le passage du tronc de l'arbre à ses branches,
5. l'étude de ce que l'on trouve à tous les niveaux et sous tous les types, c'est-à-dire des attitudes et des stratégies.

Cette suite, cette sorte de plan des horizons de la suite de notre ouvrage, ne sera point traitée également en toutes ses parties. Il est clair, par exemple, que nous n'avons pas même prévu une étude d'une intelligence verbale bien faite par Piaget. Nous passerons aussi rapidement — en conclusion — sur le point 4 déjà traité par nous longuement ailleurs — mais que nous ne pouvons négliger complètement sans rendre incompréhensible notre vue d'ensemble. De même nous passerons rapidement sur le point 1, le passage du multiple à l'un, malgré son importance parce que d'une part nous en avons traité de notre mieux ailleurs et même ici, et parce que nous manquons encore de recherches suffisantes de la part des observateurs et expérimentateurs sur ce point.

4. Le langage et l'intelligence

Le passage du multiple à l'un peut s'opérer sur le mode conscient. C'est le cas de toute classification, mais aussi de réactions générales à un type de phénomènes, qui sont reliés par là même en un ensemble. Dans le premier cas le mot peut, comme y insistait déjà Condillac dans le célèbre exemple de l'or, créer une notion à partir d'un mot et d'associations; c'est, bien souvent, chez l'enfant le mot qui progresse d'abord, la signification venant par la suite. Cette manière de poser d'abord le mot comme le point d'appui sur lequel viendront se fixer des propriétés ou des individus ne doit nullement être méprisée par l'éducateur. Pestalozzi, à la suite de Condillac, l'a mieux vu que nul autre en insistant sur le fait que, par exemple, le fils d'un armateur connaît et devine déjà bien des êtres exotiques qu'il n'a jamais contemplés et, par la suite, pourra les reconnaître, les assimiler mieux que d'autres enfants. C'est pure sottise de vouloir que l'enfant comprenne parfaitement tout ce qu'il dit comme l'ont réclamé récemment des pédagogues officiels à propos de l'histoire. Un mot comme monarchie, ou comme république, c'est un instrument qui doit se roder peu à peu, il ne se définit point comme un triangle ou une équation du second degré, il s'étoffe, il se corse, il se cerne et se précise à mesure de son utilisation. On le voit au mieux dans l'apprentissage d'une langue étrangère où le faux sens menace sans cesse parce que seule une longue pratique permet de saisir non point seulement l'équivalent d'un mot de la langue maternelle, mais un ensemble de nuances propres à l'esprit d'une autre nation.

A quoi il faut ajouter que la signification d'un mot n'existe vraiment que dans et par un contexte déterminé, qu'à l'intérieur d'une construction d'une phrase (qui elle-même...). Sur ce point les recherches des linguistes ont depuis longtemps fait le point, distinguant d'abord entre le sémantème qui porte la signification et le morphème qui indique les relations entre les significations (par exemple, entre racine du mot et désinence), puis et par là même incluant nécessairement le mot dans la phrase. Les neurolinguistes dans les travaux d'aujourd'hui vont parfois plus loin encore comme dans ce résumé d'une communication récente à des journées (*Soc. franc. Psy.*, mai 78): « La signification d'un mot n'existe pas telle quelle, en mémoire, mais au contraire est construite chaque fois par la mise en œuvre de procédures opérant sur divers paramètres» (Inserm U 84, La Salpêtrière). Nous sommes loin des symboles mathématiques ou physico-chimiques !

Si le mot n'était jamais que le signe d'une définition, le passage du mot à sa signification serait bien aisé. Mais l'enfance nous montre assez comment ce passage du mot à la signification est difficile. D'une part il y a une expansion de la notion supposée vers le général, d'où les confusions si souvent rapportées chez les enfants qui commencent à parler. Cependant, en même temps s'opère comme un siège d'une notion adulte encore confuse qui doit être cernée, limitée, capturée. C'est que le premier langage vraiment structuré (la phrase de deux mots de Stern) garde un flou affectif essentiel. La compréhension n'étant point encore précise, l'extension de la notion ne l'est point non plus; lorsque l'une prend plus de corps, s'étoffe, se précise par de petites touches, se donne des douves et des murailles, l'extension au contraire se rétrécit parce qu'elle est contrainte de satisfaire à un plus grand nombre de critères, de présenter un plus grand nombre de propriétés. Au début, ce n'était qu'un sentiment, une atmosphère, la sécurité liée au mot « maman » ou la peur liée au mot « loup » ; il ne s'agissait point là d'une véritable signification intellectuelle. Pleurer, sourire, rire, c'est déjà langage, si l'on veut; mais mieux vaudrait dire que c'est dans ces conduites affectives et d'autres analogues que le langage peut prendre ses racines. Le mot fourni par l'environnement adulte ne vaut que par cette matière instable et molle mais précieuse que sont les élans du cœur et ses effrois.

Tout cela est bien connu, certes, et il est trop clair que des mots comme « caca » ou comme « maman » sont plus à la portée de notre jeunot que ceux de carré ou de gouvernement. Mais il faut, reprenant une suggestion déjà faite par David Hume, se rendre compte qu'il reste en tout langage ce flou affectif qui lui vient de ses origines. Tous les mots sont trompeurs, et, comme on l'a souvent dit, ne valent que par leur contexte. Non seulement, pour reprendre des exemples de D. Hume, il faut bien du temps pour ne point parvenir à définir complètement ce qu'est une église ou un gouvernement, mais, lorsque ces mots entrent dans des phrases qui paraissent claires, l'interprétation est toujours plus ou moins contestable. En font foi non seulement des explications de textes qui — jadis tout au moins — étaient un des plus riches exercices de la scolarité, mais les contestations entre diplomates et politiques, comme entre juristes, qui sont une matière souvent exploitée dans nos journaux.

Ces rapides remarques peuvent, elles aussi, être interprétées en deux directions. L'une mène, sur une piste bien usée, à mettre en relief le rôle de la parole dans l'intelligence des notions, dans leur mise au point; c'est le groupe qui, la plupart du temps, nous corrige et dirige notre conduite langagière. L'autre, beaucoup plus intéressante au point où nous en sommes, est qu'une notion, qu'elle soit générale ou particulière, abstraite ou concrète, ou quoi que l'on voudra, c'est une construction dont l'individu est d'abord responsable, même s'il trouve un point d'appui dans un langage — ce qui n'est pas toujours nécessaire, comme nous le verrons. L'attitude affective, plus que le mot, est la base, le fondement du monument de l'intelligence, verbale ou non.

Nous l'avons déjà signalé au passage plus haut, on eût peut-être mieux compris l'importance de cette base affective, et de la relativité du langage qui s'ensuit, si, dès le début de la vie intellectuelle, on eût compris que ce qui était apparu aux Gestaltistes comme le premier élément du monde des représentations ce n'était point une structure, mais un sentiment. C'est en raison de cette erreur que l'on s'est trop penché sur une construction des Formes dont il n'est pas possible de nier aujourd'hui la réalité, en négligeant l'affection immédiate, matière et ciment des Formes futures. En de nombreux cas, il est bien vrai que, selon la célèbre formule de Piaget, «les formes ont une histoire», mais c'est abusivement que l'on mettrait à part cette construction de Formes de plus en plus intellectualisées, structurées, en oubliant leur origine et leur parenté avec d'autres éléments du psychisme.

Déjà il y a quarante ans, dans mon premier ouvrage (*Le Réel et l'imaginaire dans le jeu enfantin*, ch. 255 sq, et notes p. 227) j'avais insisté sur ce qui m'est toujours apparu comme des «formes affectives» — qu'ignore évidemment toute recherche de laboratoire —, ainsi cette odeur de fauve qui effraie des espèces domestiques cependant depuis longtemps à l'abri des fauves, ou ce sentiment de *minou-minou*, comme disait l'un de mes petits amis, qui se retrouve dans l'amour de la fourrure des petits babouins de Zuckermann ou des petits chimpanzés de Harlow. Depuis quelques années enfin les psychologues se sont mis à découvrir — ce que toutes les mères savaient de pratique et d'amour — ces données primitives des fonctions cognitives comme l'odeur de la mère (Montagnié), l'importance du contact de la peau (Anzieu), l'influence de la «prosodie» ou, si l'on veut, du son de la mélopée maternelle (dont la cérémonie religieuse a fait des litanies et des Kyrie), la chaleur du giron, le rôle capital de la couleur, etc. Il faut bien avouer qu'à la base de toute conduite cognitive il y a une certaine sensualité, et non cette sorte de sensation neutre, privilège de l'adulte équilibré, qui fut si souvent l'objet d'études des philosophes et des psychologues de laboratoire.

A partir de là, il n'est plus sage de chercher d'abord chez notre enfant une intelligence comme désincarnée. Les premiers pas vers l'intelligence dépendent des sentiments, et l'intelligence reste longtemps colorée; elle ne procède point par des articulations et des distinctions, mais par une sorte de main-mise directe sur les phénomènes ou les problèmes. Nous serions tenté de parler d'une intelligence du sentiment et par là même d'une intelligence possessive (tout sentiment est possessif) qui, au lieu de cerner la place et d'entourer les murailles, enfonce les portes et entre de force dans la place. Une intelligence qui est une prise plus qu'une définition. Plus proche de Vénus que de Minerve.

Il suit de là aussi que nous nous trompons aisément sur le langage enfantin, lorsque nous voulons n'y voir que des significations, lorsque, adultes que nous sommes, nous y cherchons des signes ou tout au moins des ébauches de signes ( ). Derrière ces ébauches de signes

( ) Cela doit nous mener à mieux comprendre le symbole et la fonction symbolique. La fonction symbolique, pensons-nous, préexiste déjà chez l'animal, car ce n'est rien d'autre que la réaction à une partie comme si c'était le tout. Tel est, on le sait bien, le sens originel du mot symbole appliqué à une moitié d'un objet cassé en deux parties qui se doivent appliquer, qui se doivent en quelque sorte reconnaître — et par lesquelles deux hommes arrivent ainsi à se reconnaître eux-mêmes. Comme si la partie sentait le tout, donnait l'odeur du tout. Le signe, né d'imitation, est bien autre chose, et proprement humain.

il faut replacer les réactions affectives qu'elles commencent à exprimer. Le signe se greffe sur la pensée affective, il n'en émerge point; mais il ne se peut qu'il n'en garde, avec la sève, une teinte de sensualité qui est bien éloignée de la neutralité logique : seule la compagnie des adultes pourra permettre chez l'enfant ce mûrissement du logique qui a demandé à notre espèce des millions d'années de préhistoire. Et toujours notre pensée gardera trace de cette origine.

La parole commune parle de l'intelligence du cœur, et, même si cette intelligence-là est souvent trompeuse, il faut bien lui reconnaître une certaine valeur. Par ailleurs, il est aussi une intelligence affirmée par la même parole commune, c'est elle qui, sans mots et même sans raisonnement, saisit d'emblée un problème et en donne la solution : on en dit parfois que c'est une intelligence pratique, mais ce terme est trop large, il vaudrait mieux parler d'une sorte d'empathie, de mariage avec les choses; ce qui nous intéresse, c'est qu'il n'y a pas là de démarche déductive, mais un jugement comme de goût : ainsi Napoléon disant que, dans une bataille il faut d'abord engager l'action puis « voir » (ce qui ne l'empêchait point d'user d'une stratégie faite de mots, de cartes et de projets bien discutés).

Nous errerions grandement si nous ne faisions une place majeure à cette intelligence muette que connaît mal la psychologie expérimentale. Mais avant d'aller plus loin, revenons quelque peu à celle-ci et à des données historiques.

5. La « métis »

Les travaux les plus élégants sont ici ceux, déjà anciens, que A. Rey relate dans son ouvrage sur *l'Intelligence pratique chez l'en-*

fant, ils s'inspirent d'ailleurs en bonne part des problèmes que Köhler, dans des études vraiment historiques, posait à des chimpanzés. Ce sont là des expériences trop connues pour que nous les exposions. Disons donc seulement que ce sont expériences ingénieuses de détour qui usent de boîtes, d'escaliers, de crochets, etc. Or il est remarquable que nous sommes introduits par de telles expériences dans un monde de bricolage que connaissent bien les mécaniciens. Le langage y joue-t-il un rôle ? Certainement point au sens propre du mot langage, au sens humain; mais les démarches intérieures de la pensée, sans être un langage, restent placées entre le célèbre Ha des chimpanzés de Köhler (et des mathématiciens !) et cette parole à mi-voix agrémentée parfois de jurons qui accompagne le travail de nombre de mécaniciens. Comme si, sans être indispensable dans les formes inférieures ou spéciales de cette intelligence pratique, le langage pouvait intervenir parfois sans difficulté, embrayer en quelque sorte sur la démarche non langagière.

Il y a là un type d'intelligence concrète — ne disons point seulement pratique — qui ne se peut nullement confondre avec cette intelligence dite sensori-motrice bien étudiée chez les animaux et les jeunes enfants. C'en est comme une continuation certes, mais avec une participation d'éléments représentatifs qui n'appartiennent qu'à l'homme, car elle peut s'étendre, conquérir des paysages, résoudre des problèmes qu'aucun animal n'a jamais soupçonnés. Serait-elle donc si différente de l'intelligence raisonneuse — celle qui donne naissance aux facteurs V ou R ? Nous y reviendrons plus tard; disons seulement pour l'instant qu'on ne peut sans danger ignorer leur commune origine et leurs relations constantes.

Notre psychologie, avant de s'occuper d'aptitudes particulières de bien moindre importance, devrait, comme l'a fait Rey dans son domaine, se pencher plus sur les éléments qui entrent dans la constitution de l'intelligence pratique. Celle-ci dépasse certes l'intelligence sensori-motrice, elle se prolonge dans une utilisation muette de détours concrets et de représentations; elle oscille entre la rapide vision d'un Napoléon et le « brain storming » où les meilleurs suggestions ne proviennent point toujours des plus forts Q.I. Il est instructif de voir que cette étude a pu être entreprise déjà sur un plan historique par des auteurs qui ont étudié l'intelligence pratique des Grecs, en usant en bonne part des légendes et mythes les plus anciens des Hellènes. En écrivant un ouvrage sur *Les ruses de l'intelligence, la métis des Grecs* (1974), Détienne et Vernant ont magnifiquement tracé la voie aux psychologues, désigné des notions qu'il faudrait explorer, des conduites concrètes à analyser. S'il est bien vrai que « du charpentier au général, du politique au médecin, du forgeron au sophiste, les traits fondamentaux de la métis sont les mêmes jusqu'à la fin de l'Antiquité » (p. 294), cela est aussi vrai jusqu'à nos jours, et l'on peut encore plus que les auteurs s'étonner et trouver « paradoxal qu'une forme d'intelligence aussi fondamentale, aussi largement représentée dans une société comme la Grèce ancienne soit restée pour ainsi dire méconnue » (p. 295). Alain, avec sa « pensée au bout des doigts » avait bien senti l'importance de cette intelligence qui n'est point raison, mais, trop attaché à la philosophie classique, il avait été plus tenté — au moins dans sa psychologie de l'intelligence — de rejeter avec Platon les recherches de ceux qui se contentent de tâter des cordes ou de faire des mesures concrètes au lieu de chercher la raison des êtres dans le monde des Idées (voir sur ce point les mêmes auteurs, p. 303-5). L'idéal platonicien reste le manieur d'idées, le dialecticien, non point cet homme prudent, avisé, rusé, mesuré qui sera celui d'Aristote.

Non seulement cette intelligence, celle de l'artisan, du pilote, du chasseur — et aussi, ne l'oublions pas, du politique et du psychologue — demande des qualités de saisie (de prise) immédiate, mais aussi de rapidité, de coup d'œil, une attention prêtée aux moindres détails (comme un médecin de jadis), mais aussi de prudence, de silence, parfois d'absence. Métis, la mère de l'expédient (selon le mythe du *Banquet*), est maîtresse de ce qui est souple, agile, tordu, entrelacé: c'est, disent Détienne et Vernant, la maîtresse des liens, mais aussi une « intelligence en tentacules » ( ). Il y a comme du

( ) A rapprocher de cette « étendue tentaculaire » que nous avons signalée, dès 1950, comme la seule étendue concrète (comm. de congrès, reproduite in *Du pied au bon sens*). Quelques études ont été entreprises dans ce sens par des psychologues chez l'enfant et l'animal, mais je ne sache point qu'elles aient abouti. Euclide efface tout!

renard là-dessous. Or, à étudier ainsi chez les Grecs la *métis*, nos auteurs sont conduits à donner une pleine valeur à des notions qui sont essentielles pour comprendre non seulement toute pensée en son aurore, mais aussi toutes ou presque toutes les pensées quotidiennes. Les notions de point d'appui, de passage (de col ou de gorge), de mur, de repère, de lien, de piste, de cercle, émergent ainsi que quelques autres et constituent autant de modalités de cette « catégorie mentale » (*ibid.*, 9) qu'est la *métis*. Catégorie mentale et non notion précisent bien nos auteurs, et ils ont certes raison de ne point vouloir immobiliser en une idée figée le lien ou le col, mais il serait sans doute plus risqué mais aussi plus exact d'aller plus loin et de rapprocher la notion elle-même de la catégorie mentale, d'y voir un mouvement de la pensée canalisé dans une direction plus ou moins précise et non cette sorte de tableau fixé une fois pour toutes par une définition auquel a fait si souvent penser le platonisme. De toute manière, ce sont là des instruments utilisés qui émergent; à chacun correspond une séquence gestuelle sans lequel il n'aurait aucune signification, aucune réalité. Le repère ou le col sont du même ordre que le grattoir ou le couteau ( ).

( ) Ayant travaillé plus de vingt ans à un ouvrage sur la conquête de l'étendue qui fut abandonné près de sa fin pour des raisons professionnelles, j'ai été conduit, par des études prolongées des explorations de marins, d'alpinistes, d'animaux et même d'enfants, à comprendre la valeur capitale de ces «notions» que retrouvent D. et V. par une autre voie. Par exemple, celles de point d'appui, de porte, de col ou de crête, d'étape, etc. L'étude des instruments — si bien illustrée par les premiers travaux de Leroi-Gourdan — reste insuffisante, car elle ne concerne jamais que des objets matériels, alors que l'essentiel dans les conduites intelligentes, ce sont les modalités de l'activité, disons tout de suite les attitudes et les stratégies (auxquelles seront consacrés les chapitres suivants). C'est l'acte qui crée l'instrument, non l'inverse. Du moins à l'origine.

On peut donner bien des noms à cette intelligence qui ne procède point en enchaînant mots et structures. Intelligence concrète n'est point parfaitement exact, car, comme le signale déjà Platon, c'est la *métis* qui inspire le sophiste, ses ruses de renard et ses rouéries rhétoriciennes; et quelle science ne réclame une sorte d'astuce, de flair sans lesquels le savant serait condamné à d'interminables explorations? En réalité, il y a bien de l'intelligence «concrète» dans l'intelligence «abstraite».

Intelligence pratique alors? mais ce que nous venons de dire ne le permet point. Et n'est-il point temps de réintégrer ici et enfin cette intelligence du musicien, du peintre, en un mot de l'artiste qui reste toujours un artisan? Le compositeur cherche sa route à travers les sons comme Vasco de Gama la sienne à travers les mers. L'artiste n'est point le critique qui réduit les sons et les couleurs pour en faire les mots d'un article; il est beaucoup moins bavard lorsqu'il travaille. Renoir dit bien: «Si l'on pouvait expliquer un tableau, ce ne serait plus de l'art».

Intelligence muette peut-être? J'aimerais assez cette expression, meilleure que les précédentes, et qui permet d'intégrer à la fois le détour primitif et la vie représentative non verbale. Ce qui ne veut point dire que l'homme qui use de cette intelligence ne se parle point parfois à lui-même, mais point pour tracer son projet ou conclure, seulement pour s'encourager ou exprimer ses déboires. Il ne s'agit nullement de cette « parole intérieure » dont, depuis Platon, on a beaucoup trop usé ( ).

( ) Il s'agit en réalité ici du jugement, qui, dans une étude de l'intelligence, doit toujours rester à l'horizon de notre analyse. Le bon sens le sait fort bien, chaque moment de l'intelligence suppose des jugements, s'il n'est même jugement, car le jugement est à la fois sa base et son but. C'est ce que répète sans cesse à sa manière Montaigne, dont l'inspiration est ici plus importante que n'importe quelle autre, comme le lecteur peut s'en apercevoir. C'est pourquoi vouloir, dans une étude de l'intelligence, faire intervenir Kant, comme on le fait souvent (Piaget, par exemple), cela implique de ne point s'en tenir à la *Critique de la Raison pure*, en séparant l'entendement et ses structures d'un côté et, de l'autre, le Jugement (dans les deux sens inséparables du mot : le Jugement d'un homme « de jugement » et le jugement immédiat qui prononce, qui « dit » le beau aussi bien que le vrai ou le bon). A vrai dire, Kant, s'il parle peu de l'intelligence dans ses deux *Critiques* de la raison et du jugement, de l'intelligence au sens où l'entendent un Spearman, un Thurstone ou un Piaget — et souvent le commun langage — décrit excellemment les deux itinéraires principaux dont l'un use des raisonnements et calculs, et l'autre du jugement seul : c'est ce dernier itinéraire qui constitue le « goût », objet de la *Critique du Jugement*. Nous aurions pu sans peine reprendre ces analyses, puisque ce qui nous intéresse ici d'abord, c'est justement le goût, un goût qui se caractérise en gros assez bien dans les célèbres « moments » de la *Critique du Jugement*, analytique du beau : Le jugement de l'intelligence de la rencontre 1) est en effet immédiat, 2) est sans concept (disons mieux ici, sans mot), 3) suppose une sorte de finalité sans fin (grâce au sentiment d'ordre et, ce qui en est la source, du familier), 4) enfin l'on pourrait même parler souvent d'une sorte de « nécessité » subjective de cette intelligence (l'amour fatal, la décision dogmatique si fréquente : le Fiat, etc.). Sans doute le jugement esthétique n'est-il point tout le jugement et, même en faisant intervenir toute cette Critique (c'est-à-dire plus que l'analytique du beau), nous ne pourrions guère prendre les vues kantiennes comme fil directeur de notre analyse — Kant, à l'inverse de Montaigne, reste trop marqué par le rationalisme classique. Il est d'ailleurs notable que Kant lui-même a parfois bien noté les difficultés de son travail en rencontrant d'autres saisies de finalité sans fin, comme celle d'objets (casserole ou fleur, par exemple, dans la note de la fin du § 17, où l'on peut chercher une origine de la Gestaltthéorie); et ceci alors même qu'il voulait, dans une « explication psychologique », faire appel à une sorte d'image générique, d'image du « normal » : c'était là dépasser la simple vue esthétique, et Hegel, dans son *Esthétique*, a justement rétorqué que le « type moyen » n'est ni beau ni même existant.

6. L'intelligence dans les arts et dans certains sports

Il y a souvent dans cette intelligence-là un aspect si global qu'elle refuse le langage, comme lorsque nous jugeons d'un visage, mais il ne faut pas s'y tromper et croire qu'elle est nécessairement au-dessous du langage, qu'elle n'atteint pas le niveau d'analyse que réclame celui-ci. D'abord le langage, comme cette intelligence muette, a ses niveaux et parfois il est simple reconnaissance globale, langage absolu comme nous le disions plus haut. De plus, et c'est là le point important, cette intelligence muette parvient, dans ses niveaux les plus élevés, à dépasser la puissance expressive du langage. C'est alors cet esprit de finesse — que Pascal n'opposait pas mal à l'esprit de géométrie — qui, malgré ses efforts, ne parvient point ou ne parvient que difficilement à s'insérer dans l'écriture ou la parole. Là est le problème de ce que l'on pourrait nommer du mot barbare de verbalisation. En termes plus ordinaires, sinon plus clairs, nous nous trouvons devant la difficulté bien connue de l'écrivain ou de l'orateur. On le sait, il ne s'agit point simplement d'un problème de vocabulaire; le *style* et même en prose, dépasse aussi bien la syntaxe que le vocabulaire. Or la signification d'une expression verbale tient au style, à cette indéfinissable qualité qui permet d'indiquer, beaucoup plus exactement que par n'importe quelle arithmétique ou machine traductrice, tel ou tel état d'âme, telle ou telle oscillation de l'âme. Ce que le langage ordinaire est aux machines traductrices, le style l'est à celui-ci. Et ces difficultés auxquelles se heurte actuellement la machine traductrice nous fournissent, à un autre niveau, ou plutôt nous révèlent ce qu'est l'intelligence muette dans ses niveaux les plus élevés par rapport au langage.

Cet écart entre l'intelligence que nous nommions tout à l'heure intelligence muette et le langage doit nous conduire à réfléchir dans plusieurs directions. Considérons-les en partant des plus bas niveaux.

La première direction va nous ramener en arrière, aux mesures par des tests. Il est bien connu que l'on trouve une différence, aujourd'hui assez bien étudiée, entre les tests verbaux et les tests de performance, à tel point que, dans une batterie aussi célèbre que le Wechsler-Bellevue déjà cité, on distingue deux Q.I. parallèles. Il y a là une indication précieuse, bien qu'il ne faille point en exagérer la portée. Les deux types d'intelligence en question ne sont jamais que deux branches d'un même arbre; ce ne sont point deux axes perpendiculaires, et on ne les voit se séparer très nettement que dans des cas marginaux (où cette différence est un signe de poids pour le clinicien); c'est pourquoi les psychologues ont tant discuté et expérimenté sur l'ambiguïté qui se présentait à eux; aujourd'hui l'on sait bien que cette dysharmonie, cette hétérochronie de développement n'apparaît que dans des cas où la verbalisation s'effectue difficilement; mais, si la verbalisation entraîne généralement les performances à un niveau plus élevé, les performances progressent néanmoins par elles-mêmes chez des handicapés.

Ce qui est important ici, c'est ce développement de l'intelligence qui s'opère en bonne part sans dépendre directement du langage collectif. Nous retrouvons là une idée longtemps ignorée, c'est que la vie représentative précède chronologiquement le langage — bien que cela soit peu sensible chez l'enfant où, par l'action du groupe des adultes, le passage est aujourd'hui extrêmement accéléré. Sans doute peut-on parler dès la naissance d'un langage affectif, mais celui-ci ne suffit nullement à créer l'intelligence représentative; cette insuffisance est encore plus évidente chez l'animal où, chez les espèces supérieures, existe un langage collectif qui peut même, comme on l'a étudié chez les oiseaux, comporter ses dialectes. Bien loin que la pensée provienne du langage, elle se développe sous le langage, et c'est elle qui l'élève, qui le pousse en avant, il ne faut point nous laisser leurrer par les mouvements en retour, par ces aides et comme cette reconnaissance du langage que connaissent bien tous ceux qui écrivent : il est vrai que l'appel aux mots favorise la venue des pensées, qu'il est bon, lorsque l'on est en peine de pensée, d'écrire au haut de la page blanche, de parler, de faire à haute voix son propre «brain storming»; mais, pour parler aisément, les perruches de salon n'en sont pas plus intelligentes. Le Verbe n'est pas le Mot.

La moindre expérience, pour peu qu'on y prenne garde, démontre sans équivoque cette avancée de la pensée et ce retard ordinaire du mot. «Le mot me manque pour le dire...», phrase bien fréquente et état de conscience bien connu que ceux-ci. L'âge également donne preuve, la mémoire verbale régressant ordinairement beaucoup plus vite que la pensée subtile. On s'est longtemps penché sur les aphasiques sans s'aviser assez que — et certes avec des réserves — ils réalisent un mouvement que la simple vieillesse réalise plus ou moins. De là ce recours plus fréquent chez l'homme âgé aux formules toutes faites, et comme à un langage d'appui.

Certes, le langage, par sa souplesse, par sa variété, par le collectif qui s'exprime toujours en lui, même lorsque nous parlons seul, est pour la pensée une aide extraordinaire, mais l'intelligence verbale n'est jamais qu'un prolongement d'une intelligence plus profonde. On le sent, plus que n'importe où, lorsque l'on aborde les domaines des arts. Qu'ajoute donc un acteur à son texte, sinon justement cette compréhension sienne, non verbalisée, immédiate? L'acteur peut bien discuter son rôle, il faut qu'il le sente, qu'il le vive. Des travaux récents, par exemple ceux du Géorgien Natadze, ont montré qu'il y avait en chacun de nous une aptitude plus ou moins forte à jouer un rôle, aptitude qui se reflétait aussi d'ailleurs dans des conduites étudiées en laboratoire. Ce n'est là une fois de plus, qu'une pensée commune confirmée par une étude scientifique. Etre acteur, c'est sans doute posséder tout un ensemble de qualités — et peut-être aussi de défauts —, mais c'est avant tout posséder cette pénétration d'un rôle, cette finesse psychologique qui apparente l'acteur au romancier. L'interprétation de l'acteur est beaucoup plus qu'une traduction scientifique.

Puisque j'ai fait allusion au romancier, je puis aussi l'appeler sur la scène. Il est assuré que, si elle est comme activée par les mots, son intelligence dépasse encore son style. Autre chose est d'écrire aisément et de bien pénétrer, de bien comprendre un caractère. On sait que, lorsqu'il s'agit d'écrire, il est des talents particuliers, et surtout chez les femmes. Or, cela aussi est bien connu, si elles sont incomparables comme épistolières, cela ne suffit pas à en faire par là même d'aussi excellentes romancières. Surtout, l'on peut bien considérer qu'il y a un roman féminin différent du roman masculin. Ici encore il faudrait nuancer certes — il y faudrait une plume féminine ! — et se placer sur un plan qui, pour être de finesse, reste un plan statistique; mais, s'il y a une intelligence féminine souvent chez un Proust, une intelligence masculine est bien plus rare chez les romancières féminines bien que, de plus en plus, le roman semble devenir leur apanage. S'il n'y avait quelque pédanterie à exprimer en mots brutaux ces différences, je serais bien tenté de parler d'une intelligence féminine et d'une intelligence masculine (comme on le dit d'un style ou d'une écriture), mais mieux vaut employer d'autres termes ( ).

( ) Les tests dits de masculinité-féminité, ou en M-F, qui permettaient de placer un sujet sur une échelle M-F étalonnée par avance ne manquent point d'intérêt, mais on n'en a guère fait usage pour des raisons évidentes aussi bien que pour des raisons purement scientifiques. Et, dans les tests classiques d'intelligence, on veille toujours à choisir les épreuves de manière à n'avantager ni l'un ni l'autre sexe; heureusement l'on n'y réussit pas toujours ! sinon auraient disparu les tests épurés en facteurs V ou S. On a même dans ce sens, tenté de mettre au point une batterie *sexe free* pour explorer les intérêts (voir la critique qu'en font J.B. Dupont et coll. in *La psychologie des intérêts*, 1979). Que ne peut-on faire au nom de la science !

Les exemples de l'acteur et du romancier nous montrent un peu ce qu'il y a derrière les mots, je serais tenté même de dire derrière le style particulier qui commande les mots et leur donne leur valeur. Cependant dans l'un et dans l'autre la transmission de ce dessous du langage ne se fait point de la même manière, puisqu'il se montre tantôt par la voix et par le geste et tantôt dans le style qui n'est alors qu'une certaine suite des mots du roman, que certaines séquences. Notons en passant que, dans le cas de l'acteur, il y a même — et particulièrement dans la tragédie classique — comme une superposition de deux niveaux de style au-dessous des mots, celui de l'auteur et celui de l'acteur. Cette superposition d'attitudes mentales n'a d'ailleurs rien de si étrange, car c'est là un cas très ordinaire.

Un mot ancien, un mot lourd, c'est un mot qui, au cours des ans, s'est chargé de sens successifs, qui a glissé — et parfois dérapé — qui s'est enrichi ou appauvri. La prose ordinaire, ou plutôt le langage quotidien — car la prose vraie est bien autre chose — ne s'en embarrasse guère, et le langage scientifique ne s'en embarrasse que le moins possible, mais, et même dans le langage quotidien, échanger des paroles, c'est mettre en jeu des démarches psychologiques complexes qui sous-tendent et permettent la parole. Dans le moindre mot gît tout le passé d'un homme, et tout le passé d'un peuple.

Par suite, quoi que nous en puissions penser, tout échange de paroles entre humains ne peut se faire que sur une base de cérémonie et de poésie. Respecter la syntaxe, prononcer clairement en respectant tel ou tel accent, placer des pauses et des accents, c'est se plier à des rites collectifs propres au groupe ou plutôt aux divers groupes de plus en plus étendus auxquels nous appartenons. Et qui répudie sa patrie risque encore de s'y insérer par son langage.

Nous sommes ainsi amenés à cette intelligence des cérémonies qui est communion plus que compréhension. Non que la compréhension en soit absente, mais c'est la communion qui vient en premier lieu, qui ouvre la voie. Que la cérémonie soit religieuse, patriotique, politique, syndicale, peu importe, elle ne peut se dérouler que sur un fond affectif qui lui donne tout son sens. Autre chose est d'entendre chanter une foule et de lire dans son cabinet les paroles qu'elle a chantées. Répétons-le, le Verbe dépasse la parole.

Mais le langage n'est plus seul dans la cérémonie. S'y peuvent joindre la musique et les couleurs, et ces auxiliaires apparents sont en réalité souvent au cœur même de l'échange, de la communication, de la communion. Par où nous voilà conduits plus généralement à faire appel à tous les arts, à tous les jugements de goût.

Nos tests d'intelligence sont trop secs pour ne point induire à penser qu'il y a une profonde coupure entre l'intelligence et les arts. Or c'est justement dans les conduites artistiques que se dévoile au mieux cette intelligence originale que plus haut nous avons dite muette (ou même féminine). Qu'est-ce donc en réalité qu'un jugement de goût, en quelque art qu'il s'agisse, sinon l'expression d'un état affectif? D'abord plaire et toucher, disait Molière, et peu importent les mots s'ils vont dans ce sens. Musicien ou peintre sont ici les plus sûrs témoins, qui ignorent le langage. On pourrait mieux dire peut-être qu'ils se font chacun leur langage propre avec des sons ou des couleurs, et ce serait rappeler que c'est la même base, les mêmes conduites, nous dirons plus tard les mêmes stratégies, qui prennent pour s'exprimer des matériaux différents. Et il serait bien vain de dénier ici qu'il y a une intelligence du musicien ou du peintre comme du poète ( ). Bien plus, il arrive que cette intelligence artistique s'ac-

( ) Intelligence d'ailleurs liée à l'intelligence rationnelle qu'exprime le Q.I., et justement par ce commun fondement. Des recherches faites dans les conservatoires musicaux ont, par exemple, montré que les étudiants possédaient des Q.I. fort élevés. On pourrait dire de même des grands acteurs ou chanteurs (je ne parle évidemment pas ici des produits de la publicité).

compagne fortement d'une intelligence rationnelle, chez un Valéry, un Goethe et tant de musiciens; un Paderewski possédait une intelligence politique de président de son pays aussi bien qu'une virtuosité de pianiste. Mais il arrive aussi que cette convergence se masque, chez les plus «naïfs» de nos poètes ou de nos peintres; ce qui ne veut nullement dire que soient plus intelligents les «grands rhétoriqueurs» d'hier et d'aujourd'hui ( ).

( ) Dans une époque comme la nôtre où foisonne l'esprit sec des grands rhétoriqueurs, de Meschinot ou de Crétin, il est intéressant de voir en même temps transparaître, et comme par compensation, un type de jugements de goût qui en appelle à une intelligence affective, aux harmonies de couleurs ou, en poésie, de sons et d'images.

On ne peut séparer l'artiste de l'artisan, bien que peut-être ce dernier soit plus collé à la matière et plus poussé par des techniques traditionnelles. Plus généralement l'intelligence qui se montre alors, c'est aussi celle du bricoleur, qui voit plus souvent qu'il ne conclut. Mais plus instructif nous semble être le rapprochement de l'art avec le sport.

Il ne s'agit certes point de tous les sports; je ne mettrai point dans le même sac certains haltérophiles et certains poètes! Mais, et particulièrement dans des sports de combat, on voit jouer à plein une forme d'intelligence qui rappelle l'intelligence de l'artiste. Un bon joueur de tennis n'a pas le temps d'opérer des déductions, il voit et vit un ensemble dans lequel jouent à la fois sa propre technique, la puissance de ses coups, sa rapidité, son adresse et, chez l'adversaire, les mêmes qualités. Ce que le joueur d'échecs analyse, dissèque, explore longuement, le joueur de tennis le saisit d'un bloc: il tient compte de la position des pièces (ici joueurs et balle), de leurs capacités (on ne tente point une amortie contre un joueur trop rapide, ou si l'on ne possède point une sûreté fiable), de la réaction probable de l'adversaire (il restera au fond, ou je l'attirerai vers le filet pour le passer), de bien d'autres éléments encore. Cette conduite mentale liée à l'instant, et dont la structure (le *pattern*) se modifie aussi constamment, réclame des choix à faire en dixièmes de seconde (cette balle sera-t-elle bonne ou dois-je m'écarter pour la laisser sortir ? vais-je tenter de smasher ce lob ou de revenir le reprendre en fond de court ?); et cependant, en même temps elle suppose une vue générale de la partie, une stratégie — mais nous y reviendrons. Elle suppose aussi toujours une prise en compte de l'Autre : tout bon joueur sait qu'il lui faut adapter son propre jeu à celui que l'Autre pratique d'ordinaire, et pour cela il lui faut garder dans son horizon ludique comme un modèle d'un Autre à la fois dynamique et original.

Il n'y a point là que des réflexes et des techniques, il y a une intelligence qui prévoit en fonction d'une vue d'un Autre, d'un semblable. Et la courte analyse de cette conduite du joueur de tennis nous ramène par là une fois de plus à la compréhension de l'Autre, à cette finesse des rapports sociaux qui fait qualifier un homme de « psychologue », même s'il n'a jamais lu un livre de psychologie.

On serait tenté, sur cette voie, de caractériser la forme d'intelligence qui nous occupe par la compréhension de l'Autre. Et il faut bien le dire, c'est là, en effet, la voie royale vers l'autre homme. Former cette intelligence-là, c'était — et c'est toujours — le but de ce que l'on nommait jadis du beau nom d'humanités. C'est l'intelligence des amours au niveau le plus élevé comme au plus bas niveau, pourvu qu'il reste humain. C'est l'intelligence des diplomates, des directeurs de conscience, des connaisseurs en hommes. Comme il y a des connaisseurs en vins, il y a en effet, des connaisseurs en hommes, et d'abord ils possèdent cette intelligence immédiate et pénétrante qui, même si elle se coule dans les sermons du directeur de conscience ou les bavardages préliminaires des diplomates, reste la maîtresse du jeu humain.

Parvenus où nous en sommes maintenant, il y a deux pentes sur lesquelles il est trop facile de glisser. L'une consiste, et nous redressons ici une analyse qui gauchirait trop aisément, de restreindre trop cette forme d'intelligence à la rencontre entre hommes. Sans doute est-ce *l'intelligence de la rencontre* par excellence, mais il arrive que son objet ne soit plus le semblable. D'abord il est trop clair que c'est là notre mode de rencontre avec l'animal, avec le chat, avec le chien, mais là encore on pourra dire que nous les traitons comme des amis humains. Or il y a beaucoup plus. On pourrait, certes, refuser de placer sur le plan de l'intelligence le cas de ces individus qui saisissent d'un coup tout un passage mental, comme les calculateurs prodiges ou les joueurs d'échecs prodiges, mais on ne peut non plus se contenter de parler ici de réflexes conditionnels et d'apprentissage, au moins dans le cas des joueurs d'échecs, car les combinaisons à résoudre sont trop nombreuses.

D'autre part, mais dans la ligne des considérations précédentes, ne peut-on parler aussi d'une sorte d'intelligence par images ? Aux exemples précédents, car le calculateur prodige et le joueur d'échecs prodige *voient* les solutions comme sur un tableau, on pourra ajouter ces individus chez qui les images ont une persistance et une force exceptionnelles. Non seulement des travaux récents ont enfin prouvé l'existence d'une vision « éidétique » d'une extraordinaire précision chez des sujets non cultivés, mais des exemples étonnants ont été étudiés par des psychologues de premier ordre, comme le Veniamin suivi par Luria (voir sur ces points notre ouvrage *Les Sources de l'imaginaire,* 224-5). Ce dernier cas est extraordinaire parce que Veniamin ne peut penser sans des images précises et qu'à l'aide des images — cependant il possède certaines stratégies pour user des images.

Cette remarque vise à rappeler que l'intelligence immédiate — intuitive aurait-on dit jadis — qui nous intéresse peut trouver des terrains propices dans une imagerie mentale plus ou moins développée qui soutient le jeu de ce que l'on nomme les concepts — avec toutes réserves sur ce terme qu'il nous faut analyser bientôt. De la pensée éidétique des individus étudiés au Kenya, à la vision brutale et quasi totale de la solution d'un problème humain et à la noêsis platonicienne, il n'y a point de coupure.

Mais ce vaste développement ne se peut accomplir sans qu'interviennent des expériences, des approches, et parfois tout un jeu de représentations muettes (comme chez le joueur d'échecs ou le diplomate). Les formes supérieures de cette intelligence ont pris parfois un caractère si différent des formes premières qu'on pourrait croire à des espèces différentes. C'est qu'il y a là en effet tout un entrelacement d'éléments d'une complexité extrême. Il ne s'agit point de ces facteurs simplistes dont nous parle le factorialiste, mais de mélanges, de mixtures auxquelles s'ajoutent sans cesse de nouveaux éléments pour modifier les reflets et les moirures. Parfois la peinture est plate, et parfois, resplendit un Rembrandt.

Cette multiplicité, cette inconstance de l'intelligence non rationnelle, il va nous falloir tenter d'en rendre compte. Tâche bien ingrate, mais sans laquelle on ne peut comprendre la psychologie de l'intelligence.

7. Les coupures et les reprises

Ce qui induit en erreur ici, c'est cette tendance à partir d'une définition de l'intelligence que nous avons déjà critiquée, alors que ce qu'il faut, c'est s'efforcer de décrire, de suivre les pistes entrecoupées et de chercher si elles vont vers le même but ou non, si elles divergent ou si elles convergent, s'il n'y a pas des accélérations et des régressions dans les démarches de l'évolution mentale comme dans celles de l'évolution biologique.

Nous reviendrons sur les éléments. Pour l'instant, à partir de ces analyses complexes qui précèdent, nous pouvons déjà poser le problème des coupures qui, pour être important, n'est point essentiel à notre dessein actuel. Les coupures essentielles — car en chaque individu il y en a également — me paraissent dans l'évolution de l'intelligence humaine au nombre de deux — sans compter les secondaires.

En premier lieu une coupure extrêmement précoce dont les derniers travaux de psychologie de l'enfant donnent une vue de plus en plus étendue. On savait déjà depuis longtemps qu'à la naissance le bébé disposait de certains réflexes comme le réflexe de Babinski ou le réflexe d'agrippement qui rappelaient la vie arboricole de nos très lointains ancêtres; mais cette interprétation ne dépassait guère alors le niveau de la rêverie. On a connu récemment que ce stock héréditaire de conduites était beaucoup plus large. A côté du réflexe de fouissement nécessaire à la tétée, on a constaté des esquisses de réflexes qui, eux, disparaissaient provisoirement. Une coordination œil-main, une coordination oreille-main, une aptitude à la marche (le bébé étant soutenu), une aptitude à réagir correctement à «l'effet tunnel», une autre à reconnaître un objet présenté sous diverses perspectives (par exemple, un cube), à choisir de deux rangées autrement disposées laquelle contient le plus de bonbons, etc. (voir Bower: «Le développement de l'enfant: disparition et résurgence des aptitudes», in *Pour la Science,* 1, 1977, 93-105). Or, chacune à sa manière, ces aptitudes disparaissent au bout de peu de semaines pour reparaître plus tard, parfois à la suite d'un apprentissage assez long (ainsi de la conservation du poids qui apparaîtrait provisoirement vers un an, mais dont Piaget a bien établi par ailleurs qu'elle n'est assimilée qu'entre 7 et 13/14 ans! ou de la marche esquissée déjà à 6 jours, mais qui après un passage à vide, ne reparaîtra pas avant la fin de la première année; ou encore de l'imitation, par exemple de la protrusion de la langue dont la notation extraordinairement précoce posa problème pour Zazzo, il y a quelques années (avant les travaux de l'école de Bower).

Cette coupure, qui paraît ramener en arrière pour un temps les aptitudes cognitives aussi bien que motrices, est-elle liée à la célèbre distinction de notre cerveau en trois étages; serait-ce une sorte de mise au pas du cerveau dit reptilien qui laisserait plus de place au développement du cerveau limbique? Les références que fait Bower aux motivations nouvelles nous inciteraient à chercher par là si nous ne craignions de perdre nos recherches dans une région trop brumeuse, et qui n'est point notre affaire. En ce domaine l'évolution génétique n'est plus, depuis longtemps, conforme à la trop célèbre loi de Haeckel ( ).

( ) Cette conception, à la mode en certains milieux, d'un parallélisme entre trois modes de conduite et trois modes d'activité psychologique — qui continue bien la célèbre loi de Haeckel — doit être considérée avec la plus grande précaution, même si elle apporte des suggestions intéressantes. En effet, on ne peut rendre compte par là de l'apparition de la pensée humaine, représentative, puisque le Néo-cortex est apparu des millions d'années plus tôt; et l'on est trop porté par là à minimiser ce passage à l'humain. Cela est bien visible dans des ouvrages de vulgarisation, par ailleurs très clairs et bien informés, comme l'ouvrage de Carl Sagan : *Les dragons de l'Eden*.

La coupure qui suivra dans l'ordre intellectuel, ce sera celle par laquelle, échappant à ces apprentissages sur le tas, à ces découvertes dans le réel et le vital que connaît l'intelligence animale, on voit apparaître la vie représentative, ce privilège de l'homme. Sans doute y a-t-il une certaine continuité, une coupure n'est jamais totale dans le domaine de la psychologie intellectuelle, mais l'émergence, dans des conduites fonctionnelles puis ludiques, de cet instrument extraordinaire qu'est le jeu de représenter, de reproduire les êtres intentionnellement en leur absence et sans être pressé par les pulsions primitives, c'est là un saut d'une telle importance que le mot de coupure peut être employé. Dans ce monde mental tout neuf vont apparaître des être imaginaires, vont se jouer des scènes passées ou désirées ou inspirées. Et en même temps se ralentira, stagnera parfois le progrès de l'intelligence sensori-motrice comme si se produisait une sorte de régression. Les époux Kellog, les premiers à élever ensemble un jeune enfant et un jeune singe, furent aussi les premiers à signaler ce jeu curieux des deux intelligences : à partir d'un certain âge, c'est la guenon Gua qui semble l'emporter dans ses performances, mais, lorsqu'il s'agit du monde de l'imaginaire, c'est Donald qui l'emporte, ou plutôt qui reste seul en course. Et de cet imaginaire, il va abuser quelque temps avant d'y insérer vraiment le réel.

On pourrait chercher une autre coupure essentielle dans l'apparition du langage, ou de la religion ou de l'ordinateur. Mais ce serait abuser et diluer l'essentiel, car ce sont là toujours des instruments qui nous servent à nous diriger dans le domaine de l'imaginaire. Ce qu'il faut en retenir cependant, et ce qu'il sera utile de préciser un peu, c'est que même si ces sortes de mutations ne sont point du même ordre que les deux qui précèdent, elles en gardent, avec le caractère de relative coupure, le caractère d'une sorte de reprise et d'ouverture.

En effet, à chacune de ces coupures, les séquences motrices et intellectuelles antérieures sont certes négligées, mais tout se passe non point tout à fait comme si elles étaient abandonnées (et là gît un problème psychologique et moral de première importance), mais comme si elles s'ouvraient, s'effritaient, se ramenaient aux éléments indispensables afin que, sur les bases de ces ruines assez informes mais solides puissent reparaître des conduites d'un autre ordre, aussi efficaces mais plus souples et plus fécondes. C'est ainsi que ramener une séquence de réflexes héréditaires à l'inactivité, c'est aussi permettre plus tard l'apprentissage facile d'une conduite, par exemple marche ou nage, qui, acquise par expérience et sous le regard des adultes, sera plus susceptible de s'assouplir, d'épouser la culture du groupe, de se faire danse du groupe — car, comme sa danse, chaque groupe ethnique a sa manière de marcher et de parler (et Kamala marche comme les loups). Place est ainsi faite, par cette ouverture à une intelligence sensori-motrice qui sera aussi celle du groupe, place est faite à une organisation sociale. De la même manière la mutation représentative efface, semble-t-il, des acquis antérieurs; la continuité est beaucoup plus légère qu'on ne le dit, les jeux de nos petits le proclament sans ambiguïté par leur variété, leurs signes, leur monde. Cette discontinuité se montre aussi bien dans l'effacement de l'éidétisme comme sans doute d'une certaine hiérarchie stricte du groupe, peut-être même d'une certaine mémoire, d'un certain don d'observation des indices humains, d'une bonne vision nocturne (constatée chez Gaspard Hauser et Kamala), enfin de toutes ces qualités que nous envions parfois aux bêtes. Mais il se trouve que ces pertes sont très marquées par le fait que les reprises opérées sur un autre plan sont transmises très précocement par le groupe : l'usage d'un langage collectif oral rend moins utile le signal muet : l'organisation du groupe, beaucoup plus variée, fait place à des leaders qui ne sont plus simplement les animaux dominants; la mémoire traditionnelle inscrite dans la poésie orale supplée la mémoire individuelle et éidétique. Des reprises ont réparé les déchirures.

Or, à y regarder de plus près, à chaque fois le psychisme gagne du jeu, il s'étend au groupe, il prend de l'ampleur dans le temps et l'espace, il s'ouvre à des fonctions sociales et à des techniques nouvelles — on le voit bien lorsque l'instrument multiforme de l'homme remplace l'outil monovalent de l'animal. Mais il faut aller plus loin et se dire que ce mouvement de déchirure et de reprise, l'histoire nous en rend témoin dès qu'elle remonte plus loin dans le passé. La conquête du feu, c'est aussi l'abandon des isolements possibles, la création d'un rassemblement, c'est le groupe qui doit se resserrer sur le feu et les porteurs de feu. La conquête du blé, c'est l'abandon progressif des pérégrinations du nomade. La conquête de l'écriture sera la condamnation des traditions orales de plus en plus confiées à des monuments. Et nous ne pouvons que rêver tout ce que l'ordinateur va supprimer dans notre culture d'une part et d'autre part combien cette conquête elle-même suppose de renonciations préalables, d'aventures théoriques!

Ces démarches qui commandent la genèse et le progrès de l'intelligence, comme d'ailleurs de la psyché et même de la vie, on peut les considérer ainsi que nous l'avons fait en ce chapitre sous l'aspect de divergences, de ces divergences qui se révèlent jusque dans les intelligences. Nous l'avons fait rapidement certes, car il y aurait à faire intervenir encore bien des données héréditaires qui rendent par exemple possibles les différences aussi bien de l'intelligence technique que de l'intelligence musicale. Nous nous sommes efforcé surtout d'éclairer cette intelligence de la rencontre qui relie les hommes contemporains tout en les faisant sortir d'un lointain passé.

Or, à considérer ces divergences particulièrement dans les relations humaines non langagières, nous avons pu voir qu'il se trouvait une activité de développement de cette même intelligence affective qui est le prélude de toutes les intelligences. L'intelligence du cœur, c'est aussi une conquête; elle ne naît point simplement de notre animalité; elle s'insère dans une éducation venue du groupe — et différente à Alor, à Bali ou à Paris. Elle suppose à chaque étape une formation qui, à quelque niveau que ce soit, peut être qualifiée de formation humaniste. Humanités, quel beau mot, trop oublié parce que son mode d'éducation aussi glisse ou plutôt dérape peu à peu vers le type d'intelligence qui nous tourne vers des êtres, et aussi bien vers des choses inanimées. Vers ce type d'intelligence qui fait prédominer les convergences. C'est cette activité de convergence qu'il nous faut examiner maintenant, tout en nous souvenant qu'ici aussi il faut nuancer et qu'entre les divergences et les convergences il y a une fraternité.

Chapitre V
Les convergences
et l'intelligence rationnelle

1. **Convergence innée ou convergence acquise: le problème d'Helvétius**

Que les divergences du courant, de ce fleuve aux multiples îles qu'est l'intelligence, doivent aussi nous renseigner sur ses origines, cela est sûr. Mais il serait bien maladroit de ne pas poser aussi le problème des convergences que ne peut plus expliquer le recours à quelque unité d'un Je métaphysique. Et, bien malgré nous, nous voici contraint de faire une première incursion sur le problème à la mode de l'inné et de l'acquis.

Qu'à l'origine de l'intelligence, il y ait des faits biologiques, cela est bien certain, on ne peut le nier aujourd'hui. Il est bien vrai que, pendant les dernières décennies caractérisées par un impérialisme des « sciences sociales », on a beaucoup mis l'accent sur les diversités qui proviennent de chaque culture, de chaque famille, des avatars de chaque enfance. Ce primat du social menait alors le sociologue à traiter par le mépris les données biologiques; la société humaine était, à elle seule, responsable de toutes les inégalités, du mauvais comme du bon, du mongolien comme du génie. Les aberrations qu'entraînait ce primat conduisaient ainsi les préoccupations du philosophe intéressé par l'intelligence vers les problèmes de l'éducation et de la politique, sujets de discussions interminables et le plus souvent dépourvues de toute base sérieuse comme de toute logique:

puisqu'il n'y avait plus de « nature humaine », la société et l'éducation pouvaient tout aussi bien fabriquer des groupes de sujets quasi identiques ou extrêmement diversifiés. Seul le régime social (et l'*establishment*) pouvait diriger le mouvement dans un sens ou dans l'autre. D'où une réaction s'est faite contre une culture trop oppressive, trop directive, trop puissante. Tout notre siècle — et une bonne part du siècle précédent — s'est placé devant ce problème et cette contradiction, tiraillé entre un enracinement excessif et un déracinement total, entre l'obéissance aveugle et une contestation aussi aveugle. D'où la misère et l'obscurité de sa philosophie en général, réduite à des acrobaties et des tours sophistiqués sur une corde raide trop éloignée du sol, dès qu'elle tentait d'échapper au simplisme d'un nationalisme vulgaire.

Les choses se présentent bien autrement. Moins simples dans leurs données, mais plus solides dans leur nature finale, lorsqu'on envisage plus largement les faits biologiques, en même temps que les conquêtes psychologiques et les devenirs sociaux.

Sur la diversité biologique des individus et des groupes, il ne manque point de solides résultats qui confirment ordinairement la pensée commune, disons plutôt l'expérience traditionnelle lorsque celle-ci n'était point viciée par les religions et idéologies. Les cas extrêmes, mongoliens, déviants divers, schizophrènes, se sont avérés liés à des éléments biologiques dont certains sont aujourd'hui assez bien connus. Les travaux poursuivis à l'heure actuelle sur le résultat des modifications chromosomiques (mongolisme, par exemple) ont révélé des impacts aussi variés que bouleversants. En 1970, déjà les directeurs du *Traité de Psychologie de l'enfant* (Zazzo & Gratiot-Alphandéry) plaçaient dans le tome 2 un bon exposé de S. Tomkiewicz sur ce sujet, mais depuis une décennie le tableau des aberrations chromosomiques et des génopathies a considérablement augmenté; on ne peut certes dire que l'intelligence en général ou telle aptitude particulière dépend de tel gène localisé en tel point d'un chromosome, mais l'on sait que tel ou tel défaut de l'intelligence dépend d'un changement de localisation d'un gène ou d'une autre mutation. D'ailleurs, à ce niveau se pose le problème du polygénisme réclamé par l'existence de l'intelligence. S'agit-il de 7 ou de 8 gènes, comme on l'a dit parfois ? ou s'agit-il de l'état d'une multitude de gènes, d'un état général d'une région cérébrale? Nous nous garderons bien de nous aventurer sur ce terrain mouvant que seule une recherche scientifique parviendra à consolider; ce qui est sûr, et cela nous suffit, c'est qu'il en est des aptitudes intellectuelles comme de la couleur des yeux, de la taille ou de la longueur des intestins : nous restons toujours dans un domaine commandé par les mêmes forces et les mêmes matériaux. Comme la vue, l'intelligence peut être myope, presbyte ou astigmate de naissance. Vouloir projeter là une égalité qui n'est qu'une rêverie du meilleur de nous-mêmes, c'est couper la psyché de l'organisme vivant, c'est retrouver la vieille coupure orphique de l'homme en deux substances; même Descartes savait déjà que «les esprits animaux» ne sont point les mêmes en tout individu, et qu'il y avait des intelligences inégales.

Tout cela est si évident pour un homme cultivé des années 80 qu'il n'est point besoin d'y insister. Et pourtant ces faits ne suffisent point à résoudre le problème. S'il n'est pas quelque Providence qui donne à tout homme le même esprit un et indivisible, la Société ne peut-elle le réaliser? C'était là ce que disait un penseur trop oublié (ou ignoré au nom de Spencer, de Marx, de Teilhard ou d'autres successeurs de Hegel qui n'ont jamais posé aussi franchement, aussi insolemment le problème de l'égalité): «tout homme médiocre est en droit de penser que, s'il eût été plus favorisé de la fortune, s'il fût né dans un certain siècle, un certain pays, il eût été lui-même semblable aux grands hommes dont il est forcé d'admirer le génie» (*De l'Esprit*, III, note finale). Les contradicteurs immédiats d'Helvétius, ni Diderot, ni Rousseau n'ont saisi la signification profonde de ce fermier général beaucoup plus libéral qu'eux. Il ne suffit point, en effet, d'objecter à Helvétius les différences, les inégalités physiques évidentes. Helvétius les a parfaitement notées mais il nie qu'elles aient une influence capitale (voir notre analyse in *Les grandes psychologies modernes*, ch. sur Helvétius), sauf évidemment sur les cas pathologiques. Ce qui apparaît ici, c'est la notion de *seuil*, et non seulement d'une sorte de seuil en soi mais d'un seuil-pour. Lorsque Helvétius invoque contre ses critiques les exemples de génies maladifs, délicats, bossus ou aveugles (*De l'Homme*, II, 12 et note), il ne s'agit point d'un seuil de santé ou de vision considérées en elles-mêmes mais comme instruments ou conditions de l'intelligence: «Le plus ou moins de perfection dans l'usage de la vue ne peut qu'influer sur le genre de leur esprit et faire de l'un un peintre, un botaniste et de l'autre un historien ou un politique, mais elle ne peut en rien influer sur l'étendue de leur esprit» (*Esprit*, III, 2). Et Helvétius envisage de même la mémoire, l'attention, etc., pour conclure que l'inégalité des esprits ne vient point de «l'organisation biologique» mais de l'éducation. Il suffit que soit atteint un certain seuil, que les fonctions fondamentales soient «suffisantes», le reste dépend de l'environnement et des passions.

Regardons bien cette thèse. C'est, appliquée cette fois à l'intelligence, la thèse dont l'énoncé est la première phrase du *Discours de la méthode*; mais, à l'inverse de Descartes, Helvétius cherchera les causes de l'égalité possible dans des actions de ce monde-ci et non dans quelque substance spirituelle. Or il est à noter qu'Helvétius met au premier plan les passions de l'individu, passions qui dépendent elles-mêmes du régime social. Nous sommes loin d'un marxisme qui, lui, effacera l'individu, effleurera à peine la psychologie. Chez Helvétius, c'est le psychologique qui est premier, disons plus, c'est la personnalité tout entière avec ses passions qui en sont l'énergie la plus puissante, qui explique la direction du vouloir. Lorsque Alain émettra cet apparent paradoxe que « l'on est juste aussi intelligent qu'on veut », il ne dira guère autre chose, tout au plus mettra-t-il plus l'accent sur la distinction entre passions et volonté, mais Helvétius moins marqué peut-être par la philosophie classique du continent européen, moins confiant en la spontanéité de l'individu, sait déjà et expose longuement comment les régimes politiques façonnent les passions, comment les inégalités des situations donnent naissance, dans un environnement plus riche, à des intelligences plus puissantes. Même spiritualisme de part et d'autre et même vue de la puissance formatrice de la personne sur l'intelligence; même refus de ne voir dans l'environnement que le niveau économique et ses facteurs (pour quoi les marxistes seront si injustes envers Helvétius). Même optimisme foncier, doublé d'une méfiance des pouvoirs tyranniques chez l'un, de tous les pouvoirs chez l'autre.

A première vue, cette position est très forte. Mais elle présente deux points faibles. Le premier est de trop faire fi des données biologiques; le second est de ne pas marquer suffisamment la manière d'agir des forces psycho-sociales en cause. Nous n'aborderons pas maintenant le premier point, d'abord parce que ce n'est pas directement notre sujet, ensuite parce que nous le retrouverons beaucoup plus clairement après avoir étudié les processus psychologiques qui développent et façonnent l'intelligence individuelle. Pour l'instant, gardons seulement dans notre horizon cette notion de seuil psychobiologique. C'est là une notion capitale sans laquelle les problèmes concernant l'intelligence restent confus. Il en est peut-être de l'intelligence comme du muscle : pour faire un coureur à pied, il ne faut pas prendre un boiteux, mais, cette condition remplie, un entraînement bien compris peut faire des miracles, la simple considération des résultats sportifs en fait preuve. Il en est de même du style, ce vêtement de l'intelligence — et même plus qu'un vêtement — un éducateur expérimenté sait fort bien que la facilité verbale vers onze ans ne veut pas dire grand-chose, et qu'elle est extrêmement fragile. Le style aussi se gagne comme le muscle: «une page par jour, génie ou non», c'est ici la maxime suprême.

2. Les fausses pistes

Or, et nous reviendrons maintenant souvent sur ce point, le caractère le plus important de l'intelligence, c'est, en divers domaines, son aptitude à rapprocher ou séparer, à confondre en un tout global ou à replacer dans une structure, enfin à évoluer vers une certaine unité. Cette unité n'est certes point le Un absolu du métaphysicien, ni cette identité à laquelle Emile Meyerson ramenait un peu trop vite l'esprit scientifique, c'est la considération commune, la prise en commun — ce que signifie le mot com-prendre. Sans cette sorte de marche vers l'unité qu'est le développement de l'intelligence, il n'y aurait même plus d'intelligences diverses, ni d'objets divers, il n'y aurait que des instants et des champs perceptifs.

C'est cette marche vers l'unité à travers divers niveaux que nous allons maintenant envisager directement ( ).

( ) Cette marche, Kant en avait bien vu la place centrale dans une science de la psyché, qui aboutira finalement à la création d'un Je. Mais ceci est une autre histoire, ou plutôt un tout autre aspect de la même histoire.

Ce problème est en réalité beaucoup plus complexe qu'on ne le croit à lire ceux qui en ont parlé, parce que chacun a généralement pris un certain niveau et un certain type de connaissances. Et si parfois dans ce tableau des convergences on trouve des pistes si creusées qu'elles dissimulent le paysage aux yeux du chercheur enfoncé dans les profondes traces laissées par ses ancêtres, il est en revanche des plats où l'on devine à peine la ou plutôt les pistes à travers les herbes. Au risque de paraître tout mêler, nous noterons en premier lieu sur ce tableau des convergences d'abord des convergences qui appartiennent au stock héréditaire: coordinations, tonus général, unité de fait de l'organisme; ce sont là les fondements premiers qu'étudie le biologiste mais sans une certaine connaissance desquels aucune psychologie ne peut s'équilibrer — pensons, entre autres, à l'importance du tonus si bien signalée par H. Wallon. Notre organisme n'est point seulement continu, lié par des tendons, des os et des muscles, mais il est parcouru par des réseaux, circulatoire, nerveux, lymphatique, dont chacun non seulement possède sa propre unité mais s'articule sur les autres.

Les conditionnements et apprentissages non seulement usent de ces convergences premières comme le font les réflexes inconditionnels, mais ils y ajoutent des séquences continues qui unissent d'ordinaire une certaine souplesse à leur automatisme. Sur les problèmes posés à ce niveau ont été menées tant de recherches que l'on sait fort bien aujourd'hui ce que peuvent être les divers types de conditionnements et d'apprentissages, du moins — et la réserve compte — en laboratoire. Mais chaque séquence gestuelle ainsi obtenue, si elle est en elle-même un ensemble, est aussi trop aisément un tout qui imagine se suffire à lui-même. Ce ne sont que des murs, non la maison. L'intelligence y trouvera des matériaux, elle y puisera sans cesse, mais elle se heurtera aussi trop souvent à des séquences rigides. Les convergences qui la préparent ne sont guère à chercher de ce côté. Cependant déjà dans ces matériaux se voient clairement des compositions, des hiérarchies, la complexité qui s'établit parfois même dans des conditionnements du premier ordre annonce et prépare des ensembles plus complexes, plus souples et plus disposés à faire société avec d'autres ensembles.

C'est d'un autre côté que nous trouverons des forces plus importantes de convergence, du côté d'un syncrétisme égocentrique qui rapproche les phénomènes perceptifs ou moteurs d'une manière moins passive. Nous en avons déjà dit quelque chose au début du chapitre III; mais il n'est pas mauvais d'en rappeler ici l'essentiel en ce qui nous concerne maintenant.

Il convient d'abord de se pénétrer d'un fait aujourd'hui bien établi, c'est qu'il n'y a point de facteur général «g», d'intelligence générale dans les premiers mois de la vie. Nous avons insisté au chapitre II sur le fait que, à l'iverse des anglo-saxons, les chercheurs français utilisent un Q.D. de développement à cette période plus qu'un Q.I. d'intelligence. Non qu'il n'ait été mis au point des tests d'intelligence sensori-motrice, mais les plus récents travaux montrent en réalité une énorme disparité des aptitudes. Dans l'ouvrage collectif qu'il a dirigé: *Origins of intelligence* (1976), M. Lewis rappelle les tentatives faites pour établir des corrélations entre tests dits de Q.I., dans les premiers mois (jusque deux ans). Dans une comparaison de 7 échelles, King et Seegmiller (1971) n'obtiennent que 4 corrélations significatives sur 24; résultats analogues de Uzgiris (1973) qui conclut qu'il n'y a aussi aucune relation entre les échelles. Lewis et Mc Gurk, utilisant les échelles classiques de Bayley et d'autres épreuves entre 3 et 24 mois ne trouvent aucun facteur général «g». D'où cette conclusion de M. Lewis: «Il y a peu de consistance entre diverses mesures du fonctionnement intellectuel, par exemple entre les échelles de Bayley et les échelles sensori-motrices, et une consistance légère entre les échelles sensori-motrices ou pour différents facteurs découverts par Mc Call et al. dans l'échelle de Gesell. Par suite, les résultats offrent peu de support à la notion d'une unique facteur «g» dans l'intelligence de l'enfant» (*op. cit.*, 4).

Si nous avons ainsi à nouveau insisté — contrairement à notre attitude ordinaire — sur ces résultats expérimentaux, c'est qu'ils permettent de voir exactement d'où l'on doit partir. Non seulement le jeune enfant est instable, mais son esprit n'est encore qu'une mosaïque. Il est vrai que le second fait explique en bonne part le premier : si l'attention saute d'un sujet à l'autre, c'est faute de modes établis de transfert et de relation : lorsque aucune piste n'est tracée, on marche au hasard. Le seul facteur commun à toutes les fonctions, c'est la croissance, le développement — que mesurent aussi bien les tests de Gesell que l'excellente batterie de Brunet et Lézine. Mais point là-dedans une intelligence, point de facteur «g». Et l'on se demande bien comment peut s'amorcer cette unité qui resserre en un ensemble structuré les matériaux de l'intelligence adulte.

C'est là qu'intervient le syncrétisme. On s'est longtemps interrogé dans la première moitié du siècle, sur son existence, sa nature et son rôle. On ne le pouvait comprendre si, avec Wallon, on n'insistait sur la mentalité émotive et affective qui précède le développement de la pensée logique. Sans doute le syncrétisme est-il une confusion de phénomènes qui peuvent nous paraître fort différents, mais c'est que le lien, bien loin d'être conceptuel ou à plus forte raison verbal, est un lien égocentrique et affectif : le sujet éprouve des sentiments analogues envers les deux phénomènes : cela donne des rapprochements parfois poétiques (les pétales sont les ailes de la rose), parfois religieux (la «participation» de Lévy-Bruhl s'ensuit de là), parfois congruents avec la logique (tous les «papa»). Ce sont là les premières attaches, et celles qui seront confirmées par les adultes et l'expérience se mueront lentement en relations conceptuelles et logiques; mais elles ne cesseront de garder des traits de leur origine : toute structure rationnelle sera d'abord une attitude affective.

Passons vite maintenant. Non que la matière manque, il y en aurait plutôt trop dans certaines directions privilégiées, du fait du développement prodigieux de la psychologie de l'enfant là où elle n'était pas bloquée par les barrages qu'ont trop connus les néo-behavioristes ou les psychanalystes. Ce qui va nous intéresser au niveau où nous sommes parvenus, c'est l'action sur l'intelligence de l'éducation et de l'instruction. Mais d'abord il faut bien distinguer ici les notions, car sont en jeu six notions parfois trop proches pour ne pas être confondues : éducation, instruction, savoir, culture générale et humanités, enfin facteur «g» ou intelligence générale. Beaucoup trop de notions vraiment pour comprendre un processus de formation progressive d'une intelligence ! et cependant chacune répond à une direction précise.

Le terme de savoir est sans doute le plus large de tous, car il comprend aussi bien des savoirs particuliers que le savoir-apprendre et même le savoir-aimer. Mais dans le sens plus particulier qu'on lui donne ordinairement, il comprend aussi bien l'instruction que la culture en tant que faits, que donné. Cela est assez clair pour l'instruction qui suppose un instructeur, c'est-à-dire originellement quelqu'un qui vous arme, qui vous fournit et vous adapte les instruments de votre conduite. Ces instruments, d'abord matériels, glissent aussi vers le mental, vers des techniques, des apprentissages, et par là ils vont appartenir à telle ou telle culture particulière, celle des Navahos ou celle des Basques. La notion de culture, si utilisée par les ethnologues, met ainsi l'accent sur une diversité due à la diversité des groupes humains. Il est bien vrai que, comme tout savoir d'ailleurs, « ce qu'on appelle « la culture » est en fait une énorme collection de « montages », de « jeux » possibles sur le même cerveau » comme l'écrit Ruyer (*La gnose de Pinceton*, 238), mais on ne peut s'en tenir à cette vue de biologiste et d'informaticien ; il y faut ajouter la particularité sociale d'une part et d'autre part, du fait même de cette particularité due au collectif, une pesanteur qui tient aux traditions, aux attitudes du groupe, aux attachements.

La culture générale est bien autre chose, car cette généralité, c'est, au moins par sa visée, le caractère du groupe humain — et même, dirait le philosophe, de l'universalité des pensées possibles. Par là, la culture générale suppose une ouverture, une agilité qui lui permette de dépasser la culture particulière du groupe restreint. Or cela n'est possible que si, en même temps qu'elle s'universalise, la culture abandonne une bonne part de ses enracinements, de sa matière, que si elle prend un caractère beaucoup plus formel. Mais ne se confond-t-elle pas alors avec l'intelligence générale, avec le facteur «g» ?

On peut en effet considérer que la culture générale et «g» ne sont que deux perspectives sur une même réalité. Par le premier terme on est plutôt placé dans le domaine de l'éducation, dans un champ qui a été cultivé et bien cultivé ; par le second on se place plutôt sur le terrain de l'hérédité, et c'est en effet d'une aptitude héréditaire qu'il s'agissait pour ceux qui, les premiers, Spearman et Burt en particulier, ont trouvé le facteur «*g*» dans leurs calculs. Dans le premier cas, il s'agit, selon un mot chinois rapporté par un illustre professeur et homme politique, de «ce qui reste quand on a tout oublié», comprenons: tout oublié de ce qui avait été appris sur les bancs de l'école. Dans le second cas, il s'agit de ce qui reste dans toutes les épreuves psychologiques lorsqu'on en a écarté les caractères, les facteurs particuliers. De part et d'autre, ce qui s'efface, ce sont les différences entre les situations, ce qui reste c'est une certaine aptitude à résoudre les problèmes en général, tous les problèmes; la différence entre les deux notions tient à leur origine.

Nous poserons très mal le problème cependant si nous nous obstinons à partir de «*g*» qui, après tout n'est qu'une entité née de calculs dont la validité est limitée. Mieux vaut pour nous, nous souvenant du fait que «*g*» n'appartient, quoi qu'on fasse, qu'à la variance, à la différence entre les résultats de divers sujets à diverses épreuves, parler plus largement de l'intelligence générale, cette part de l'iceberg dont «*g*» n'est que la part émergée. Dès lors culture générale et intelligence générale se rapprochent beaucoup plus. Entre elles deux ne subsiste guère qu'une tendance plus ou moins marquée à s'appuyer sur l'inné ou sur l'acquis, faux problème que nous retrouvons une fois de plus sur notre route mais que nous repoussons toujours pour mieux l'éclairer d'abord. De toute manière la culture générale, si elle n'est pas conçue sottement, dépend non seulement de l'école mais de toutes les expériences, l'expérience scolaire étant seulement mieux dirigée que les autres. Et inversement l'intelligence générale n'est jamais un don des chromosomes seuls, elle demande une éducation.

Laissons donc de côté provisoirement la notion de culture générale, trop souvent incomprise même des enseignants ( ), et parlons

( ) Il ne suffit pas, comme le faisait en 1980 une revue pédagogique bien connue et pourtant de titre significatif, de parler de «culture générale», il en faut bien saisir le sens comme le commande la tradition de l'enseignement secondaire français — depuis les Jésuites, et même le Moyen Age comme l'a bien vu Durkheim. Nommer concours de «culture générale» une série d'épreuves dont la première consistait à reconnaître une ville française d'après quelques caractères de son site (rivière, altitude, etc.), c'est visiblement procéder comme les pédagogues américains qui traduisent l'expression française par son contraire, la «general information» (celle-ci correspondant plutôt à ce que l'ancienne terminologie pédagogique nommait «bourrage»).

d'intelligence générale. Au passage nous retrouverons les autres notions qu'il nous faut éclaircir.

Ce qui caractérise l'intelligence générale, c'est une sorte de réduction du multiple à l'unité. Ce processus s'opère de plus d'une manière, et il donne naissance à une aptitude fort complexe, comme nous le savons déjà.

Intelligence du cœur — ou intuitive —, intelligence rationnelle, il semblerait qu'il y ait là deux branches diverses, l'une résultant plutôt de l'éducation et l'autre de l'instruction. De telles distinctions sont fort utiles, mais elles sont extrêmement dangereuses, si on ne les nuance sérieusement.

3. Le passage par les attitudes affectives

Pour s'en tirer, il faut revenir à ces analyses que nous avons poursuivies surtout dans le chapitre précédent. Ce qui est au début de l'intelligence humaine, c'est un sentiment — qui se structure peu à peu. Mais la rationalisation progressive, cette conquête des catégories intellectuelles, conservations, causalité, nombre, espaces, etc., que nous commençons à bien connaître, n'est point nécessairement le but dernier de la genèse de l'intelligence. En réalité les deux formes essentielles de l'intelligence s'entraident sans cesse, l'une ne va jamais complètement sans l'autre non seulement parce qu'elles ont même origine, mais parce qu'elles restent assez proches pour pouvoir se prêter mutuellement leurs instruments et leurs vues.

Qu'est-ce donc, à l'origine, que des phénomènes affectifs sinon une certaine attitude envers le monde, un refus, une acceptation, un recul, une attente ? On l'a souvent dit et redit, l'émotion est d'abord une donnée posturale. Et, s'il est vrai, comme nous l'avons souvent dit déjà, que notre pensée humaine suppose une base affective, c'est qu'elle se constitue d'attitudes. Nous avons dans un ouvrage antérieur (*Psychologie des attitudes intellectuelles*) tenté de montrer que toute activité pensante était constituée par des attitudes plus ou moins structurées, comme le sont émotions et sentiments. C'est cette notion d'attitude qui nous permet maintenant non seulement de jeter un pont entre deux directions de l'intelligence, mais de leur fournir une commune matière et une commune origine.

A son début l'attitude est une certaine disposition des organes qui sert de base, de point de départ pour une action, positive ou négative. Une manière d'être, une manière de se poser, de prendre posture. Il y a quelque immobilité d'incluse dans ce terme qui vient du langage des sculpteurs italiens, mais une immobilité qui se penche déjà vers un mouvoir — ce que confirme le vieux mot du bas latin, au sens d'aptitude, auquel l'étymologie permet de remonter. Equilibre sans doute, mais un équilibre qui glisse vers le déséquilibre affectif ou moteur. Vue du dehors, et c'est ainsi que nous la verrons d'abord, l'attitude est le prélude à une conduite au sens le plus étendu de ce mot, on dirait sans doute mieux à une activité. Or cette activité n'est telle que parce qu'elle va vers un but, qu'elle vise un but. L'attitude qui nous est le privilège premier, je veux dire l'attitude de l'homme debout, c'est une réalisation posturale qui en prépare mille autres. Qu'elle ait été à l'origine intentionnelle, cela se voit bien chez le bébé et l'adulte garde toujours une vague conscience de cette manière d'être fondamentale (confondue avec le sol, support et supporté n'étant point distingués alors), une sorte d'horizon de bipédie qui est aussi une intentionnalité de bipédie, non point vraiment une intention (Hegel est allé ici trop loin), mais un sentiment — tout sentiment comportant une certaine activité psychologique, comme l'implique l'expression de « perdre le sentiment » (ce qui est aussi « perte de connaissance »).

Une telle attitude, on le voit, comporte aussi son versant moral. Si d'autres attitudes ou postures restent en dehors de la conscience claire, de l'éveil, l'horizon-de-debout, ce n'est point seulement la vérité première mais l'assurance première: on se tient ferme, on est ferme et sûr de soi, prêt donc à répondre à tout appel de l'environnement ou à tout désir, venu de l'intérieur de l'organisme. Ce sentiment de présence au monde, comme aurait dit l'existentialiste, à un monde qui est d'abord le sol, c'est comme la scène sur laquelle vont se jouer toutes les péripéties du drame humain, mais ce n'est point seulement une scène morte. On s'y peut enliser ou la sentir bien répondre au pas de danse; elle comporte une tonalité affective: on peut s'y blottir comme dans le giron maternel ou s'y resserrer d'angoisse, les deux états opposés ne se distinguent point ni des attitudes posturales, ni même de l'environnement immédiat.

Nous nous sommes placé ici au début de la vie vraiment psychologique, après la naissance (ce qui n'est point négliger une psychologie fœtale), au stade de la Mère-à-l'enfant de tant de peintures. Au stade de l'appui premier et de la chaleur première dans lequel l'activité motrice reste réduite (sauf des yeux). Mais aussi au stade des sentiments premiers, du bonheur premier et des désespoirs premiers. Il n'est pas utile d'insister sur cette primauté d'une attitude d'attachement et comme de fusion avec un milieu. Bien vite s'opérera un détachement progressif sur lequel les spécialistes de la petite enfance ont accumulé des études heureuses; le sentiment d'être reste néanmoins celui d'un appui, d'une sécurité contre la pesanteur, d'un équilibre assuré (et aussi, certes, d'une chaleur, d'une odeur, etc.). Sans doute est-ce là la forme première ou, pour parler plus exactement, la forme la plus importante de cette première présence à l'être que nous avons signalée plus haut à propos de l'homme debout; si nous sommes partis de celui-ci pour revenir en arrière au nouveau-né, c'est seulement pour éclairer un peu plus aisément la conscience première qui est à la fois attitude organique et sentiment. Point là de cette fonction cognitive neutre que l'on voudrait parfois étudier à part. Mais une conscience colorée, vivante, attachée à son appui (et la perte de l'appui semble bien pouvoir être considérée comme la première source d'émotion; comme inversement plus tard les jeux avec l'appui, ces prouesses que le Père permet).

Le premier monde et les premières pensées — mais c'est même chose — sont sans doute déjà quelque peu structurés par des mécanismes nerveux dont l'on découvre aujourd'hui qu'ils comptent plus qu'on ne le pensait, mais, et en partie grâce à cet effacement, à cette coupure que nous connaissons, ils sont surtout constitués de clartés et d'ombres, de chaleur et de pleurs. C'est sur ce fond d'une conscience affective que va se développer l'intelligence, justement parce que l'attitude, qui semble ambiguë à l'adulte, contient en elle dès l'origine toute la psyché.

Afin de suivre cette montée des affects vers les attitudes les plus structurées, logiques ou mathématiques, il convient encore d'examiner rapidement les relations de ces attitudes envers les différents types de mémoire, depuis la mémoire à court terme du bébé jusqu'à la mémoire à long terme d'une philosophie.

Débarrassons-nous d'abord de la distinction entre attitude et posture. L'appel justement fait aux postures par les psychologues a trop masqué ici une différence importante: c'est que la posture, dans notre langage commun, c'est seulement une disposition passagère de l'organisme, celle que l'on prend pour occuper un poste. C'est bien une attitude, si l'on veut, mais une attitude très particulière, qui ne dure point et qui est caractérisée par des dispositions purement organiques. On parlerait justement, en cette direction, d'attitudes posturales, comme l'on dit parfois, mais il faut bien voir que cette base du psychisme reste instable, en mosaïque et diverse selon le temps et la situation. Avec la posture, on ne peut dépasser vraiment les données sensori-motrices, on reste à un niveau animal de l'intelligence, niveau qui certes peut être repris et doit être repris au niveau de la vie représentative et sociale (« Tiens-toi droit »), mais qui ne peut de lui-même s'élever seul aussi haut.

Réduirons-nous donc les attitudes d'un tel niveau aux postures ? Non, certes, mais l'intervention apparente d'une mémoire à long terme, même au-dessous du niveau des Primates, pose un problème, car ce n'est pas encore là la mémoire à long terme de l'intelligence humaine. Ne nions donc ni la mémoire de la mule du pape, ni la fidélité du chien d'Ulysse, mais reconnaissons qu'il s'agit là d'une sorte de mémoire imagière — correspondant à cette « intelligence » imagière que nous avons signalée au chapitre précédent — et que la persistance d'une image est bien connue; c'est là un phénomène que rencontrent sans cesse les cliniciens et sur lequel les psychanalystes ont basé bien des conclusions. Mais un complexe d'images bien assimilé est tout autre chose qu'un projet ou qu'un programme intelligents (même dans des cas très exceptionnels comme celui de Veniamin). Il peut même arriver, au niveau de l'animal, qu'apparaissent des conduites collectives qui semblent témoigner d'une mémoire à long terme de forme traditionnelle; mais il est fort probable que, dans la plupart des cas, il y a là une donnée qui, comme lorsque les loups se déploient en éventail, ressortit moins d'un projet collectif porté par une mémoire à long terme que de données en bonne part portées par le trésor de l'espèce.

On peut discuter ici et contester l'importance de la différence de tels faits avec les faits humains. Il y a des « cultures » appartenant à des groupes animaux, comme des manières de chanter avec un accent particulier chez certains oiseaux, ou, beaucoup mieux encore, comme ces « cultures » des Singes Macaques que l'on a reconnues en particulier au Japon et que l'on a même vu évoluer légèrement à la suite de découvertes individuelles lentement, très lentement, transmises au groupe. Mais cette culture reste ici bien restreinte, bien fragile, bien trop concrète pour constituer un monde mental selon le mode humain; il y manque la re-présentation, le jeu de l'acteur qui joue un rôle, qui joue tout simplement sans se soucier de l'environnement.

Reconnaissons cependant que ce progrès de la mémoire à long terme rend possible l'imitation à retardement du faire-semblant enfantin. Lorsque l'enfant « représente » à partir de la fin de la première année, c'est une donnée nouvelle qui intervient, un Rubicon qui est franchi; il ne le serait pas si l'enfant ne possédait point les éléments nécessaires à cette construction d'un pont sur le fleuve, mais il faut prévoir l'agencement des éléments et dans ce processus de représentation la mémoire prolongée des images et gestes est nécessaire mais non suffisante.

Lorsque l'on aborde l'intelligence proprement humaine, il faut bien distinguer entre la forme et le matériau utilisé; or ce dernier doit être déjà sur place. Point de projet à long terme, point de facteur «*g*» chez le tout jeune enfant, mais néanmoins des états psychologiques et des activités qui se continuent dans une élémentaire mémoire à long terme. Or il est notable que, à regarder seulement ce matériau, on ne trouve jamais rien qui ne soit affectif. Le terme de motivation que l'on utilise aujourd'hui trompe, car dans la pluralité des cas, il ne s'agit point vraiment de motifs — et l'on torture alors la langue française — mais de mobiles ou de séquences réflexes. Par là ausi disparaît cet aspect d'attitude dont surtout les psychanalystes ont montré l'importance. Et, faute de cela, on ne sait comment accorder la vue du psychologue de l'enfant et celle du psychanalyste sans déformer l'ensemble.

Les multiples observations faites depuis un siècle nous conduisent, au contraire, en suivant la ligne qui est la nôtre, à voir dans le caractère ou dans les complexes psychanalytiques, des attitudes plus ou moins intriquées et mêlées d'images. Qu'est-ce donc en réalité qu'un caractère, sinon une certaine attitude devant la vie, une attitude qui commande la rencontre envers les hommes et les choses; ou nous pourrions tout aussi bien dire que c'est comme un projet de voir le monde en rose ou en gris, comme une petite enceinte de prisonnier ou comme un large champ de jeu. Que ce caractère provienne en bonne part du tempérament et de données géniques, cela est bien sûr; qu'il provienne aussi des rencontres premières avec un environnement plein de chaleur ou glacé, cela est aussi assuré; mais peu importe ici, ce n'est point notre problème. Ce qui importe pour nous, c'est qu'il y a là, sous une forme non intentionnelle, une sorte de projet de vie très primitif dans lequel se dessine déjà souvent le projet futur d'une carrière. Nous sommes vraiment à la source affective de l'intelligence, à la source majeure qui commandera les projets plus ou moins larges que fera l'adulte, et cette source n'est point une structure à proprement parler, ce n'est même pas une pulsion, c'est cette forme d'être impérieux que nous nommons attitude.

On voit maintenant mieux où nous allons, on commence à distinguer cette filiation de l'attitude affective au projet rationnel d'une part — et nous allons continuer maintenant sur cette voie — en même temps que l'existence possible de cette intelligence de la rencontre ou même du cœur dont, après avoir tenté d'expliquer sa nature et de prouver son existence, nous retrouvons à nouveau l'origine.

4. Les automatismes de base

Deux progrès importants sont ici nécessaires. L'un consiste à cristalliser en quelque sorte des attitudes générales (des dispositions générales, dirait-on, sous un autre aspect) pour en faire des structures de plus en plus rationnelles. L'autre consiste à instaurer et utiliser des séquences psychologiques de divers types comme préfabriquées en les portant sur le plan représentatif, ou, au contraire, à faire retomber à ce niveau inférieur des projets longuement médités: problème classique des relations entre les deux niveaux comme entre la forme d'une part, et d'autre part la matière et les instruments.

Ce sont là des problèmes si importants, et parfois si explorés qu'il faudrait des ouvrages pour en traiter en détail. Nous n'examinerons donc longuement que le premier, nous contentant de consacrer plus tard quelques pages au second.

Notre intelligence use souvent de matériaux et de techniques, qui sont comme les briques et le ciment de la construction, sans s'en aviser le moins du monde. Comme s'il y avait en nous une tendance à styliser, à économiser, à ritualiser une part de nos activités intelligentes pour mieux libérer la part qui reste active. J'en citerai seulement des exemples étudiés dans mon laboratoire, pris à trois niveaux différents bien que consistant également en des automatismes acquis.

Le premier, découvert par P. Cazayus, et longuement étudié par lui et toute une équipe pendant plusieurs années, concerne un fait extrêmement banal, et dont la banalité même fait l'intérêt. Il s'agit de l'épreuve classique qui consiste à classer des images en désordre disposées de gauche à droite avec chacune un numéro, disons par exemple cinq moments de construction d'une figure géométrique. Le sujet peut présenter deux manières d'opérer son classement au-dessous de la série des images en désordre: ou il inscrit sous chaque case le numéro que doit accepter *finalement* la figure, par exemple la figure complète de la case 2 devant être finalement placée la dernière, il porte le numéro 5 sous la case 2; ou bien il inscrit sous cette même case 2 le numéro de la case contenant la figure qui doit être placée dans la case 2, dont le numéro *antérieur* de cette figure par exemple celui de la case 4. Deux solutions A et B dont la solution est également claire et également justifiée dès qu'on les a comprises.

L'étonnant est qu'un sujet qui procède selon la méthode A se refuse longtemps à comprendre ou même à envisager la méthode B, et inversement. Chaque sujet se tient obstinément à sa solution propre et l'emploie constamment si on lui pose plusieurs épreuves du même type. Il y a là une sorte de technique très précise et très solidement assimilée qui prévient toute hésitation, toute perte de temps. D'où vient-elle ? Peut-on attribuer la méthode A à tel type de sujets et la méthode B à d'autres types. Après de nombreuses recherches dans les directions les plus diverses, aucune relation vraiment significative n'est apparue. Comme s'il s'agissait seulement d'une sorte de durcissement aléatoire de la conduite, et comme de la forme hasardeuse d'une petite écorce de chêne. La seule chose qui apparaisse, c'est le processus de solidification d'une modalité insignifiante de la conduite de mise en ordre.

Le choix inconscient est ici d'une importance si minime qu'il y a une répartition au hasard des méthodes A et B (ou presque au hasard). Dans d'autres cas, la technique élémentaire se fixe mieux, et l'on entrevoit la source. C'est ce qui semble se passer pour le fait que, dans notre culture, on écrit de gauche à droite: cette orientation, souvent étudiée, n'a point de causes aussi claires qu'on voudrait parfois le dire, puisqu'en d'autres cultures l'orientation est tout autre (de haut en bas par exemple); si elle est imposée dans notre monde occidental, cela tient peut-être à un avantage très minime, mais il a fallu que la culture, en tenant compte d'un avantage minime et discutable (on voit mieux ce qu'on écrit?), s'impose selon cette modalité précise, transmue un rien en un impératif catégorique de l'écriture; et dans une autre culture l'impératif catégorique sera autre.

Plus caractéristique de cette sorte d'automatisation qui se constitue à partir d'une donnée minuscule est le problème, lui aussi souvent étudié, de l'orientation préférée du profil d'un visage. Sur ce cas classique, les hypothèses les plus farfelues ont germé. Nous-même, dans une très large étude portant sur les dessins de près de 9.000 sujets allant de la maternelle aux adultes cultivés, avons étudié en même temps l'orientation de divers types de dessins autres que le profil humain (*Les Attitudes intellectuelles et spatiales dans le dessin,* CNRS, 1965), des outils que l'on prend à la main, des animaux, des instruments de transport, une flèche seule ou sur un arc, etc. Une liaison avec l'orientation de l'écriture de gauche à droite dans notre culture semblait jouer à côté de facteurs de manipulation (le manche pris à la main dessiné à droite) dépendant de la même culture. Or là encore, rien n'est aussi clair qu'il le semblerait ( ), sauf

( ) Les conclusions auxquelles j'étais alors parvenu ont été quelque peu remises en question par un chercheur de mon laboratoire, à la suite des données venues d'autres horizons. Et une discussion publique entre Zazzo, Simounet et moi-même a bien montré que nous ne savions pas encore grand-chose là-dessus — sauf notre accord sur cette obscurité (voir article de P. Simounet, *Enfance*, 1, 75).

le phénomène de durcissement, d'orientation automatique du dessin — comme si cela allait de soi. Il y a là encore une sorte de technique qui apparaît, je dirais volontiers comme une syntaxe du geste de dessin ou de mise en ordre. Or, cela au moins est assuré, le langage n'intervient point en aucun de ces cas. Mais se révèlent des influences aléatoires nombreuses à côté parfois de tendances organiques très minimes.

Deux autres exemples vont nous faire mieux saisir ce processus de mise en forme de nos conduites avant le langage — qui, par la suite, pourra évidemment intervenir — ou en dehors du langage.

Le premier est la latéralisation manuelle. C'est un problème trop compliqué et trop discuté pour que nous nous y attardions, mais le fait qu'il y ait là des problèmes encore aussi mal résolus suffit à faire preuve. Il ne semble point qu'il y ait une latéralisation naturelle chez les Singes, à plus forte raison chez des animaux inférieurs (Rats par exemple); s'il en est, elle reste tout au moins trop peu prononcée pour ne pas prêter à discussion. La préhistoire ne nous apporte non plus aucune évidente certitude avant une époque récente. Et, quoi qu'en disent certains, je ne suis nullement certain qu'une latéralisation véritable soit simplement le fait de l'innéité chez nos enfants. A l'occasion d'une recherche liée à la grande enquête citée plus haut (in *Enfance*, mai-juin 1962), nous avons pu faire état des données recueillies par R. Zazzo sur 1.210 paires de jumeaux dans une étude bien connue: la comparaison des pourcentages de paires homogènes (GG ou DD) et de paires hétérogènes (GD ou DG) chez des jumeaux vrais et des non-jumeaux donne une idée de l'importance des facteurs innés: si le hasard jouait seul, on devrait trouver (étant donné la fréquence des individus G ou D) une proportion de couples hétérogènes (en DG) de 27 %; or on ne trouve que 24,4 %. L'influence de l'hérédité reste mince, aussi mince que celle que l'on pense pouvoir trouver dans la préhistoire ou chez les Chimpanzés. Cela n'empêche point que la latéralisation soit un phénomène normal et extrêmement important dans tous les groupes — et même qu'elle se fasse normalement en donnant à la main droite la fonction manipulatrice et à la main gauche la fonction d'appui. Il n'y a pourtant jamais eu de délibération universelle sur la prééminence de la main droite mais la société, en prenant le relais de l'organique a gonflé un trait qui était très secondaire, en a fait comme un os du squelette de la psyché, un élément de toute intervention manuelle. La primauté de la droite est même passée sur le plan religieux et moral, car elle s'est trouvée utile. Comme le grain de sénevé qui tombe sur une terre féconde.

Dans ce dernier exemple, deux remarques sont à faire. La première, que nous venons d'exprimer concerne l'influence du groupe qui précise et renforce un trait héréditaire afin de le rendre utile. Mais il faut aussi insister sur ce processus de renforcement, de structuration dirigée qui est déjà présent chez l'individu. L'enfant d'aujourd'hui, moins tenu par les traditions, ne reste point ambidextre, sa latéralisation se prononce peu à peu; les variations inévitables en fonction des conduites considérées laissent cependant fort visible une latéralisation plus prononcée chez les sujets les moins intelligents, en particulier vers 11-12 ans chez les deux sexes (plus tard, je ne sais pas), ce qui est très significatif du caractère non intentionnel de ce phénomène (voir *op. cit.* p. 229 et 233).

Nous tirerons un autre exemple de la même recherche, et il nous permettra de mieux envisager les relations entre les facteurs en jeu dans cette sorte de création d'attitudes générales non conscientes. Il s'agit de la dimension des dessins (voir Les dimensions des dessins, in *Bull. Psy,* mars 1966). Calculant ce paramètre capital qu'est, nous l'avons dit au chapitre 11, la variabilité — soit, rappelons-le, le rapport de la dispersion à la moyenne — sur les dimensions de dessins recueillis à chaque niveau, nous avons découvert une diminution extrêmement régulière de cette variabilité de la maternelle aux adultes sur les quatre dessins étudiés. Comment expliquer cette sorte d'homogénéisation du groupe, sinon par un processus qui, pour n'être point intentionnel, n'en est pas moins culturel ( ). Cette diminution

( ) Remarquons qu'on ne peut faire état ici de facteurs d'ordre caractériel de la même manière dont cela est possible pour les dimensions horizontales ou verticales, par exemple, comme le savent bien les cliniciens. Et signalons en passant que ces mêmes dimensions, d'après nos enquêtes (*ibidem*), augmentent régulièrement l'une et l'autre dans le groupe (du moins leurs moyennes). Il y a là aussi un processus fondamental, sans doute lié aux mentalités de chaque âge.

de la variabilité est d'ailleurs un phénomène courant dans les conduites intellectuelles — et même psychologiques, de manière plus générale — comme nous avons pu le constater dans un assez grand nombre de recherches concernant les attitudes conceptuelles ou les images; A. Laflaquière l'a vérifiée dans notre laboratoire pour 8 épreuves de reproduction d'images; nous en avions donné un assez grand nombre d'exemples en 1966 (voir note in *Du pied au bon sens,*

p. 26, la variabilité étant assimilable au P. E). G. Sounalet a systématiquement cherché et retrouvé cette même régression de la variabilité dans ses études en maternelle (*Genèse du travail à la maternelle*, Vrin, 1976) ( ).

( ) Nous avons rassemblé ces travaux et réflexions dans un ronéotypé de 1970, *Utilité, calcul et signification d'un indice de variabilité*, dont seule notre paresse a jusqu'ici retardé la publication.

Avant d'approfondir un peu l'analyse, débarrassons-nous d'une critique possible refusant de voir là des processus intellectuels. Il s'agit certes d'automatismes, mais aussi liés à l'intelligence lorsqu'il s'agit de la latéralisation que lorsqu'il s'agit de l'ordre et des dessins. L'intelligence se constate certes dans une rédaction, mais, avant de rédiger, il faut savoir orienter sa page de papier, son écriture, suivre des modèles (les lettres bien moulées, ou le célèbre AZERTY des machines à écrire françaises), distinguer nettement la gauche de la droite, etc. Automatismes certes que tout cela, mais, pour parodier un mot fameux de Leibniz, nous sommes des automates dans les trois quarts de nos pensées. Etudier l'intelligence, ce n'est point ne regarder que la fleur de l'arbre — disons la trop célèbre « créativité » — car elle ne serait rien sans les branches, le tronc et les racines. C'est pourquoi, dès que l'on ne s'occupe plus des différences entre sujets, de l'inégalité des intelligences, on manque l'essentiel.

Ces bases de l'intelligence, ces automatismes, comment se constituent-ils ? Nous le voyons mieux désormais à partir de ces quelques exemples. Il y a des processus non intentionnels d'assimilation qui donnent lieu à certaines manières de voir et de procéder, qui fournissent les fondements de l'intellect. Or, si ces attitudes et automatismes trouvent une légère source dans des prédispositions héréditaires — ce qui dépend évidemment des cas étudiés — ils résultent également de pressions à la fois empiriques (la seule expérience et ses coutumes) et culturels (la famille par exemple). Il y a là des éléments du squelette mental qui se sont constitués dans l'individu sans qu'il s'en aperçoive (et même parfois des éléments culturels), et d'autres qui ont été appris volontairement à la suite de décisions, qui sont le résultat d'activités fort conscientes ( ). Ou plutôt les parts respecti-

( ) Peu nous importent ici les parts respectives de l'inné et de l'acquis. Rappelons seulement que même chez les animaux peu évolués, le répertoire de leur activité n'est pas aussi fixé et invariable qu'on le croyait jadis, « les travaux réalisés sur divers Invertébrés ont montré que les comportements simples peuvent très bien être modifiés par l'apprentissage ! » Dans un ordre d'idées voisin, la structure nerveuse diffère d'individu à individu ; si « des règles générales semblent s'appliquer à tous les cerveaux de

Macaque, ... les détails de l'organisation varient d'un individu à l'autre et même d'un hémisphère à l'autre chez le même individu» (E. Kandel, p. 40 et Hubel & Wiesel, p. 92, in N° spécial sur le Cerveau de *Pour la Science,* novembre 1979).

ves de l'inné, de l'apprentissage non intentionnel et de l'acquisition intentionnelle varient d'un automatisme à l'autre.

5. Vers les attitudes intellectuelles

La vie de la psyché, répétons-le, n'est pas simplement une accumulation de strates ou d'éléments d'un puzzle; il y a des réactions rétrogrades d'une part, des interactions d'autre part. Si l'on ne garde toujours à son horizon ces principes premiers, on sépare, on coupe, on procède selon une vue analytique qui nécessairement fait disparaître non seulement une bonne part de l'intelligence (au profit des opérations, ou des réflexes, ou des pulsions), mais surtout ce qui en fait l'efficacité, ce qui en assemble les activités en une intelligence, en une personne, et sous le commandement d'un Je.

C'est pourquoi il est si important de déceler au-dessous des avancées logiques ou verbales, de moins en moins engluées dans le tout psychologique, ces fondements sur lesquels nous venons d'insister. Mais il faut aller plus loin encore et, rejoignant nos analyses antérieures, faire intervenir ici des atmosphères, des sentiments, des caractères qui orientent déjà les bases les plus visibles de l'intelligence ( ). Il

( ) L'erreur témoigne parfois aussi bien que la vérité. Ce dont font foi les recherches prenant pour base des raisonnements par syllogismes utilisés en France par S. Pacaud (*Bull. Soc. Psy.*) et aux U.S.A. par plusieurs auteurs (dont rend compte fort bien Oléron in *Traité de Psychologie expérimentale,* VII, 32 sq). Dans les problèmes posés à partir de deux prémisses, les sujets concluent souvent à faux parce qu'ils partent de ce que l'on nomme «l'effet d'atmosphère». Ainsi de: «Tous les x sont des y» et «Tous les x sont des z» on conclura que «Tous les y sont des z». Il y a là un exemple bien typique de ces bases d'attitudes sur lesquelles repose tout raisonnement. Inversement d'ailleurs on découvre aussi une «atmosphère de prudence». Ces recherches mettent très bien à jour cette substructure affective, ou plutôt cette masse affective et cette attitude de contrôle volontaire globale sans quoi aucune intelligence rationnelle ne pourrait progresser.

faut noter que la plupart des exemples que nous venons de relater supposent un certain penchant vers un ordre: vers deux ordres différents dans le travail de Cazayus, dans une constance d'orientation des dessins de chaque individu, dans une constance de latéralisation manuelle (ou oculaire, d'ailleurs). Il ne s'agit pas là de ces constances perceptives reconnues aujourd'hui comme beaucoup plus précoces qu'on ne le pensait, mais d'un goût pour la constance, pour le familier, le répété, l'ordre enfin que tout bébé manifeste presque dès sa naissance, par ses demandes ( ).

( ) Nous avons traité de ce problème de l'ordre dans un ouvrage à paraître constituant une sorte d'« analytique des prises » (en même temps que du rôle, du sentiment de réalité, du sentiment de Je, et d'autres problèmes que nous ne développons donc point longuement ici).

Or l'ordre, ce n'est point seulement, à ce niveau-là, le futur ordre que réclamera l'ordinateur, c'est un appui, un ami, une atmosphère : nous sommes encore dans cette mentalité affective que nous avons reconnue comme la source première des deux axes principaux de l'intelligence. On pourrait appliquer des considérations analogues au sentiment de la réalité ou, si l'on préfère, à l'attitude envers la réalité ; ou à l'attitude envers l'analogue qui mûrit aux divers niveaux de l'imitation — en se nourrissant de l'attachement, surtout de l'attachement à la mère — mais à l'origine de toutes les séquences automatisées comme de tous les projets, nous trouverions une même affectivité manifestée par des attitudes qui commandent elles-mêmes les activités intellectuelles.

La spécification progressive — mais non toujours nécessaire — de ces attitudes suppose, après la multiplicité psychologique première, une marche à l'unité non seulement dans ces séquences dont nous avons donné des exemples mais dans les concepts et les opérations dont l'étude est plus avancée.

Sur la conquête progressive des opérations de base, nous avons peu à dire après les travaux accumulés en particulier par l'école de Piaget. Mais il ne suffit point d'assimiler les catégories primordiales, causalité, espèce, lors de la logique et de la syntaxe, il faut analyser les modalités d'acquisition des concepts particuliers, démonter les mécanismes. Réaliser aussi par là même comment se peuvent constituer ces bases non verbales de l'intelligence dont nous avons dit l'importance. Puisque nous avons parlé plus haut de nos dessins orientés, reprenons-les pour montrer sur cet exemple un mode d'avancée vers l'unité conceptuelle qui est assez révélateur. Prenons deux types de dessins, d'une part des dessins d'animaux, d'autre part des dessins d'objets à manipuler et mesurons pour chaque type la fréquence des orientations à droite (D) ou à gauche (G) à chaque niveau chronologique. S'il n'y avait aucun facteur commun d'orientation, la fréquence des sujets pour lesquels l'orientation est la même dans les deux types de dessin s'obtiendrait par la simple règle de la probabilité composée en multipliant, par exemple, la fréquence G des orientations de dessins à gauche d'une part pour les animaux, d'autre part pour les objets à manipuler (G'): elle serait donc de GG' — et pour l'orientation inverse de DD'. Elle donnerait, pour la gauche comme pour la droite, la fréquence des sujets «parfaits» et l'on pourrait savoir, pour chaque âge, quelle est la proportion des sujets parfaits (soit en G, soit en D) donnée par la formule GG' + DD'. Ce calcul fait pour chaque niveau, on compare les accords théoriques avec les accords réels fournis par les sujets. Or l'on constate, depuis la maternelle jusqu'aux adultes cultivés, qu'apparaît puis progresse très rapidement une différence en faveur des accords réels, comme si se créait une sorte d'attitude générale d'orientation des dessins: à peu près nulle à la maternelle, cette différence, mesure de l'attitude commune, explique 37 % des accords au cours élémentaire 1re année et 50 % (sujets M) et 60 % (sujets F) chez les adultes. « Tout se passe comme si les facteurs spécifiques qui assurent la cohérence interne de chaque type de dessins entraient en jeu plus rapidement que le facteur général, mais perdaient peu à peu de leur poids, pendant l'adolescence» (*Les attitudes...*, 123).

Ce qui se montre ici, c'est d'une part la formation de certaines modalités conceptuelles (orientation de la figuration) en même temps que celle d'attitudes conceptuelles de plus en plus larges. Il y a ici un processus capital en jeu, processus qui ne se peut expliquer sans faire appel à des notions autrefois bien connues des enseignants — et qui expliquent aussi l'existence du facteur «*g*» des factorialistes.

Il existe une multitude d'attitudes intellectuelles, d'une ampleur variable, et composées aussi d'éléments variables. Dans l'exemple précédent, ressortent deux attitudes bien inégales. Une attitude d'ordre à la base de toute conquête d'une constance dans tous les domaines de la vie cognitive. Et une attitude très restreinte d'orientation de certains dessins. Il est assez clair que la première dépend avant tout d'éléments très primitifs, mais on sait qu'elle est reprise, étendue, nourrie par l'action éducative de l'entourage et de l'expérience: cela se voit même dans cette extension progressive d'un facteur général, donc d'une constance qui équivaut à une classification. Inversement cette extension aurait été impossible sans une propension à chercher des analogues, à rapprocher des représentations et les processus intellectuels qui leur appartiennent. Double mouvement donc: l'un qui enracine et propulse en quelque sorte la conquête d'une unité qui coiffe le multiple; l'autre qui, par ce processus même, accorde plus d'ampleur et de vigueur à la propension primitive.

S'opère ainsi, par la classification en concepts comme par la conquête de techniques d'activité intellectuelle (mais peut-on vraiment séparer les deux?), la construction ou plutôt la mise en place d'attitudes de plus en plus souples (comme un neurone qui élargit le nombre de ses synapses) et de moins en moins spécifiques. Il semblerait qu'il y ait là une sorte de contradiction, mais c'est justement dans ce double mouvement que réside la fécondité de la pensée humaine. Il s'agit d'une instruction, d'une culture, mais cette instruction, cette culture sont susceptibles de glissements. A côté du conditionnement le plus élémentaire, se montrent des formations progressives qui ne sont point uniquement ces figures qui jadis paraissaient la matière même du concept, mais qui ne sont pas non plus nécessairement et uniquement des séquences d'activités spécialisées.

Disons-le — ou plutôt redisons-le, car nous en avons longuement traité ailleurs — c'est toute une hiérarchie d'attitudes qui s'étend entre le pur sentiment (j'ai mal) et l'image obsédante, ou le geste maniaque. Nous laisserons ici de côté les attitudes, d'ordre plus personnel, étudiées ailleurs (*Psychologie des attitudes intellectuelles*), celles que nous avons par exemple groupées sous le nom d'attitudes de la route et d'attitudes de la maison. Non qu'elles ne commandent aussi l'intelligence, leur cousine, mais pour nous en tenir aux attitudes plus caractéristiques des activités de l'intelligence. Cela suffit à nous conduire vers des analyses assez longues pour en faire le chapitre suivant.

6. Note sur les relations entre l'intelligence de la rencontre et l'étendue-durée: la condensation

Avant de progresser de la sorte, arrêtons-nous cependant un peu pour jeter un rapide coup d'œil sur les relations de l'intelligence de la rencontre avec l'environnement immédiat ou, pour mieux dire, l'étendue-durée, prise dans ses diverses directions.

Dans les directions de la durée d'abord, et cela de deux manières. D'une part en soulignant les niveaux de la genèse; nous l'avons fait à plusieurs reprises dans ce même chapitre, n'y insistons donc pas. D'autre part en considérant que l'acte de cette intelligence, par son caractère global, accepte difficilement une longue procession de structures, au contraire du raisonnement. Il se concentre sur lui-même, il se resserre et, s'il saisit plusieurs éléments, c'est pour en composer un tout indivisible. On le voit bien dans un jugement de goût: un tableau est «composé» de sorte qu'il soit apprécié avant l'analyse du critique. Le beau, c'est d'abord ce qui plaît, ce qui «touche», comme rappelait Molière. D'où des bornes inévitables, et un territoire limité. C'est coup de foudre, mauvaise impression, saisie soudaine d'une signification dans un mot d'humour, vision prophétique, peu importe, il n'y a point là cet indéfini que comportent les chaînes d'arguments cartésiens. Même le motif musical est, dans son déroulement, goûté en son ensemble comme un beau visage.

Or cet exemple du motif musical nous conduit sur une piste neuve, car une symphonie, par exemple, n'est point simplement un motif, pas plus qu'une poésie n'est une unique image. Intervient donc ici une sorte de raccourci dans le temps, une prise instantanée d'une suite de formes liées entre elles. Penser qu'est belle une symphonie, c'est comme la replier sur elle-même, en faire un rouleau, de sorte que puisse être porté un jugement global. Comme si les arbres se cachaient dans la forêt tout en lui donnant son caractère sauvage ou domestique. Ce qui nous permet d'avancer ici dans notre analyse, c'est ce phénomène de l'anti-déroulement, du repliement, du resserrement, que montre au mieux l'intelligence musicale; il faut étendre les célèbres vues de Von Ehrenfels sur les Formes musicales à toute la symphonie. Cet élargissement se retrouve de même manière dans la peinture, et surtout la grande peinture classique, mais il paraît plus naturel, il ne pose point autant problème.

Cependant, la même difficulté se présente à l'enfant ou à qui manquent des aptitudes indispensables dans un cas comme dans l'autre. Le non-musicien peut bien goûter un court motif, mais l'ensemble lui échappera, il reconnaîtra seulement de temps en temps un motif connu, son intelligence musicale restera en mosaïque. Or, les psychologues en ont beaucoup discuté au début du siècle, devant une gravure l'enfant aussi peut se montrer incapable de saisir l'ensemble, il fait du «pointillisme» (et il est remarquable que ce terme même de pointillisme ait été en ce cas emprunté au peintre par le psychologue (Bourjade), comme si l'étude de l'artiste éclairait celle de l'enfance). Plus généralement il y a une formation par l'éducation de cette puissance de concentration, de cette condensation de la durée et de l'étendue: il ne s'agit point seulement de cette extension du champ spatio-temporel souvent étudiée, il s'agit d'un mouvement comme inverse, mais non opposé, qui donne plus de corps à l'instant psychologique, qui l'enrichit, qui l'embellit.

Pour varier nos exemples — ce qui contribue à mieux reconnaître l'étendue et l'unité de cette intelligence de la rencontre — disons que ce resserrement en un court instant et comme en un coup de foudre des émois amoureux, cette réunion en un unique jugement affectif de remarques et appels affectifs, ne va pas de soi autant qu'on le pourrait penser. Il y faut certes des qualités originelles, mais l'expérience et l'éducation jouent aussi pleinement dans cette condensation: on ne naît point critique d'art, ou amoureux, on le devient. Ce serait faire un mauvais sort à l'un ou à l'autre et se tromper de niveau que de faire intervenir seulement une spontanéité que l'animal possède aussi. Sans l'éducation de l'expérience, des livres, des échecs et des amours, l'intelligence de la rencontre serait bien incapable de mener à bien en une seule conduite ce double mouvement d'élargissement et de condensation de son jugement dans l'étendue-durée. Il y a là une démarche originale qui distingue bien l'intelligence de l'apprentissage — ce qui, dans les expériences classiques de laboratoire, se traduit par la chute lente des erreurs dans le premier cas, et une chute brutale dans le second.

Or ce rappel d'expériences classiques nous met en mémoire un autre fait qui va conduire cette fois à montrer que, pour originale qu'elle soit, cette condensation spatio-temporelle n'appartient point à une forme d'intelligence absolument à l'écart de l'intelligence rationnelle. Rappelons-nous la célèbre quatrième règle du *Discours de la Méthode*: «faire partout des dénombrements si entiers et des revues si générales que je fusse assuré de ne rien omettre». Dans une démonstration mathématique, il s'agira donc de faire en sorte qu'elle soit intégrale, qu'elle possède tous les chaînons nécessaires, que, en quelque sorte, les chaînons isolés se transforment en une chaîne; et l'on sait trop qu'un élève ne «possède» jamais vraiment une telle démonstration s'il ne l'embrasse comme d'un seul coup d'œil: l'assimilation — qui viendra plus tard et lentement — passe d'abord par une condensation.

Ce n'est point hasard si nos deux types principaux d'intelligence présentent cette parenté, c'est qu'en réalité elles s'aident sans cesse et se compénètrent l'une l'autre, comme nous le savons déjà.

Revenant à notre étendue-durée de la rencontre, nous allons cependant être conduits à mettre plus en lumière cette fois la limitation voulue au niveau humain (imposée au niveau animal, mais passons), du lieu-instant concerné. Alors que l'intelligence rationnelle, si l'on n'écoute le dernier conseil cartésien (et ce n'est point hasard si c'est le dernier) peut se prolonger en théologisme, en arithmétiques, en mondes infinis, et enfin se déraciner complètement, il n'en est point de même de l'intelligence de la rencontre qui, elle, conserve et défend l'égocentrisme original. Pour elle, comptent seuls la famille et les êtres familiers. Il lui est malaisé d'entreprendre des voyages vers les terres inconnues. Elle apprécie, elle savoure, elle déguste ce qui lui est proche, elle ne dépasse guère l'étroit champ de ses amours et de ses frayeurs, elle compense par sa pénétration, par la condensation de ses puissances, ce qui lui manque en horizons. C'est elle qui enracine l'individu, alors que le raisonnement le déracine. C'est elle seule qui peut engendrer les affections fortes, les passions violentes, les sentiments constants, alors que papillonnent les raisons objectives dans leurs farandoles passagères. Nous sommes sans doute là aux sources de la tragédie humaine elle-même; comme le notait Rousseau, le philanthrope croit aimer le monde entier, il n'aime guère ses voisins. Dont il fut d'ailleurs un magnifique exemple. Mais tendons seulement le doigt vers cette direction que nous considèrerons plus largement ailleurs.

Notons encore rapidement, sinon nous serions injustes, que c'est par son égocentrisme même que l'intelligence muette et globale consolide mieux la société. Son égocentrisme se traduirait vite par une instabilité affective, elle glisserait aisément vers une vie dans l'instant, vers un refuge dans un Moi déraciné, si elle ne choisissait plutôt (pas toujours!) des points d'appui sociaux solides. C'est elle qui vénère les rites et traditions, par réaction à son évanescence, par une sorte de complexe de l'instant, et dès lors son caractère affectif fortifie son enracinement comme nous le disions tout à l'heure. Une société vraie, une société solide ne naît point de raisonnements ni des argumentations qui entourent je ne sais quel contrat social à la Hobbes ou à la Rousseau, elle naît de racines bien plus profondes et, malgré leur manque de génie, beaucoup plus solides. L'intelligentsia peut bien susciter le concept de patrie, c'est l'humble peuple, la nation, qui vit et meurt pour elle.

Et qui meurt aussi parfois pour que cette patrie empiète sur celle des autres, ne l'oublions pas. Les rencontres entre peuples que nous fait connaître l'histoire engagent à la fois l'intelligence de la rencontre — et son sociocentrisme — et, par son intermédiaire, une intelligence rationnelle qui se fige trop aisément en caillots de sectarismes propres à des groupes clos sur eux-mêmes, condensés en commandos guidés par des stratégies sans souplesse, et par des idéologies resserrées sur elles-mêmes, où l'excessive condensation fait disparaître aussi bien la rencontre affectueuse que l'accord raisonnable.

Chapitre VI
L'intelligence comme stratégie

1. L'intelligence comme position et solution de problème

N'avons-nous pas fixé un but bien vague à la fin du précédent chapitre en voulant nous restreindre aux attitudes qui constituent l'essentiel de l'intelligence? Ne faudrait-il pas mieux savoir ce qu'est l'intelligence? Or, au chapitre II nous avons saisi la complexité du problème et refusé toute définition. Heureusement nous avons maintenant beaucoup progressé et nous éclairerons la question en avançant deux notions qui nous semblent également essentielles, celle de problème et celle d'attitude stratégique. Deux notions inséparables.

Ce qui vicie la définition de l'intelligence comme l'activité qui peut résoudre un problème, c'est que l'on pose la notion de problème d'une manière trop restreinte. Il nous faut ici revenir à la distinction — relative — entre deux types d'intelligence, l'une plus globale et plus axée vers les hommes, l'autre plus structurée et plus axée vers les réalités, quelles qu'elles soient. Des deux côtés nous trouvons problèmes et attitudes stratégiques.

Cette distinction tend de plus en plus à apparaître sous une autre forme dans les études qui portent sur les hémisphères cérébraux, l'hémisphère gauche apparaissant comme l'hémisphère du rationnel et le droit comme celui de l'intuitif. C'est là certainement trop dire et nombre de chercheurs ont signalé l'importance extrême du corps calleux et des commissures qui sont des ponts jetés entre les deux hémisphères, à tel point qu'on a pu dire que l'homme, c'était d'abord le corps calleux — ce qui est vraiment aller trop vite. Mais, toutes réserves faites sur les excès faciles en ce domaine encore trop confus, on ne peut nier, par exemple, que, en ce qui concerne la parole et le raisonnement, l'hémisphère gauche privilégie plusieurs aires (Wernicke et Broca en particulier); et les multiples expériences menées pour explorer ce que peut soit l'un soit l'autre des hémisphères une fois qu'on les a isolés (soit par scission du corps calleux, soit par des techniques plus récentes et moins traumatisantes) ne laissent aucun doute sur l'existence de deux polarités de notre pensée situées chacune dans l'un des hémisphères. Si nous nous sommes refusé jusqu'ici à utiliser ces travaux, et si nous refusons de nous en inspirer, c'est afin de tenter de fournir, sur un plan psychologique, des vérifications ou des hypothèses que le psychophysiologiste pourra utiliser sur son terrain.

Les relations découvertes entre les deux hémisphères — par exemple, à propos du raisonnement géométrique — nous imposent de chercher des ressemblances entre les processus en jeu de part et d'autre non seulement sur le plan physiologique, mais sur le plan psychologique. C'est aussi là retrouver, avec cette origine affective qui nous est apparue, une communauté de démarches dans laquelle il n'y aurait plus une intelligence, mais deux de la même lignée — sans compter les petits surgeons inévitables (comme en musique).

Tel est l'intérêt de la notion de problème. Si l'on s'en tient aux aspects purement rationnels, un problème correspond à un besoin de structuration, il appelle une construction, et même souvent un langage articulé. Il y a cependant une autre sorte de problème que connaît bien le clinicien ou le romancier: chacun de nous doit, en ce sens, résoudre son et même ses problèmes propres, professionnels, familiaux, amoureux, et la résolution, si elle utilise souvent la vie représentative, par exemple, dans la solution des problèmes financiers, utilise aussi bien d'autres voies ou plutôt d'autres vues (X est-il assez mon ami pour me prêter trois briques? Cela ne se démontre point!). Il ne faut point examiner longtemps pour constater que la plupart des problèmes de la vie quotidienne ne trouvent leur solution que dans des jugements globaux, j'allais dire dans des *jugements de goût*, qui expriment des attitudes caractéristiques de notre personne autant que des aspects des autres êtres. Nos vies psychologiques ne sont point des calculs mathématiques, mais une suite de petits drames ou plutôt de solutions de situations que l'on peut dire légèrement dramatiques. Nos décisions ne sont jamais le simple résultat de calculs, elles impliquent un risque, un pari; Descartes, ce prince de l'entendement, ne faisait-il pas remarquer lui-même que nous ne sommes jamais absolument sûrs qu'un aliment n'est pas empoisonné. Une décision est un *fiat*, elle crée du nouveau; elle n'est pas réductible aux solutions que donne l'ordinateur, quelle que soit la complication de celui-ci. L'ordinateur ne donne jamais qu'un *résultat*, il lui manque cette aptitude à choisir, ou plutôt à aimer plus une décision qu'une autre. Son problème est un faux problème justement parce qu'il ne peut se tromper. Est vraiment problème au contraire, ce qu'on doit deviner, créer, ce qui comporte un jugement portant sur des probables.

Il est remarquable que toute notre littérature, et aussi bien l'histoire que le roman ou la poésie, n'est jamais qu'analyse de problèmes de types variés. Ce sont là les célèbres «thèmes», c'est-à-dire littéralement ce qui est placé (du grec *tithêmi*) devant soi — ce qui est à peu près même chose que pro-blème (de *pro-ballô*). S'il ne posait des questions, s'il n'était sujet à des analyses, s'il ne «faisait problème», un thème ne serait plus qu'un lieu mort, non un lieu dont doivent partir des pistes en tous sens. Le thème de l'avare, par exemple, peut être présenté et analysé de manières différentes, et ce sera toujours là un thème sur lequel peut jouer l'intelligence du dramaturge ou du romancier. De même autour de nous tout familier, tout ami pose problème, est un thème pour notre intelligence de la rencontre, pour notre intelligence du cœur ( ).

( ) A y réfléchir mieux, ce mot de problème signifiant «ce qui est placé devant», «jeté devant nous», il implique surtout ce qui est par nous aperçu et met en mouvement notre activité, ce qui est considéré (au sens étymologique lui-même); ceci bien plutôt que le reste du monde: ce reste, que nous ne regardons point comme un problème, n'existe pas pour nous; toute vie psychologique est d'abord activité. Quelle sagesse dans la langue!

Le monde, et surtout le monde humain, est d'une effarante complexité : la célèbre antinomie kantienne nous fait envisager comme aussi impossible de fixer ou non des limites à cette complexité. Disons encore que le monde présente toujours du jeu par son caractère indéfini; que notre connaissance, par suite, reste toujours incomplète et ne se décide jamais que sur des données insuffisantes pour une conclusion absolue. Dire cela, c'est à la fois affirmer une «existence» du monde qui se situe toujours en dehors (*ex*) de nos visées, une certaine dépendance de notre propre être qui ne peut jamais contrôler complètement ses partenaires humains ou autres, et en même temps, une certaine liberté, une indépendance au moins relative de ces mêmes partenaires dont le filet ne nous cerne jamais complètement. Où se trouve le trou dans le filet, c'est là notre problème. Comment le trouver ? avec notre intelligence.

L'intelligence, c'est l'aptitude à mettre en jeu de manière utile tous les éléments, toutes les informations, tous les neurones, qui peuvent nous permettre d'assurer notre nature d'être libre, à quelque niveau que ce soit, de quelque pulsion primitive, ou de quelque élan autre qu'il s'agisse. La solution du problème posé par notre être-dans-le-monde, par notre appétit d'être, peut certes être trouvée à des niveaux inférieurs par des séquences physiologiques préprogrammées dans nos neurones; ce qui caractérise l'intelligence, c'est l'appel à une sorte d'investigation qui, pour trouver la solution, mette en jeu des neurones jusqu'ici en sommeil, des neurones qui paraissent inutiles, comme un surplus de neurones.

Cela est encore plus sensible lorsque nous considérons les relations entre humains : c'est là que se sent le mieux l'infinie variété des détours possibles, des modes de rencontre possibles. La réponse préintelligente la plus probable fut chez nos lointains, très lointains ancêtres, comme chez les animaux inférieurs, une réponse de type global, dépendant essentiellement du système limbique — et aussi aujourd'hui de l'hémisphère droit. On en retrouve le type le plus élémentaire dans des réactions du bébé qui sont bien connues, comme le sursaut ou les premières émotions (la peur de tomber, reste probable de la vie arboricole de nos ancêtres) et, plus généralement dans cette vie émotive dont, après Freud ou Wallon, nous savons bien aujourd'hui que c'est le rez-de-chaussée de notre maison psychologique. Or l'intelligence du cœur qui s'ensuit ne répond point d'une manière aussi précise, aussi sûre, que la machine à calculer; mais elle peut lancer beaucoup plus d'antennes sur le monde. Comme l'écrit bien Carl Sagan : « La pensée intuitive de l'hémisphère droit perçoit peut-être des formes et des relations trop difficiles pour l'hémisphère gauche, mais elle peut en déceler là où il n'y en a pas » (*Les dragons de l'Eden*, 204). Cette imprécision de la pensée globale — ne disons pas ici intuitive, ce qui pourrait tromper —, de la pensée affective, il faut en tenir compte à la fois dans un sens positif et dans un sens négatif.

Dans un sens positif, c'est par là qu'apparaît l'erreur d'une part, le Neuf d'autre part. C'est là un manque en apparence, mais aussi c'est la possibilité d'une exploration; passer auprès du but, c'est aller à côté, mais aussi c'est aller plus loin. Le détour apparaît ici, cette erreur de direction qui finalement s'avère efficace. Nous sommes à la source de l'Imaginaire et de la création. Le vagabondage de l'hémisphère droit, c'est aussi la possibilité de découvertes imprévues. Comme ces hardis aventuriers vikings qui se hasardaient vers l'Ouest. Nous retrouvons là une vérité bien souvent affirmée, mais dont on ne tient pas assez compte, par exemple dans l'éducation, c'est que la vérité ne naît que de l'erreur, mais passons.

Le sens négatif, c'est l'incertitude des relations humaines. Trop complexes pour être saisies — au moins dans leurs éléments individuels — par un calcul, elles ressortent extrêmement de ces vues globales qui nous intéressent. Avouons-le, les sciences humaines peuvent faire état de plus d'échecs que de réussites; pour connaître les individus humains, mieux vaut une sage combinaison des « humanités » (romans, théâtres, mémoires, biographies, etc.) avec une large expérience. Certes cela est heureux. S'il n'y avait un pari dans tout amour, où serait l'amour? On ne s'attache que si l'on est d'abord détaché. Si l'amour était un marché où le reçu devrait exactement égaler le donné, il n'y en aurait plus: « si je t'aime, que t'importe » dit le poète.

Si la formation affective des jeunes échappe ici, s'ils consultent plus souvent leur hémisphère droit que le gauche, si leur élan global dépasse souvent l'intervention des raisonnements, c'est que en ce point l'intelligence rationnelle peut difficilement être appelée en secours. Et cela nous mène maintenant à mieux éclairer et analyser celle-ci.

Pourquoi s'est-elle développée? Comment s'est-elle développée? Deux problèmes qui nous conduisent au cœur de l'Intelligence générale.

Le pourquoi est assez clair, la genèse de l'intelligence rationnelle part d'une analyse de la situation et d'un détachement — deux caractères nouveaux qui jurent avec l'intelligence primitive, artistique et mystique. C'est un mode cognitif nouveau qui, à l'origine du détour, vise aussi bien et même parfois plus les vivants et même les semblables que les autres êtres. Non seulement on le remarque bien dans les premiers détours des animaux prédateurs qui continuent la vue globale par maints caractères (les rôles de l'odorat, du vent, des images, de la mémoire à court terme, etc.) mais on le remarque déjà chez le bébé dont les cris et pleurs sont souvent autant de détours pour obtenir satisfaction de la part des adultes. Aussi pensons-nous qu'il serait faux de ne voir, avec Bergson, dans cette intelligence-là qu'un mode d'action sur les choses inertes. Cela n'est, au moins en partie, vrai que lorsque l'on passe à un niveau supérieur parce que l'intelligence rationnelle réussit mieux sur des êtres moins complexes et plus aisés à analyser, à découper. En voulant faire remonter trop bas la séparation des deux modes cognitifs, Bergson manque l'origine de la pensée rationnelle d'une part, et de l'autre, il rabaisse beaucoup trop bas la pensée intuitive — malgré ses efforts pour la rehausser par la suite à un niveau religieux.

2. La stratégie dans la rencontre affective

N'isolons point trop ces deux modes d'être intelligent. L'un et l'autre visent la résolution d'un problème, mais du côté de la pensée rationnelle des procédés très primitifs se sont beaucoup plus développés au point de masquer à la fois l'origine commune et les interactions qui sont fréquentes et importantes.

Si l'on veut comprendre le comment de l'intelligence rationnelle, il convient de partir d'une démarche qui se retrouve aussi, mais moins bien marquée dans « l'intelligence des autres ». Cette démarche, disons-le maintenant nettement, c'est la stratégie; et sa Mère, c'est l'attitude stratégique.

N'y a-t-il donc point de stratégie dans le monde affectif et global de nos relations non représentatives avec autrui? Et de quoi donc nous ont parlé tant de romanciers, de dramaturges et de poètes lyriques ou épiques, sinon des stratégies implicites ou explicites des amoureux, des ambitieux, des envieux, des jaloux, des avares, en un mot des passionnés et des hommes capables de sentiments vigoureux ou même faibles? Qu'est-ce donc que le flirt ou le marivaudage, et croit-on qu'ils puissent vraiment être programmés sur ordinateurs? La coquette sent plus qu'elle ne raisonne; et même le financier se vante parfois, lui aussi, de « sentir » la montée d'une action, alors qu'il en voit mal les raisons. Rarement sommes-nous conduits à des conclusions par des arguments d'une puissance absolue, et l'extrême difficulté des relations humaines ne fait que démontrer plus clairement la difficulté fondamentale de toute pensée. On sait combien nos affections doivent souvent à des impondérables, à un froncement de sourcil, au ton sur lequel une phrase a été dite, à une simple interjection, à une esquisse de sourire; à vrai dire, de tels impondérables ne prennent une valeur que parce qu'il y a déjà une atmosphère, favorable ou non, parce que j'ai déjà pris une attitude plus ou moins consciente de soupçon, de refus, de confiance. Il en est ici comme du célèbre coup de foudre qui ne germe que sur un terrain préparé. Dira-t-on qu'il ne s'agit guère ici de stratégie ? Ce serait ignorer la nature souvent extrêmement large d'une stratégie.

Nous l'avons déjà rappelé, chacun de nous a sa manière de rencontrer le monde, et je veux bien dire ici le monde en son entier ; c'est là le caractère, mais en le regardant sous cet aspect, on voit mieux la nature du caractère et, en même temps, on voit mieux d'où vient une stratégie. Car, au-dessous de ce caractère, chacun de nous possède aussi une certaine manière d'aller vers les hommes : ce pourra être là une attitude qui ne se réfère qu'aux hommes, non aux animaux ou aux vivants, et telle est en gros la position chrétienne ; mais l'attitude, la stratégie bouddhiste avec son « Tu es ceci » est tout autre chose, elle ne conduit point seulement à une autre vision du monde, à une vue théorique, elle conduit à d'autres manières d'agir ; une autre religion, c'est aussi une autre stratégie. Chaque croyant aime ou guerroie selon une stratégie collective, selon un fanatisme particulier, une mystique, un respect d'autrui propres à son groupe.

Comme il est des mentalités et des attitudes stratégiques propres à chaque groupe aux liens assez resserrés, il en est de même en chaque homme en particulier. Aucun amour n'est semblable, absolument semblable à un autre, même s'il subsiste toujours des routes communes. Aucune passion non plus, d'ailleurs, et c'est pourquoi on peut écrire des pièces ou des romans de caractère. Mais, en même temps, avec l'âge, c'est comme si le visage de l'affection, des affections, se modifiait lui aussi; non seulement chaque âge a ses passions comme ses amours, mais en un même homme, une même stratégie affective glisse, biaise un peu, se tord plus ou moins sur elle-même et parfois revient en arrière, faisant de l'idéaliste de la jeunesse le misanthrope des dernières années. A travers les changements on retrouve certes des caractères communs, parfois la même fureur, parfois la même douceur, souvent la même banalité, et le romancier qui suit, comme souvent en ce siècle, un héros à travers toute sa vie sait nuancer les constances avec la valse des buts.

Les arts nous apportent des exemples analogues, avec le même apport possible de facteurs représentatifs. Il n'est pas besoin d'être bon musicien pour reconnaître dans toute œuvre musicale une composition complexe et de complexité variable selon la nature des œuvres. Au niveau des bébés, les chants de nos nourrices se caractérisent par une attitude répétitive telle qu'elle sert à entraîner l'endormissement. En ce sens tout air musical reflète, dans sa structure sonore, beaucoup moins la suite de notes inscrites sur la partition qu'une certaine posture dynamique — « la qualité de forme » de Von Ehrenfels, créateur véritable de la Gestaltthéorie, mais qualité de mouvement encore plus que de Forme — une attitude en action; il y a là une unité qui se retient sans que l'on connaisse les notes, qui se peut transposer d'une tonalité à une autre tout en restant caractéristique : non point un ensemble, mais un vécu musical, un indivisible. De même toute véritable chanson possède son mode d'être, sa qualité vitale, qui commande le déroulement des émissions sonores; « Auprès de ma blonde » participe d'une autre attitude générale que la « Marseillaise ». De plus chaque chanteur a, par sa voix, par son tempérament, par son apprentissage, une stratégie qui lui est propre, une manière d'attaquer sa matière, qu'il s'agisse de la Marseillaise, du grand air de Carmen ou d'un Offenbach. C'est justement parce que ces stratégies — ce que l'on nomme des « interprétations » — peuvent varier, qu'il y a des chefs d'orchestre, et que la même symphonie commandée par deux chefs illustres varie parfois du tout au tout; on voit ici en passant comment la stratégie artistique se lie au tempérament.

La poésie nous présentera évidemment les mêmes opportunités d'analyse. A moins de la confondre, comme souvent aujourd'hui, avec une simple succession d'images — ce qui, après tout, est aussi une stratégie du désordre, comme nous en retrouverons chez les enfants — elle suppose des règles, et l'on y voit très bien comment se peuvent et même se doivent ici mêler les stratégies représentatives et affectives (l'entendement et l'imagination, disait Kant). Valéry a bien conté comment le rythme du *Cimetière marin* chantait dans sa tête avant qu'il n'en eût entamé la rédaction; et il ne suffirait point ici de parler d'un rythme décasyllabique, d'ailleurs soumis aux règles de la poésie la plus classique, car le rythme de Valéry lui est aussi propre dans le *Cimetière* que l'est le rythme de Chopin dans une *Polonaise*. Comme chaque musicien, chaque poète a son rythme, et celui de Victor Hugo se reconnaît aussi bien que celui de Brassens. Or il ne s'agit point là de simple prosodie, mais d'attitudes plus profondes dépendant elles-mêmes de deux facteurs essentiels : d'abord du tempérament et du caractère, de cette attitude que prend chacun dans la rencontre avec le monde, ensuite de l'intention particulière qui compose sa tonalité propre avec celle de l'individu; ainsi l'attitude prise pour composer un épithalame ne sera pas celle d'un madrigal ou d'une élégie, encore moins d'un chant funèbre. Et, en chaque cas, le poème en son entier sera commandé par cette attitude affective, comme la construction d'une victoire militaire l'est par une stratégie d'un autre ordre.

Tout ceci est bien connu, et nous ne prétendons point l'apprendre au lecteur, mais le rappeler, c'est bien insister sur l'importance des attitudes stratégiques et sur ce passage qui s'opère à travers elles entre des processus ordinairement étudiés à part. C'est en effet par là que s'opère et que joue l'unité de notre être, du caractère comme de la personne, et comme aussi de l'intelligence. Ce qui nous impose maintenant de mieux considérer la stratégie en elle-même, avant d'aller plus loin.

Chaque pensée opère une conquête et, en ce sens, chaque pensée est comme une guerre. Elle possède sa ou plutôt ses stratégies, puis ses tactiques et, derrière elles, sa logistique. C'est de ce côté-là qu'il va falloir nous diriger si nous voulons vraiment saisir non seulement le mécanisme de la pensée rationnelle, mais celui de toute intelligence, quelle que soit sa nature. Détournons-nous donc un moment vers ce domaine des attitudes stratégiques. Et même parlons plutôt des stratégies elles-mêmes; nous pourrons toujours, s'il en est besoin, revenir sur leur fonctionnement dans l'intelligence affective, l'intelligence de la rencontre.

3. La stratégie comme instrument

La stratégie, c'est originellement l'art du stratège, de celui qui conduit (*agein*) l'armée (*stratos*) ( ). Une opposition classique distin-

( ) *Stratos*, de la racine indo-européenne *ster III*, étendre, répandre, qui donnera aussi *strata* (latin) et *strada* (italien) pour la route (la *via strada*), et également construire et détruire, structure et instrument. C'est toujours marche en avant et conquête.

gue la stratégie de la tactique. La stratégie concerne la vue d'ensemble, la conduite générale de la guerre, les opérations de grande envergure; elle est plutôt l'art de faire la guerre sur la carte alors que la tactique joue sur le terrain, que c'est l'art du chef au combat. Il y faudrait joindre la logistique, « l'art d'ordonner les communications et le ravitaillement des armées, plus généralement leur condition matérielle... leur mobilité, etc. » (Thérive) et, si, selon le même auteur, cette « logistique » ne date dans l'armée que de 1936, nous verrons qu'elle date de nombreux siècles pour l'intelligence; mais de cela un peu plus loin.

La distinction entre stratégie et tactique peut s'envisager d'un point de vue *génétique*: c'est alors ce double mouvement de l'un vers le multiple et du multiple vers l'un que nous connaissons, l'un ou l'autre prédominant en fonction de l'âge, du sujet concerné, du caractère individuel. Nous pouvons sans doute dire que la tactique précède chronologiquement la stratégie parce que, plus liée au réel, elle y trouve un appui; elle apparaît déjà dans l'intelligence des situations chez les animaux, par exemple lorsque les moutons se rassemblent pour se défendre d'un fauve ou lorsqu'au contraire les loups se dispersent en éventail pour cerner une proie. La tactique est *engagée* et peut par là jouer sur des données purement perceptives, en fonction d'un hic et nunc, bien que commandée par des facteurs qui ne sont point encore au niveau de la vie représentative et de ses projets.

Logiquement cependant, la stratégie devrait toujours précéder la tactique comme c'est généralement le cas au niveau de la pensée élaborée: le général conduit son armée de manière à pouvoir engager le combat dans les meilleures conditions (en pays ami, non loin de ses lignes de communication, pendant la mousson, en hiver, etc.), mais c'est le terrain qui précisera ces conditions (dos au soleil, l'ennemi plus bas ou devant une rivière, etc.). Si les manœuvres de l'ennemi ne surprennent point, s'il est trop faible, la stratégie, en tenant compte des diverses conditions et savoirs (géographiques, économiques, politiques) pourra se préciser assez pour devenir un véritable programme. Si le général craint des résistances ou des contre-offensives, sa stratégie devra être plus souple; ce ne sera plus qu'un plan d'ensemble laissant une large place aux tactiques; elle aura du jeu. Mais, dans tous les cas la stratégie sera un processus éminemment mental, elle jouera dans un espace mental informé plus que dans une étendue des situations qui se présentent devant le tacticien.

Ainsi définie, la stratégie ne se trouve point au niveau animal, elle suppose un effort pour saisir un ensemble de données aussi complet que possible, une vigilance large, un domaine étendu et de larges horizons que ne peut fournir la situation concrète donnée par les existants. Sans doute le mot de stratégie reste utile au psychologue animalier, mais c'est là métaphore; c'est aussi métaphore lorsque l'expérimentaliste en use, par exemple, pour noter les mouvements de l'œil pendant l'exploration d'une structure visible. Les véritables stratégies prolongent certes ces sortes de pré-stratégies, mais elles opèrent sur un autre plan ( ).

( ) Il est dangereux de trop se fonder ici sur la continuité des processus moteurs à travers les niveaux et de nommer stratégies certains conditionnements ou apprentissages qui donnent naissance à des séquences de schèmes moteurs: ainsi lorsque, tapant à la machine, je marque les espacements des mots ou la ponctuation. Si l'on se laisse glisser en ce sens, on fera bientôt état chez l'animal de stratégies implicites et de syntaxes au-dessous même du niveau de l'intelligence sensori-motrice, par exemple, à la limite, ce serait une stratégie qui guide le trop célèbre Sphex lorsqu'il attaque une chenille.

Certes la stratégie ressemble fort aux opérations automatiques et en particulier à certains processus des ordinateurs. Mais elle ne peut être inscrite dans un programme que si elle s'est structurée, figée, dénaturée ou réalisée. Ce qui la caractérise, c'est justement cela: elle possède du jeu, elle garde du flou, elle n'est pas séparable d'une certaine attitude; à vrai dire mieux vaudrait ne parler bien souvent que d'attitudes stratégiques, car la distinction est ici particulièrement faible: il n'y a point d'attitude sans une certaine orientation, ce pourquoi toute attitude intellectuelle correspond à une position sur un des multiples axes de l'espace-temps mental; et inversement une pure structure n'est concevable qu'en mathématiques pures ( ) ( ). D'où

( ) Certes nous n'ignorons point les prouesses des ordinateurs en fonction de la multiplicité et de la souplesse des «stratégies» qu'ils peuvent employer. Nous savons que l'actuel champion du monde de backgammon est un ordinateur et que les ordinateurs ont constitué d'excellents joueurs d'échecs — bien qu'en cette année 1980, ce soit encore un homme qui l'emporte ici. Mais les prouesses de l'ordinateur sont limitées à un certain domaine, celui des structures définies, mathématiques, logiques et ludiques (pas en tous les jeux!). Il y a lieu de dire quelques mots sur ce point.

On a souvent montré que ce qui manquait à l'ordinateur, c'était d'être aussi le programmeur. Il faut faire attention ici, car ce terme de programme nous trompe dès que nous le rapprochons trop des termes d'intérêt ou de but. J'imagine fort bien une certaine destination ou un programme fixé par l'homme à partir de quoi l'ordinateur construit ses tactiques en descendant de plus en plus près de la structure cherchée — par exemple, par un resserrement progressif des limites, un enfoncement dans les groupements de possibles de plus en plus restreints — comme on le voit lorsque l'ordinateur joue aux échecs. Il y a là comme une stratégie, et la stratégie variera selon qu'il s'agira, par exemple, de répondre à un autre joueur d'échecs, ou plus simplement de rechercher une structure fine en descendant l'escalier de classes de moins en moins larges: il y a ici un ensemble de recherches en cours qui sont passionnantes pour les spécialistes. Mais la programmation première a des limites: elle est plus ou moins «profonde» en fonction de la difficulté du terrain ludique, ou disons plutôt de la complication des branches que doit suivre l'écureuil-ordinateur avant de cueillir le fruit (on parle alors d'étages et de profondeur dans la terminologie des spécialistes). Il se conçoit aisément qu'un même ordinateur pourra explorer beaucoup plus d'étages à des jeux simples comme le backgammon ou les dames qu'à un jeu plus compliqué comme les échecs (dans un article sur ce sujet, je trouve citées des profondeurs de 400 étages pour le backgammon contre 35 pour les échecs). Mais aussi l'on voit qu'il y a nécessairement là une limite qui dépend de la construction de l'ordinateur: en même temps qu'une perfection complète à l'intérieur de ces mêmes limites de profondeur, une incapacité totale au-delà de ces limites; l'ordinateur, quelque aptitude qu'on lui donne à jouer avec des probabilités, ne peut jamais se risquer au-delà de sa puissance, il reste défini, il ne parcourt qu'un territoire, un territoire structurable. Il lui manque cet élan vers *l'indéfini* qui reste le propre de la pensée humaine. Si l'on veut définir vraiment la stratégie — en l'opposant aux tactiques et aux automatismes — c'est justement cet indéfini qu'il faut rétablir. Et cela est très significatif.

En effet, avec cet indéfini, c'est *l'existence* même qui revient dans le domaine de l'intelligence, puisque le propre de l'existence, c'est justement de ne pouvoir être absolument défini, d'échapper toujours dans toutes les dimensions, d'y établir toujours « le silence de ces espaces infinis » qui effrayait Pascal. Il y a toujours de l'inconnu, de l'Autre, de l'inexplicable dans l'existant. Et plus encore dans cet existant des existants qu'est l'autre homme. C'est pourquoi l'intelligence de la rencontre peut seule opérer ici; elle y triomphe de l'ordinateur parce que, moins sûre, elle est plus vaste.

Limitée, elle aussi, dira-t-on, par le nombre des neurones et des synapses ? Certes oui, mais la différence n'est point seulement de quantité. C'est parce que les voies que suit la communication nerveuse ne sont point uniques et linéaires, mais dépendent de passages parallèles et variés, parce qu'elles sont très « redondantes », que l'intelligence de la rencontre est à la fois plus étendue et moins sûre: c'est cette redondance non seulement du tissu mais aussi des voies sur laquelle insistent depuis quelques années les neurologues qui en ont bien vu la plus grande efficacité: nous sommes dans un domaine qui dépasse celui de l'ordinateur le plus complexe. Celui-ci ne peut jamais jouer que sur des structures abstraites, représentatives, non sur des existants: il joue l'existant (dans un équivalent du monde mental et verbal, du monde de l'hémisphère gauche), il ne le saisit pas.

( ) Dans un passage auquel notre Introduction s'est déjà référée, Simone Weil a très bien noté comment la stratégie peut prendre finalement un caractère automatique lors du passage à l'application: « Pour prendre un exemple simple, il est tout à fait impossible, au moment où l'on fait une division difficile, d'avoir la théorie de la division présente à l'esprit; et cela non seulement parce que cette théorie, qui repose sur le rapport de la division à la multiplication, est d'une certaine complexité, mais surtout parce qu'en exécutant chacune des opérations partielles... on oublie que les chiffres représentent tantôt des unités tantôt des dizaines, tantôt des centaines » (*op. cit.*, 99-100).

résulte que, en un certain sens, toute attitude est stratégique, car elle dirige les conduites affectives, motrices, mentales; mais il serait inefficace de se diriger trop vers cette voie, il suffit de considérer en passant cette continuité puis d'insister plutôt sur celles des attitudes qui mènent à des stratégies bien définies, à des attitudes, qui ne se bornent point à créer des états d'âme, une certaine couleur des êtres et des choses.

Dans le cas des attitudes que nous dirons stratégiques, l'influence sur l'activité intellectuelle — qu'elle soit rationnelle ou affective — n'est pas discutable. La hiérarchie de ces attitudes donne seule naissance à cette classification des concepts qu'étudie déjà le Platon du *Sophiste* ou du *Politique* : face à une orange, je réagis peut-être autrement que devant une pomme, je prends une attitude captatrice ou plus indifférente; mais face à un tel « allèchement » du fruit, je serai rebuté par une plante à odeur fétide; ce qui ne m'empêchera pas de prendre devant les uns et les autres une attitude différente de celle que je prends envers l'animal, comme moi « ondoyant et divers », ou le minéral qui ne dit rien, ne sent rien et ne me fait rien sentir.

Nous gagnerons sans doute à chercher comment se constituent en stratégies ces attitudes floues, mais parfois vigoureuses, qui constituent notre être le plus primitif. Ce sera aussi étudier la naissance en nous d'une sorte d'instrument actif.

Instrument, attitude, stratégie, trois notions qui s'éclairent l'une l'autre. Nous avons trop l'habitude de considérer l'instrument comme un objet matériel, pelle, poêle ou machine à écrire; ce n'est là que l'instrument passif qui demande un artisan actif capable d'en user selon un programme qui convienne à cet instrument et à un environnement donné, selon une fonction. Nous sommes ainsi tentés parfois de rapprocher l'instrument de l'organe qui, lui aussi, remplit une fonction, et qui lui aussi est matériel.

Or, cet aspect, cette signification commune de la notion d'instrument est à la fois trop large et trop restreinte.

Trop large parce qu'elle mène à confondre l'instrument non seulement avec l'organe à travers une métaphore, mais aussi et cette fois sérieusement avec l'outil. Débarrassons-nous d'abord de cette confusion qui, malgré des distinctions assez nettes, revient parfois en certains ouvrages. L'outil c'est l'utile, et dans une certaine circonstance, ce peut être n'importe quoi, par exemple pour déboucher un petit tuyau encrassé ce peut être une épingle, une aiguille de pin, un brin d'herbe, une plume, que sais-je encore? C'est assez dire que l'outil vaut surtout sur le moment, qu'il n'a pas été « fait pour » d'une manière nécessaire. En ce sens bâton ou couteau possèdent, par leur polyvalence les caractères d'outils, même si on en use pour des fins imprévues. Bien plus, en un sens, tout instrument peut devenir un outil; mais l'inverse n'est point vrai.

L'instrument aussi est utile (outil par suite) mais il a été fabriqué-pour-quelque-chose, il suppose une « instruction », il n'est pas improvisé et comme instantané; il possède une fonction par lui-même, et cette fonction correspond à une certaine séquence de gestes, à une conduite orientée. Cette conduite instrumentale peut être précisée dans un « Mode d'utilisation » vendu avec l'instrument, ou elle peut avoir été apprise par une instruction venue des gens compétents, soit par une imitation, soit par une intervention directe d'un instructeur ( ). Par là l'instrument n'est point seulement collectif (ce que peu-

( ) Notons en passant, pour le pédagogue, comment ce rapprochement, que commande l'étymologie, de l'instrument avec l'instruction, éclaire mieux le rôle de celle-ci que tant de considérations étrangères, sinon étranges.

vent être certains outils dans certaines espèces animales), il est représenté, il comporte un double sur le plan mental. Il est un privilège de l'homme qui, le sachant utile, le conserve à la fois dans son stock matériel et dans son stock mental.

Nous sommes par ces derniers mots conduits cette fois à voir que notre représentation ordinaire de l'instrument est trop restreinte, car l'instrument n'est point seulement une sorte de levier matériel, c'est essentiellement une pensée, un être mental. Ce qui va nous mener d'une part à faire état d'instruments abstraits, d'autre part d'instruments actifs. Considérons d'abord ce dernier — que nous avons signalé ailleurs (*Les Sources de l'imaginaire*) — parce qu'il est plus primitif que l'autre.

L'instrument actif, c'est un vivant comme nous. Le premier exemple en est évidemment la mère dont le bébé apprend vite à user, et il est remarquable que le premier usage d'instrument — et même ici d'outil — soit aussi lié aux premières manifestations d'attachement : la tétée, utilisation d'un outil extérieur à soi — est aussi le premier attachement, on dirait volontiers réattachement car c'est comme un retour au cordon ombilical; on voit au mieux ici apparaître cette attitude dynamique qui nous paraît être la composante de l'intelligence. Il est vrai que la mère n'est d'abord qu'un outil, elle deviendra instrument lorsque, par-delà le réflexe et l'apprentissage qui le précise, la conduite envers la mère prendra un caractère d'échange, que chacun des éléments du couple non seulement jouera son rôle mais saura qu'il le joue et le doit jouer. Il y a là bien des passages à étudier sur lesquels nous n'insisterons pas. Ce qui nous est apporté ici, c'est l'évidence d'un lien entre l'attitude affective et le premier instrument — à partir de ce stade oral que Freud avait bien aperçu, mais qui doit être prolongé en même temps qu'élevé vers la représentation.

Peut-être pourrait-on considérer que ce fondement premier de l'intelligence ne devient instrument que lorsque apparaît un détour, lorsque la Mère est pensée comme être-pour, comme la réalisatrice, comme la Fée. La petite enfance, Alain y a assez insisté, c'est l'âge des Dieux. Ces dieux, l'enfant leur donne des instructions, il les commande par ses attitudes (sourire, cri, etc.), disons même qu'il les « domestique ».

Ce terme de « domestiquer » semblera sans doute ici un peu incongru, mais il établit seul la continuité entre la Fée, Blanche Neige et les Trois Ours, comme avec le chat familier. L'enfant naît sans doute dans une famille, dans une *domus,* mais ce n'est pas là une raison pour qu'il en prenne possession tout de suite; il lui faut domestiquer les êtres autour de lui, et, comme un jeune Prince, se faire sa cour, sa « maison ». Comme le jeune Louis XIV se fit ses courtisans-domestiques.

Il y a ainsi dans la première manifestation de l'intelligence humaine, de l'intelligence représentative, une prise de possession affective — et toute affection n'est-elle pas au fond une prise de possession plus ou moins forte, aussi bien lorsque l'on manifeste une attitude captative que lorsqu'on dit que l'on se donne, meilleure des ruses pour prendre. C'est que l'attitude intelligente est création, qu'elle réalise une chose nouvelle. Annexion de la piste d'abord sans doute, mais trop passagère pour constituer une représentation, ce n'est encore qu'un détour animal. Plus haut, annexion d'un objet qui perdure, à la fois d'un objet vivant, la Mère, et d'un environnement qui lui aussi se présente d'abord comme possédant des traits du vivant — et les garde dans les peuples primitifs. Annexion aussi d'hommes et d'animaux, et il y aurait lieu ici d'insister un peu.

On croit trop souvent que l'intelligence, c'est la marche en avant, que c'est la route. C'est aussi la construction de la maison, et un asservissement des êtres. On sait aujourd'hui que le rassemblement en un local était déjà pratiqué il y a environ trois millions d'années. Même si le local est provisoire, c'est un local collectif où l'on apporte le gibier à partager — et c'est la découverte récente du fait que, dès cette époque, nos ancêtres ramenaient, au moins parfois, leur gibier ailleurs au lieu de le consommer sur place qui a conduit à placer des conduites de partage, donc de groupe constitué, à une période aussi lointaine. Esclavage et domestication compléteront cette « maison », ce « domus » léger, mais bien des siècles plus tôt sans doute, la *domus* — qui implique une représentation d'autrui concertée — manifestait l'intelligence représentative en ses plus infimes débuts.

Les documents sont encore rares, certes, mais pour nous ce qui importe, c'est cette relation entre une chasse concertée (le gros gibier) et une maison qui l'a sans doute précédée. Il ne s'agit plus d'étudier une intelligence logicienne et désincarnée, mais une intelligence collective et affective. A nouveau nous retrouvons ce centre de notre recherche.

Dès lors aussi la notion d'instrument sera, comme nous l'avons dit, trop étroite, car il y faudra inclure les dieux et tout ce qui, dans un monde «autre», les concerne. Déjà, chez les animaux supérieurs le détour comme piste supposait une vision globale précédant l'action; de même l'usage des premiers outils, par exemple le brin de bois dont le Chimpanzé use pour pêcher les termites dans les termitières implique une certaine persévérance de l'image — et c'est pourquoi il lui arrive exceptionnellement de transporter son outil d'une termitière à une autre. Mais, avec la vie représentative et le projet qu'elle implique, l'instrument conservé ne reste tel que parce que s'est constituée une séquence de gestes et d'images qui vaut par elle-même, en dehors de toute utilisation. Je serais tenté de dire que l'outil se fait *jouet* pour devenir instrument, car ce détachement qui sépare provisoirement l'outil de son point d'application, qui lui donne du jeu en quelque sorte, c'est justement là le privilège du *jeu* humain. Ce qui est apparu, c'est l'aspect mental de l'instrument, et comme la règle du jeu. Par ce biais, l'on voit la notice d'utilisation de l'outil, non écrite puis écrite, se rapprocher intimement de la règle du jeu, et même en naître.

Rappelons une fois de plus une thèse que nous avons beaucoup trop souvent développée, la pensée représentative naît d'une imitation ludique. Si l'on admet cette interprétation des faits que présente l'étude de l'enfant dans les deux premières années, il s'ensuit que l'attitude instrumentale, c'est aussi à l'origine une attitude ludique. Et, nous y arrivons enfin, il en sera de même de l'attitude stratégique.

Ne confondons point tout. Nous sommes une fois de plus revenu à l'origine, non, à la naissance, de la pensée proprement humaine. L'être mental qui apparaît ici, ce n'est plus un être fuyant comme l'image, c'est un être qui peut être rappelé, qui persiste et qui, au cours de cette persistance, s'assimile d'autres êtres, se donne une extension compatible avec sa compréhension. Or, parmi ces êtres mentaux qui représentent le réel qui fut, ou copient le réel qui sera, parmi ces créations qui suivent d'abord des modèles, il en est qui peu à peu, et parce que c'est du jeu, vont s'évader et, dans ce vide des contraintes que fournit l'attitude ludique, vont se replonger, se tordre, s'élever, enfin dessiner le monde de l'imaginaire. C'est alors et alors seulement que peuvent apparaître les attitudes stratégiques.

Ne nous y trompons point, il ne s'agit plus seulement de rêveries, il s'agit d'un peu plus. Avec la vie représentative est apparue une spontanéité, une possibilité de s'affirmer comme original, comme autre; mais cet imaginaire-là ne peut jamais s'étoffer, c'est rêverie et les images y gardent une part importante, aussi bien visuelles qu'auditives et verbales. C'est par là que se perd la folle du logis, je veux dire la «créativité» ( ). C'est par là que s'ouvrent les routes multi-

( ) Il est remarquable que la «créativité» ait été étudiée avant tout à l'aide de tests qui ne sont nullement des tests d'invention véritable, mais des tests de la folle du logis. Chercher, par exemple, toutes les qualités que l'on peut donner à un objet, ou tous les objets auxquels peut s'appliquer une qualité, cela n'est point tout à fait inutile comme exercice de classe, mais, d'un point de vue psychologique, cela ne nous dit presque rien sur les aptitudes inventives qui procèdent plus rationnellement.

ples de la fantaisie la plus déchaînée. Le jeune enfant ne la déteste point, mais il aime aussi le familier, ce qui lui donne un sûr appui, et c'est de ce côté-là que se trouvent les attitudes stratégiques.

Arrêtons-nous ici un peu pour rappeler les belles recherches dans lesquelles P. Artemenko (*L'étonnement chez l'enfant*, Vrin, 1977) a découvert — et contre son attente — chez les enfants encore jeunes, une sorte de refus de la fantaisie sous la forme d'un refus de l'absurde. C'est que, et dès la toute petite enfance, l'étonnement, cette «admiration» qui, pour Descartes, comme pour Platon était le moteur de l'intelligence, est bien autre chose que la simple surprise brutale. Le nouveau peut aussi bien être un coup sur la tête qu'une découverte !

On voit mieux maintenant le sens et la nature des attitudes stratégiques et des stratégies qui en découlent. L'important ici, c'est l'orientation intentionnelle et continuée, ces deux derniers qualificatifs distinguant l'attitude stratégique des simples réflexes d'orientation dont on sait aujourd'hui à la fois l'importance et le caractère primitif. Une stratégie suppose une motivation d'ordre affectif. Elle n'est ordinairement en son début qu'une vague orientation mais intentionnelle et considérée comme inachevée. Elle constitue un passage élevé, représentatif, entre un désir (au sens très large de ce mot) et un programme d'action.

4. Etonnement et attitude de problème

Le désir en question est celui de résoudre un problème, et rien d'autre; peu nous importent actuellement la nature, le type du problème. Ce qui compte, c'est l'existence de niveaux et d'étapes successifs entre l'activation de l'énergie qui constitue le fondement de l'attitude et les gestes précis qui achèveront la conduite intelligente.

On peut aborder ce problème-là par plusieurs faces. Par une face historique, en suivant le développement de l'intelligence générale à travers les siècles et son passage des vues globales, de ce que A. Comte nommait l'âge théologique, jusqu'aux déterminations précises que réclame aujourd'hui le chercheur scientifique. Par une analyse psychologique non expérimentale selon un mode jadis classique. Par une étude de l'acquisition chez l'enfant des divers ingrédients de l'intelligence, c'est-à-dire des attitudes stratégiques et stratégies. Nous userons surtout des deux dernières méthodes. D'abord de la seconde pour mieux caractériser la stratégie et les modalités de la pensée qui, d'ailleurs de même origine, lui ressemblent. Puis de la troisième, sans trop insister sur les recherches menées sur ce point, ce qui pourrait constituer un autre ouvrage, mais en montrant à l'aide de quelques-unes seulement la ligne directrice des progrès de l'activité intelligente.

Le problème, de quelque type qu'il soit, se pose dans un sentiment difficilement définissable qui se mue en une attitude que nous pourrions bien nommer *attitude du problème*. Il y a là évidemment d'abord un élément de non-familiarité. Les termes d'étonnement (le Θαυμάζειν de Platon), ou d'admiration (de Descartes) semblent certes souvent un peu forts pour caractériser cet état affectif d'un type très spécial. Certes il arrive que le problème soit ainsi posé brutalement devant nous par une lettre, par une lecture dans un journal, par la parole d'un médecin, et l'on peut bien en ce cas dire que la pensée humaine naît de l'émotion, que la vie représentative procède d'une mentalité émotive. Gardons-nous cependant de procéder d'un pas trop large sur cette voie étroite. En certains cas ce sentiment primordial est bien loin d'avoir la puissance de ce que nous nommons d'ordinaire émotion : le sentiment du problème, tout en gardant quelques miettes d'affectivité, se caractérise plus par un élément d'un type original qui n'apparaît point de la même manière dans les émotions typiques. L'aspect affectif y passe au second plan et permet de saisir mieux l'aspect de problème : au lieu d'être un mouvement de tout mon être, la conduite se dirige alors plutôt vers un être neuf qui vient d'être «jeté devant» ma conscience. C'est pour cela que l'on ne peut confondre ce sentiment du problème avec les autres émotions ; c'est pour cela que Descartes précisait de son « admiration » que c'était une émotion intellectuelle, donc bien différente des autres.

Cela ne veut point dire que l'élément de problème soit absent des autres émotions ; bien au contraire, il est en leur centre, mais ce qui importe alors en premier lieu, c'est la coloration forte de ce problème qui lui vient de telle ou telle pulsion, de tel ou tel intérêt. Chez l'animal supérieur aussi se découvre ce moment d'étonnement, ce moment du Ah — bien signalé par Köhler — mais les conditions dans lesquelles se présente ce Ah ne sont jamais aussi neutres, aussi indépendantes d'un environnement réel. Le Ah primitif de l'homme, c'est une sorte de Ah ludique, ce n'est point seulement un obstacle qu'il faut contourner en vue de l'obtention d'un but, c'est un problème, une sorte de jeu qu'il faut jouer et auquel il faut gagner. Le sentiment humain du problème, en ses diverses intensités et ses diverses modalités, est inséparable du sentiment de prouesse qui est au cœur de tout jeu enfantin. C'est pour cela que l'enfant aime se poser des problèmes et les résoudre lui-même s'il le peut — mais aussi en interrogeant les aînés.

En d'autres termes, le sentiment du problème est en même temps pressentiment d'une possible réussite (c'est par là que l'étonnement vrai se sépare de la surprise). Dire qu'il y a un problème, c'est aussi croire en une solution. Il y a là une manifestation singulière de cet optimisme fondamental — signalé par A. Comte — qui sous-tend toute pensée humaine. Qui dit à son médecin qu'il « a des problèmes », c'est qu'il pense pouvoir les résoudre (sinon il n'irait pas chez le médecin). Certes il ne manque point chez les pauvres humains de moments et surtout d'affirmations de pessimisme, on en fait même des philosophies et des psychologies, mais — et ce dernier fait lui-même en est un exemple manifeste —, sauf des cas extrêmement exceptionnels, toujours luit un brin d'espoir, toujours l'on croit à une réussite possible, ne serait-ce que celle que constituent quelques heures de vie de plus ( ).

( ) Que l'on n'aille point penser cependant que nous ignorions ces sortes de culs-de-sac de la pensée qui mènent à des conditions suicidaires ou simplement désespérées. Mais le désespoir absolu, la vision globale et unique du Mal et du Malheur comporte souvent une part de comédie. Il faudrait joindre à ces cas exceptionnels un autre cas exceptionnel, qui se présente à des niveaux pulsionnels bien différents, et le plus souvent à des niveaux fort intellectuels, le sentiment de l'absurde, non de l'absurdité d'une figure, d'un raisonnement, d'une existence, mais d'un absolu d'absurdité, d'une sorte d'absurdité existante qui occupe le monde entier. Il y a là un état de conscience original très rare dans lequel ne peut même plus se poser le problème bien différent de l'absurde des philosophes (de Camus par exemple ou de Sartre) qui reste un négativisme de la raison, donc encore pris dans le raisonnement; c'est plutôt comme une existence intégrale et morte, comme si, passant derrière le miroir de la petite Alice on trouvait une nuit sans problème. Il m'est advenu une fois (lors d'un accident d'auto) d'éprouver ce sentiment de l'absurde, de non-problème, pendant quelques secondes, et cette expérience m'a profondément frappé; mais les psychiatres le connaissent bien chez leurs sujets sans cependant l'explorer en ce moment subjectif et comme absolu qui ne subsiste guère comme souvenir que chez le psychologue — ce qui est moins grave !

Par ces réflexions rapides s'entrevoit maintenant la manière dont l'attitude stratégique peut naître de l'étonnement original, puisque, en un sens, celui-ci est déjà un premier pas vers une solution, qu'il glisse vers une démarche constructive. A partir de là il y a lieu de préciser les étapes qui, au niveau de l'intelligence humaine surtout, conduisent du sentiment global d'un problème jusqu'à la réalisation intentionnelle qui, par une conduite intelligente, résout ou du moins tente de résoudre le problème.

Il y a d'abord à faire état d'une sorte de centration du sentiment premier. Quel qu'il soit, un sentiment primitif est global comme l'odeur de rose de Condillac (ou ce sentiment de l'absurde dont nous parlions dans la note précédente), l'odeur en son premier assaut, la douleur insupportable. Le premier détachement, c'est le passage à la Gestalt comprenant fond et figure, marges et centre. Il est vrai que ce détachement est aujourd'hui facilité chez l'homme par des mécanismes acquis par la lignée au cours de son évolution, mais, à côté de la plupart des Gestalten restent ces témoins, ces survivances d'êtres aussi lointains qu'ignorés qui n'avaient point encore franchi le seuil que marque l'acquisition de certaines Gestalten primitives (caractéristiques, en chaque espèce, de son ennemi, de son aliment, de son partenaire, etc.). Ce passage du sentiment global à une Gestalt est évidemment déjà un premier détachement de la figure par rapport au fond et un premier pas vers ce problème que posera la structure de la figure et ses relations avec le fond (champ ordinaire des éléments de la solution). Nous n'y insisterons point, les remarques précédentes suffisent à nous mettre sur la voie qui, d'une sorte de nébuleuse problématique nous mène vers le programme d'une résolution. C'est cette démarche progressive que nous allons examiner maintenant rapidement en suivant les notions avant de revenir sur les expériences qui permettent de préciser les conditions de cette démarche, l'acquisition des « machines » qui la meuvent ( ).

( ) Faute des considérations qui précèdent — et que, avec bien d'autres, nous avions exposées longuement en 1960 dans notre ouvrage sur *La Culture générale* — un auteur scientifique qui cependant évite de nombreuses chausse-trapes et ouvre souvent des voies neuves en vient encore à écrire : « Chacun connaît la boutade d'Edouard Herriot sur la culture : « ce qui reste lorsqu'on a tout oublié ». Il ne s'agit pas vraiment de tout oublier, mais de reconstruire, de réarranger l'ensemble des aboutissements intérieurs auxquels nous sommes parvenus » (Jacquard, *Au péril de la science* (1982), p. 113-4).

« Reconstruire », « réarranger », autant de termes qui marquent que, comme la plupart de nos contemporains, on s'en tient toujours aux structures et aux éléments, et en fin de compte au vieil associationnisme-structuralisme, ce qui interdit de comprendre non seulement la culture générale, mais aussi la nature fondamentale des concepts et de la pensée humaine elle-même. Toujours l'abstraction, les mots bien définis et l'ordinateur qui menacent, même là où on ne les attendrait pas !

5. Vers l'intelligence rationnelle

Toute activité intelligente use, certes, de l'intuition primitive, de la vue globale, de ce que la philosophie classique nommait la lumière de l'esprit, mais elle s'étend également sur deux axes, dans deux directions, sans quoi n'auraient jamais pu se développer ni d'une part l'intelligence rationnelle, ni non plus — ne l'oublions pas — cette intelligence affective qui est celle du vrai «psychologue». L'intelligence approfondit afin de trouver la solution du problème, mais en même temps elle prend ses aises, elle élargit le champ de conscience.

Approfondir, c'est là l'objet des célèbres règles cartésiennes. Concentrer l'attention vers un point. Cette démarche est particulièrement sensible lorsqu'il s'agit de *poser* le problème. Il ne suffit pas en effet qu'apparaissent une incitation, c'est-à-dire un étonnement au moins élémentaire, il faut qu'autour de cette incitation se développe un édifice qui est justement le problème. Souvent ce passage, cette prise de conscience du problème en tant que tel se confond avec l'étonnement premier, l'intellectuel est déjà dans l'affectif; mais dans les cas où d'ordinaire l'intelligence est le plus appelée à travailler, il n'en est point ainsi. C'est à partir d'une nébuleuse, d'un état général que je pose le problème — ce n'est pas lui qui se pose. La question première est: Qu'est-ce qu'il se passe en moi? Le «en moi» impliquant aussi un «dans ma conscience», c'est-à-dire dans le monde. Il peut s'agir d'un simple ennui, comme le croient ceux qui ont jugé que la pensée humaine ne devait son développement qu'à l'ennui (Helvétius): de là sont nés tous les jeux d'adultes qui, échecs ou rugby, posent des problèmes. Mais l'ennui peut aussi être déjà plus ou moins spécifié (ça ne va pas dans mon affaire, dans ma famille, etc.) et il est significatif de noter ce double emploi du terme ennui. Qu'est-ce qui ne va pas? est la seconde étape, l'attitude cherche à se centrer, à s'orienter, elle prend le caractère d'une stratégie, le problème premier étant ici curieusement de découvrir quel est le problème à résoudre, très souvent également de choisir entre plusieurs problèmes possibles: c'est ainsi que l'ennui des vacances m'ayant mené jusqu'à la montagne, je puis envisager d'escalader une face nord ou de prendre le petit sentier à travers les prairies.

Il semblerait que cet exemple fût trop particulier, mais là n'est point le cas et, avant de continuer peut-être son analyse, il faut faire une remarque importante, c'est qu'au fond la plupart du temps c'est l'homme qui se pose le problème, c'est même là son privilège humain (celui de rechercher une réussite, une prouesse sur un plan mental, qui est en premier lieu celui d'une imitation différée de soi). Il y a presque toujours un moyen de ne pas poser le problème, de vivre dans une certaine ataraxie (mais ce mode de vie aussi fait problème), de refuser de jouer, puisqu'en fin de compte les conduites humaines ne font jamais que prolonger la conduite ludique ( ).

( ) Cette activité du sujet se retrouve certes, mais seulement en apparence, dans les conduites d'animaux d'un niveau inférieur au niveau humain: toujours le problème est inséparable d'une activité du sujet, et c'est justement en cela qu'il est problème. Les conduites non intelligentes de réponse à une stimulation, depuis l'immobilité jusqu'à la fuite ou à l'attaque, ne constituent pas encore un comportement de réponse à un problème; il ne s'agit encore que de réactions simples, non intelligentes. On peut certes élargir les significations du terme de problème, mais c'est alors glisser vers une conception philosophique délicate, en ne séparant guère la vie et l'intelligence.

Or l'on est trop tenté de concevoir ici, avec cet approfondissement des attitudes stratégiques, une progression linéaire. Descartes nous trompe avec ses «chaînes» de raisons comme avec son analyse, son repli vers le simple le plus propice à une vision claire et distincte. L'intelligence — et même celle de la personne, Descartes en fait preuve — n'est point cette route de plus en plus profonde que suivent de bons raisonnements: c'est là intelligence de nos ordinateurs modernes. En fait, on n'approfondit point sans élargir. Il en est ici comme de n'importe quel creusement: si l'on n'élargit la surface du trou, à mesure que l'on descend, les parois ont tendance à s'écrouler. Une position de problème, comme une résolution, supposent aussi un élargissement plus ou moins marqué.

On peut bien concevoir, et nous l'allons faire, une suite d'attitudes stratégiques de plus en plus précises; tout progrès, tout pas en avant suppose une vue plus large par derrière, une suite de cercles qui se resserrent ou qui s'éloignent selon le moment mais qui sont toujours là. Ne pensons point trop ici à des strates accumulées, c'est une image médiocre qu'ont trop mise à la mode les théoriciens d'un inconscient à la fois mental et, pour une bonne part, atteint de langueur. Le terme d'implicite — qu'employait P. Guillaume — met mieux en lumière cette constante présence des horizons de l'acte intelligent. Il ne s'agit point là de «chaînes» de raisons, chaque chaîne doit être rattachée à son point de départ, et encore souvent soutenue pendant qu'elle se développe, si bien qu'il s'agit en fait d'une sorte de réseau qui, en un certain moment, se centre comme une toile d'araignée sur un point, et, en un autre moment, se peut centrer en un autre point.

Le terme de stratégie aussi trompera si l'on ne voit qu'il existe comme des stratégies qui créent ces «attitudes d'horizon» cernant notre problème. La stratégie n'est pas nécessairement une marche droit en avant, elle peut être exploration, retour, souvent elle procède comme une spirale qui se déroule.

Aux règles cartésiennes il faut ici joindre et même opposer les démarches prônées par Francis Bacon. Descartes creuse presque toujours au même point comme s'il était chaussé de plomb : Bacon aussi connaît cette nécessité du plomb mais il n'envisage point de recherche sans quelque envol de l'imagination, sans un *intellectus sibi permissus*. Non point une créativité folle, mais un élargissement qui usera de toutes les stratégies et tactiques possibles, qui procédera à partir d'une culture générale aurait-on dit au début de ce siècle, mais nous y reviendrons. Veut-on connaître la nature du feu, on mettra en jeu des techniques variées de transfert (à un autre matériau, à une autre force), de contrariété (comment le froid agit-il?), de modification de la présence, de la densité, etc. Peu importent ici la nature de ces techniques, leur organisation chez Fr. Bacon en «tables d'instances», etc.; ce qu'il a bien aperçu, c'est la nécessité pour l'activité intelligente d'élargir au maximum ses voies, de créer des stratégies, de chercher d'autres modes de preuve et de découverte.

On oublie trop d'ailleurs que la culture classique de l'élève, que sa formation culturelle, n'ignoraient point, et depuis Platon et ses maîtres les Sophistes, cette importance de l'élargissement. C'est à quoi répond le souci du contraire à envisager, aussi bien présent chez Platon que dans la pédagogie des Jésuites. La célèbre triade thèse-antithèse-synthèse si bien connue de la rhétorique classique et base de ces philosophies des «Maîtres-penseurs» fils de Hegel, correspond à un mouvement fondamental de l'intelligence qui approfondit en élargissant. Et ce n'est point uniquement par pauvreté d'invention et traditionnalisme sec que les dissertations des meilleurs élèves de nos grandes classes empruntaient si souvent cette démarche qui imposait dans une antithèse critique un élargissement de la thèse. Je ne veux point dire qu'il n'y ait pas d'autres moyens de procéder à un élargissement et approfondissement du problème ( ) mais c'est là

( ) Alain, maître en rhétorique, s'il en fut jamais, aimait jouer avec ces structures, mêlant la triade classique à l'utilisation de la série (inspirée, je pense, de Fourier), et passant ainsi d'un plan à un autre, sans même se soucier de garder la même conclusion. J'eus le bonheur — sans trop le mériter, je le crains — de connaître là ce qu'était le maître en formation de la pensée libre. Il faut commencer par se faire Sophiste, et inventer des moyens de jouer avec les idées. Ce qui n'empêche point — mais en un autre temps, comme dit cette fois Descartes — d'agir avec détermination. Tel fut Socrate, à la fois sophiste et citoyen-soldat.

un exemple dont l'histoire des idées nous montre assez combien il fut — et reste — privilégié. D'ailleurs, dire ainsi que l'attitude stratégique progresse à la fois dans deux directions, n'est-ce pas aussi dire tout simplement qu'il n'y a pas d'intelligence sans esprit critique? Banalité certes, mais qu'il ne faut point oublier lorsque l'on traite de l'intelligence.

Chapitre VII
Itinéraires et formes de l'intelligence

1. L'ouverture

Parler d'intelligence, c'est évidemment aussi parler d'invention, et, lorsque nous faisons intervenir les attitudes, comme nous le faisons, il ne s'agit pas nécessairement là de postures et comme d'une tenue de cérémonie. Il y a un peu de cela dans toute intelligence, et nous y reviendrons, mais toute activité intellectuelle procède d'abord d'une attitude ludique et par là, si elle suppose une règle, elle signifie aussi une recherche de réussite, de prouesse et de nouveauté. Reconnaissons d'abord qu'il y a une part de spontanéité liée au tempérament: il y a des esprits vifs parce qu'il y a des corps vifs. On a trop voulu, par un souci maladroit de l'égalité entre hommes, croire que tous les tempéraments étaient exactement aussi favorables à une invention intelligente (ainsi Le Senne qui, de plus, confondait caractère et tempérament). Chaque tempérament a ses avantages et ses désavantages, mais les avantages ne sont pas obligatoirement du côté de l'intelligence dans toutes les circonstances et tous les groupes. Il ne manque pas de groupes où l'intelligence, par son caractère d'originalité, a mauvaise réputation, où elle est soumise à un certain ostracisme, sinon à pire. Pour être autres que les dangers qui menacent les tempéraments amorphes, ceux-là ne sont point moindres. L'ouverture, c'est aussi un détachement du groupe, une recherche des risques à la fois dans le monde des hommes et dans celui des non-humains. Il n'est pas besoin de faire appel à la vieille malédiction qui accablerait le génie, à Moïse ou à l'albatros; au-dessous de ces princes-là, l'homme intelligent est facilement « déplacé » comme l'on dit, parce que détaché des raisons vulgaires. On a pu dire — Alain aimait redire ce mot — que dans un groupe le niveau de la conversation s'établit toujours au niveau du plus sot, la courtoisie l'exige; avouons qu'il y a du vrai dans ce mot grinçant, Socrate l'a vérifié à son dépens, et bien d'autres avec lui. Dans une foule, la bêtise est ordinairement un bouclier très sûr.

Tout ceci pour expliquer que des formes diverses du tempérament ont chacune leur chance de survie, que la sélection naturelle et sociale conserve, avec une sagesse certaine, des médiocres à côté des génies. En ce domaine comme dans tant d'autres domaines où jouent une évolution et une sélection, une certaine variabilité est utile au groupe et, autour des êtres de juste milieu, les marginaux jouent leur rôle qui peut être d'intelligence ou de solidité.

On conçoit donc qu'il y ait ici une part d'hérédité; elle ne suffit pas, mais c'est un potentiel, un point de départ et une prise. Cependant cette spontanéité a toujours besoin à la fois d'être sauvegardée et cultivée d'une part, réglée par des stratégies strictes d'autre part. La première condition concerne ce que nous nommerions volontiers des attitudes d'ouverture. D'ailleurs, en un certains sens, ces attitudes aussi réclament des stratégies. Ce qui revient à dire que l'invention, mieux que l'imaginaire, tire profit de certaines orientations.

Il y a une éducation de la liberté comme une éducation de la servitude. On apprend à découvrir, parce que l'on apprend à chercher. Savoir chercher, c'est l'un des savoirs les plus difficiles à acquérir. On a bien exploré ce savoir à l'aide de tests comme celui, justement célèbre, de « la balle dans le champ »: l'actogramme (tracé des pistes suivies) tracé sur le papier ou parcouru sur le terrain témoigne d'une simplification, d'une rationalisation progressive de la recherche: au lieu de chercher au hasard en entremêlant les pistes, l'enfant plus âgé procède région par région ou décrit des spirales concentriques, enfin s'impose une règle. C'est bien là une stratégie de la recherche qui naît, et il serait aisé de suivre son développement jusque dans la recherche scientifique.

Mais il ne s'agit encore ici que d'un problème isolé. Il importe que la démarche d'abord spontanée devienne plus orientée dans tous les domaines, et c'est là toucher le problème de la règle ou de la consigne que nous retrouverons tout à l'heure. Cependant il importe aussi que cette démarche de recherche reste souple, et que, pour ainsi dire, les stratégies isolées soient commandées par une stratégie plus large qui est d'ouverture. Toute une hiérarchie se compose ici, chaque technique inférieure et l'attitude qui la commande constituant comme un matériau vil au-dessous d'une attitude plus libérée. Cette constitution d'un réseau souple et comme d'une pyramide est le but de toute éducation libérale, comme de toute culture générale; mais elle présente, comme on le sait, un danger caché, c'est que les attitudes supérieures elles-mêmes tendent à se figer; à s'automatiser. C'est là le point bien mouvant où le doute se fait négativisme, et la critique contestation. Peut-être ce point correspond-il au danger majeur de l'intelligence; à cet entre-deux que Montaigne a si bien étudié — et Pascal après lui, dans une orientation bien différente malgré l'apparence —, à cette mentalité raisonneuse des théologiens, des sorbonnagres de Rabelais, des pédants, des fanatiques et bien souvent de ce que l'on nomme l'intelligentsia.

Il ne manque point d'exercices scolaires classiques dont le but secret est au fond cette culture de l'esprit critique, de la critique de textes à la dissertation (et le sujet n'importe point autant qu'on le croit). Il s'agit de «délivrer» comme dit Alain, d'apprendre à se mouvoir sans s'agiter, à comprendre d'abord avant de mépriser, et, comme les disciples de Platon (mais quand le temps s'y prête !), de savoir examiner toutes les faces d'un problème sans se presser de conclure. Le groupe des pairs est utile ici comme l'est le maître, chacun à sa manière car il ne faut point confondre les niveaux, ce qui est ramener au plus bas.

C'est évidemment en bonne part de la culture générale que, une fois de plus, il s'agit ici, et nous craindrions d'y trop insister — cet ouvrage n'étant jamais qu'un préliminaire à des pédagogies possibles — s'il n'y avait des trouvailles à y faire. La première est celle qui concerne l'aspect sérieux ou non de l'imaginaire qui est ici en jeu. Il semble à nos yeux que toute description de l'intelligence serait fort incomplète qui ne ferait intervenir ici le non-sérieux, l'humour, la plaisanterie, le rire. J'aime en Rabelais et encore plus en Montaigne ce mépris de ces individus qui savent tout, qui n'ont pas le moindre soupçon d'un doute sur eux-mêmes, qui se pensent capables d'aider autrui en communiquant leur savoir. Pédants de Sorbonne, dit Rabelais, mais Montaigne souligne le lien entre ce sérieux-là et le fanatisme; pour lui, qui se prétend d'abord philosophe (et militaire ! sans avoir combattu !) et qui l'est plus que nul autre, la philosophie commence par le refus généreux, et même parfois violent, du fanatisme, celui-ci ne procédant que d'un savoir trop sérieux. Si les *Essais* sont un sommet de la philosophie et de l'intelligence, c'est par ce sourire de Montaigne qui, souvent, allie à une ironie évidente une attitude de pardon. C'était un homme qui chérissait l'amitié, tout en étant très difficile sur ce point. Peut-être l'intelligence est-elle toujours quelque peu amitié, par cette ouverture au monde, par ce sourire au monde qu'avait sans doute ce Dieu inconnu auquel il arrive à Montaigne de se référer.

Revenons à notre analyse. Il y a une suprême intelligence dans le rire de certains grands hommes, de Molière, de Cervantès, de Goldoni, de Beaumarchais, de Pagnol. C'est que le rire franc, le rire qui se propage entre amis, c'est une ouverture, c'est signe que l'on est «d'intelligence». Certes il est des rires bêtes, et le simple sourire témoigne parfois mieux que le rire. Ce qui importe, c'est de ne pas sombrer dans le sérieux, dans le bourgeois, dans le donné, d'ouvrir la fenêtre par laquelle l'imaginaire souffle de l'air frais.

Il ne s'agit plus ici simplement du tempérament, mais aussi du caractère, et ce complexe d'attitudes est essentiel à la conduite intelligente, comme nous l'avons déjà dit plus haut. Mais c'est aussi un obstacle en un certain sens. Un caractère enjoué — s'il n'est pas excessif — favorise la culture; osons le dire ici à propos des attitudes qui nous intéressent, trop travailler nuit à l'intelligence, il lui faut un peu de rire, de paresse, de compagnie et d'affections.

Non que l'intelligence n'implique aussi un certain sérieux, mais c'est sérieux du jeu, respect du réglé, non fixation sur un sujet; c'est là tenir compte des horizons, de tous les horizons, étendre des attitudes de plus en plus loin, non se concentrer uniquement sur un centre ( ). En réalité, le terme de sérieux est très ambigu car il signifie

( ) Sur sérieux, voir le chapitre que nous lui avons consacré dans *Du pied au bon sens* (Ch. X: Le sérieux et ses contraires).

deux types de vigilance. La première, celle de l'intelligence seulement, est attentive aux à-côtés, aux suggestions de tout le champ, de tout le fond mental; il y a un certain décousu dans ce sérieux-là, il lui arrive de plaisanter, de jouer sur les mots, de se laisser aller à une paresseuse spontanéité. La seconde est particulière, elle joue sur un microcosme, elle détaille, elle fignole, elle peaufine; elle «pinouille» dit l'homme de laboratoire. Or la véritable intelligence va de l'une à l'autre vigilance, elle s'enracine et part en voyage parce qu'en voyage elle pourra peut-être trouver un engrais pour mieux s'enraciner. C'est vraiment une conduite bien curieuse que ce mouvement contradictoire qui la porte du centre aux horizons et inversement. Cette démarche est dictée par une attitude bien particulière, par une stratégie ouverte, si ouverte que c'est presque la première des stratégies, celle qui commande les autres; du moins est-ce la première stratégie de l'intelligence, concentration et détachement à la fois.

C'est cette souplesse et comme cette apparente contradiction qui fait le mieux comprendre les liens entre l'intelligence et le théâtre, rire ou tragique qui déroule des aspects différents d'une même pièce, comme avec les jeux qui refusent le hasard, du tennis aux échecs. Chez l'homme, l'intelligence, c'est aussi mouvement, mouvement réglé sans doute et un peu comme un ballet, mais mouvement qui ne suit pas une ligne droite en tous ses segments. Conciliation du droit et du courbe, de l'entendement et de l'imagination — mais je m'aperçois que, et ce n'est point hasard, je retrouve ici les mêmes termes par lesquels Kant caractérise le jugement de goût ( ). L'intelligence,

( ) Que le pédagogue ne cherche ici aucune préférence vers les disciplines littéraires. Il ne s'agit encore que de la culture générale, indifférente à son objet (au contraire des humanités), pour le développement de laquelle certaines disciplines sont plus indiquées que d'autres — mais—la plus forte corrélation obtenue en classes de 6e et 5e entre les diverses disciplines se trouve entre le latin et les mathématiques! ce qui, au fond, est assez naturel. Ce serait par ailleurs ne voir dans la science que ses résultats, que les exposés et non l'activité de recherche, que de faire d'elle une sorte de bulldozer qui progresse devant lui sans se soucier des obstacles! La culture générale — et par suite aussi l'intelligence générale — use aussi bien des sciences que des lettres, des arts et même de certains sports: le problème est de faire à chacun sa place. Et aussi de ne point oublier que certains actes ne doivent rien demander à l'intelligence, bien au contraire.

redisons-le, c'est un mixte, et la traiter comme une chose sans mouvement, sans rire, sans spontanéité, c'est la confondre avec le savoir, ou pour mieux dire, avec l'information. L'information, il est vrai, donne à l'intelligence son aliment, son matériau, ses bases, mais on ne peut diviser l'intelligence comme on divise l'information. Ce serait là ramener l'éducation à l'instruction, glissement facile aujourd'hui, et confondre la formation d'un esprit avec l'acquisition de ce que l'on nomme pompeusement des « unités de connaissance ». L'ouverture de l'intelligence, sa souplesse, elle est dans le moule, dans la réalité formelle, dans les attitudes stratégiques, fluides et fortes à la fois.

La vigueur de l'intelligence provient de l'organisation de ces attitudes, de leur vie à la fois propre et commune, de leur hiérarchisation et comme de leur géographie. Nous donnerons plus tard (et aussi, en annexe) l'exemple de quelques études faites dans notre centre de recherches. Mais il n'est pas mauvais de faire ici quelques distinctions, afin de mieux juger de l'imbrication et du jeu de cette sorte d'armée qu'est l'intelligence de tout homme.

Et, pour ce faire, nous ne prendrons point la démarche dialectique qui use de l'antithèse, mais la démarche en série plus convenable ici — et d'autres démarches vaudraient mieux ailleurs et pour des esprits plus intelligents que le nôtre.

2. Projet, plan, stratégie, programme

La progression en série est encore plus complexe que la progression triadique, malgré toutes les discussions auxquelles celle-ci a donné lieu. Il ne s'agit plus seulement de mettre en jeu une négation — et c'est sur cette négation que l'on a tant discuté — mais de faire appel à une sorte d'augment toujours renouvelé dans une même orientation. La suite des nombres et son schème de l'addition donne sans doute le plus clair des exemples; mais les augments peuvent donner bien autre chose que l'addition, car, dès qu'il y a une dimension réelle ou mentale, le passage d'un terme au suivant se fait par une intervention de cet augment caractéristique de la dimension envisagée; il ne s'agit plus de simple classification, ni de la démarche triadique, mais d'une sorte d'orthogenèse, comme disent les biologistes. Et, étant donné la multiplicité des dimensions mentales possibles, ce sont autant de démarches en série qui peuvent être envisagées. Les mathématiques ont usé sans cesse de ce type de démarche où une suite dépend d'une constante, par exemple d'une fonction à paramètres constants (et faire varier le paramètre donnera en outre une autre série), à dérivée constante, etc. Mais dans les « sciences humaines », l'augment dérivant d'une opération constante répétée peut être beaucoup plus varié et plus indistinct. Cependant, dans la plupart des cas, il s'agira d'une dimension d'ordre temporel, d'une dialectique diachronique et non synchronique, parce que la série est l'œuvre d'une pensée en mouvement.

Les attitudes stratégiques en général donnent lieu à de telles séries par lesquelles l'action finale se précise et finalement se réalise. Il n'est évidemment pas question ici d'envisager toutes ces séries, mais de tenter de dessiner la démarche qui est la leur et de fixer certaines étapes. Par la suite, nous traiterons rapidement de quelques recherches expérimentales précises pour illustrer nos analyses.

Or ce qui rend perplexe ici, c'est cette dualité des deux types principaux d'intelligence que nous avons poursuivis aux chapitres IV et V. Les étapes sont-elles les mêmes de part et d'autre? S'il en était ainsi, on ne pourrait plus parler d'intelligence, il vaut mieux dire que dans le type rationnel d'intelligence tout l'effort a été mis à préciser, à définir les étapes comme les articulations, et que c'est là même le propre de cette intelligence; au lieu que l'intelligence affective leur garde plus de flou, qu'elle refuse de s'encadrer dans des formes figées, de construire des garde-fous et des chaînes. Projet, plan, stratégie, programme, il y a là une sorte de série qui vaut tout autant pour les deux types d'intelligence principaux et qui, des deux parts caractérise une orientation temporelle de la première suggestion à la consommation de l'acte; il est certain que le langage commun n'utilise point deux classes de termes et de notions et que, par suite, il y a là entre les deux types de conduites psychologiques en question une communauté, qu'elles ont un tronc commun, qu'elles sont elles-mêmes «d'intelligence»; mais ceci dit, nous devons généralement nous garder d'appliquer l'une des démarches au territoire de l'autre, il y a donc lieu de comparer les analogies entre ces deux démarches distinctes.

Chez Don Juan il y a un plan, un style, une méthode et, à chaque nouvelle femme, un programme; mais Don Juan n'est point pour cela un mathématicien et, inversement, il n'est point possible de réduire ses démarches à une formule mathématique ( ). A lire un Casanova

( ) La célèbre théorie des jeux, comme toute théorie mathématique des décisions, concerne des groupes de sujets ou de décisions. Lorsqu'il s'agit de la décision unique d'un individu unique, elle ne peut aboutir, en raison de la complexité des facteurs en jeu, qu'en prenant en compte un nombre limité de facteurs constants (habitude, Q.I., amour des blondes, etc.): c'est bien peu encore et, dans ce domaine, l'ordinateur le plus puissant trouve ses limites. Le mathématicien parlera de manque de données, et le moraliste du «fiat» libre. Deux terminologies inconciliables.

— lecture précieuse et lassante pour le psychologue — on constate sans cesse l'intervention d'un événement imprévu qui déclenche la démarche et varie le programme, puis qui force, en cours de route, de le modifier. Si les relations humaines ont quelque valeur, c'est justement par cette part de risque, de jeu, de don qui supplée au manque de prévisions certaines.

Il y avait plusieurs moyens de geler ces relations humaines, de leur enlever tout danger. Le premier, qui fut celui des tout premiers hommes, comme l'avait bien deviné Rousseau ( ), était de vivre à

( ) Pour qui l'homme de la nature est bon envers son semblable en premier lieu parce que les hommes en petit nombre vivaient alors loin les uns des autres (ce qui, en outre, interdisait l'esclavage, la fuite étant trop facile). Aujourd'hui on estime que lors de l'apparition des premiers humains véritables, il s'en serait trouvé environ deux cent mille seulement (en Afrique orientale), autant qu'on puisse le savoir (Coppens, 1980), il y a deux millions d'années.

l'écart les uns des autres en groupes restreints, ce qui n'implique d'ailleurs point entre les groupes une nécessaire agressivité (pas plus qu'une sympathie, hélas!). Le deuxième était de constituer des traditions solides dans lesquelles enclore toutes les conduites: l'enfant emploie ce moyen, dans son amour de la répétition, comme Preyer le constatait déjà au siècle dernier, mais il en est de même de toutes les peuplades primitives — et même de groupes animaux — et, à un degré variable, des peuples modernes: la prééminence progressive de l'Etat, en remplaçant la loi coutumière par la loi écrite, ne fait que continuer dans cette direction. Le troisième était de régler ces relations humaines par la raison, ou plutôt l'intelligence. Ce troisième moyen lui-même suit deux pistes ou plutôt deux attitudes, comme nous le savons, mais de part et d'autres on bénéficie ou peut bénéficier des conquêtes faites sur le plan de la représentation: dans le premier cas, il refuse de décoller complètement l'instrument représentatif du mode antérieur de connaissance globale, et l'on trouve une démarche intuitive qui prévaut sur les représentations; dans l'autre, à l'inverse, la démarche représentative donne le premier pas à l'imaginaire et prolonge un monde mental qui, sans ces avancées en apparence vaines, serait trop restreint, elle joue ainsi avec toutes les possibilités que lui donne un détachement du réel plus franc, elle crée aussi bien le jeu de barres que les échecs, les théories des jeux ou des ensembles.

Le propre de cette seconde démarche représentative est d'éviter autant que possible les écarts et les incertitudes. L'intelligence rationnelle peut, parce qu'elle crée ou recrée son objet, parvenir à l'ordonner, à l'encastrer dans le puzzle de l'imaginaire scientifique. Il s'agit là de créer des réseaux, de formuler des règles, de mesurer, et le succès sera d'autant plus probable que l'objet étudié sera moins réel: par là reparaît à un haut niveau, une imbrication des éléments formels qui possède autant de réalité que les automatismes naturels: la loi donnée par l'équation du second degré pourra convenir à la chute des corps. Et lorsque l'on tentera d'appliquer les formes mathématiques aux existants, le succès ne pourra manquer, à condition d'appliquer peu à peu des formes imaginaires aux réalités, de faire des essayages comme le tailleur. On sait bien que jamais la chute d'un corps ne satisfera complètement, absolument, le modèle mathématique donné par l'équation du second degré, que toujours jouera quelque facteur de trouble, si minime soit-il, mais aussi on sait qu'on pourrait modifier le modèle pour y inclure ce facteur de trouble s'il se répétait.

Le malheur est que cette légère contingence, ce léger écart qui ne gêne point l'astronome ou le physicien — encore moins le théologien dont le modèle est très souple — s'agrandit énormément dès qu'on veut appliquer les modèles rationnels aux relations humaines. Casanova calculera, certes, mais il se fiera encore plus à cette intelligence intuitive qui s'est nourrie aussi bien d'expériences que de raisonnements, qui porte avec elle les connaissances des poètes, des romanciers, des chansonniers du passé. Son intelligence pourra donc suivre les mêmes étapes, mais en leur donnant plus de souplesse et plus d'efficacité. Comme lui, un diplomate ou un homme d'affaires, tout en utilisant des moyens rationnels, aura besoin de revigorer d'autres aliments sa vue globale des relations politiques ou commerciales.

L'avantage de la méthode rationnelle est son caractère inéluctable, sa simplicité; aussi l'adolescent s'en enchante-t-il facilement et, sans compter parmi les mathématiciens précoces et prodiges qui seront les grands mathématiciens, croit-il beaucoup plus aux arguments, aux raisonnements, aux conclusions que les vieux sages qui en ont entendu bien d'autres. Mais il oublie que, pour arriver à la Vérité, il faut s'installer loin des existants, dans le cabinet du mathématicien, et que l'application aux existants et même aux concepts des réalités comporte bien des risques. L'intelligence ne peut être la même partout, et là où elle use d'une intuition affective, la raison comporte plus de risques.

Ceci dit, restent des étapes comparables et nous ne pouvons nous dispenser de préciser quelque peu les termes et les notions qu'on leur applique ordinairement dans l'une et l'autre orientations de l'intelligence.

Un regard sur la passion nous aide un peu à comprendre toutes les difficultés de ce passage d'un simple projet à un programme précis. Il est bien vrai que, selon une formule célèbre, rien de grand ne se fait sans passion, mais c'est à condition que cette passion soit contrôlée, commandée, c'est-à-dire qu'elle n'en soit plus une, qu'elle ait pris force et sagesse en se muant en sentiment supérieur. Le passionné peut rester incapable de former un plan pour sortir de son problème, il ressasse alors, il rêve, il remue des images et des idées fixes, il enfonce son intelligence dans son désir. Il peut aussi inventer ces roueries complexes qui ne révèlent leur fragilité qu'en fin de course, et ce manque d'horizons, cette fixation, témoignent encore d'un défaut de l'intelligence, d'une incomplétude.

Prenons donc un exemple plus simple, celui de l'écrivain. Il y a d'abord un projet d'écrire. Disons d'écrire un livre sans plus. On parlera encore de projet si notre homme ne veut point écrire un drame ou un roman mais une histoire, comme le voulait d'abord Montaigne retiré dans sa tour. Le plan suppose autre chose, ce n'est plus un désir à peine orienté, l'attitude prend forme, il ne s'agit plus d'un voyage dans une nuée de l'imaginaire, mais d'une action qui commence et qui a l'intention de continuer jusqu'à achèvement. Et, avec ce plan, apparaissent, subordonnées au désir d'écrire, des attitudes nouvelles.

Comparons Montaigne et Descartes. Le premier refuse un plan véritable ou, si l'on veut, son plan est de n'en avoir point; mais il serait plus juste en ce cas, comme pour la «chasse de Pan» de Fr. Bacon, de parler d'une stratégie originale: le terme de stratégie, plus large, englobe aussi bien le progrès conforme à un plan qu'un progrès qui délibérément refuse tout plan; et ce n'est point hasard si, commençant son œuvre, Montaigne rassemble, lui aussi, ses faits, comme Fr. Bacon, mais ses faits, ceux desquels il veut composer son ouvrage, ne concernent point un problème particulier comme le feu chez Bacon, ils concernent tout événement curieux qui peut éclairer la nature des hommes. Point de plan ni chez l'un ni chez l'autre à ce niveau, mais une direction ou plutôt un certain éclairement des horizons; il serait possible de parler d'intérêts. Et cette diversité d'intérêts entre le chercheur de Bacon (d'ailleurs fictif, car Bacon est aussi intéressé aux hommes que Montaigne!) et celui de Montaigne, révèle également une différence de caractère. Mais l'un comme l'autre ont choisi une certaine stratégie et comme un certain jeu; ils me font penser à ces enfants qui jouent parfois à mettre le désordre, à casser, faucher d'un coup de badine les herbes d'un pré par exemple, ou à ces «politiques» qui cherchent d'abord à «déstabiliser» comme l'on dit. Ce qui est le plus caractéristique ici, c'est que cette stratégie est courte, faute de plan; elle reste aussi empirique que possible, elle peut même rester à cette étape, celle du curieux et du pédant. Mais, ne l'oublions point, Montaigne et Bacon gardent une idée derrière la tête: cela est moins évident certes chez Montaigne, mais on sait que, sous ce désordre apparent qui sera celui de l'écrit, il lui arrivera, comme dans son *Apologie*, d'obéir à un plan.

On peut introduire ici une autre notion, qui, cette fois, nous dirige vers Descartes, c'est celle de méthode. Descartes a son plan et sa méthode, c'est un homme d'ordre, et la lumière de sa raison est toujours incluse dans des chaînes de raisons. Son projet se fait vite plan : 6 parties dans le Discours, 6 Méditations, cette rencontre n'est sans doute point de hasard; et, loin de rassembler d'abord les faits, il commence par ce qui lui semble être le début, et avance en suivant des règles de sa méthode d'écrire, comme de penser; c'est un bon élève des Jésuites qui lui ont appris à composer à La Flèche. Là aussi le caractère — et ses acquis — transparaît : Descartes reste le militaire qu'il fut (au moins autant que Montaigne !) et le mathématicien qu'il restera : il calcule toujours — jusqu'à penser avant Leibniz à une caractéristique universelle —, c'est l'homme de la stratégie, non point perdu en elle mais en tirant tout ce qu'elle peut donner. Or, il n'est point indifférent de rappeler qu'à cette époque la recherche de la méthode est un des problèmes premiers des penseurs. Bacon aussi a sa méthode, mais — tant qu'il reste à la chasse de Pan — on reste malgré tout gêné pour parler, comme nous venons de le faire, d'une stratégie. Les deux notions sont très proches, il est vrai, l'une et l'autre dérivent d'une racine (*odos* et *strada*) qui signifient la route, mais si leur emploi est souvent indifférent, il ne l'est point toujours. De part et d'autre un ordre, mais plus ample et plus souple dans la méthode. Plus proche du caractère aussi, on dira bien un homme de méthode, difficilement un homme de stratégie. Surtout, et par cette ampleur même, plus abstrait, plus caractéristique du génie humain : d'où deux différences assez typiques. La première est que l'on peut bien parler de manière métaphorique des stratégies animales, par exemple celle du célèbre Sphex de H. Fabre, malaisément de leurs méthodes. La seconde est que la stratégie s'applique plus facilement que la méthode à un monde de réalités et de risques. Où le risque manque, où la voie est tracée, la méthode pourra être invoquée, non la stratégie : ainsi d'une méthode classique de lecture, parce que la place des lettres, leur succession, y est fixée — au lieu qu'une méthode globale plus moderne pourra envisager diverses stratégies.

C'est cependant, comme nous l'avons étudié au chapitre précédent, la *tactique* qui joue lorsque les armées sont face à face, non plus la stratégie. La tactique, c'est le coin enfoncé dans une bûche, non la mise en train du travail. Elle dépend moins d'un *modèle* que la stratégie, elle fait intervenir la vue globale, l'œil du général, elle évolue plus vite parce qu'elle colle à des réalités qui sont mouvantes, ne serait-ce que parce que notre propre action les met en mouvement.

Le *programme* est sur une autre ligne, parce que, au contraire du plan, il envisage d'être exhaustif, il prévoit à la fois des étapes temporelles chronologiques, spatiales, enfin toutes les dimensions qui peuvent être représentées, et même celle du geste (un programme d'exercices physiques). Il s'intéresse donc non plus au but comme le plan, mais au comment. Au contraire de la stratégie, il comporte une complète confiance en soi, une sûreté sans le moindre risque. Comme de bêcher un jardin.

3. Vers une expérimentation variée

Ne nous appesantissons point sur ces distinctions qui sont pour une bonne part comme instrumentales car elles nous aident à découper la conduite intelligente. Mieux vaut, revenant à la genèse de l'intelligence, ne pas oublier que, en un certain sens, toute conduite intelligente, et surtout dans les débuts du psychisme, est engagée dans le monde, et qu'elle correspond à un détachement qui s'opère dans le monde lui-même, donc à une création d'attitudes psychologiques, du type stratégique que demande toute action humaine prise dans le monde. Il y a ainsi une certaine parenté entre l'intelligence et le travail (non le labeur) qui supposent également, face à un obstacle, à un matériau, une reprise de soi et une libération personnelle. Dès lors vont intervenir des attitudes très précises que notre psychologie de l'enfant a explorées.

Nous n'envisageons pas ici ces attitudes larges qui commandent de très loin les attitudes stratégiques parce qu'elles sont inscrites dans le stock génétique, je veux dire ces attitudes vers un ordre, vers un familier qui feraient plutôt partie d'une «analytique des prises» recensant nos manières de prendre prise sur l'existence, que de cette «dialectique des œuvres» dont le présent ouvrage participe. Nous prendrons comme exemples l'acquisition de deux attitudes très particulières aussi nécessaires au travail qu'à l'intelligence dès la petite enfance (mais, répétons-le, l'intelligence en un certain sens est un travail, comme le comprenait ce chef primitif affirmant à un ethnologue que, lui, il ne pensait guère puisqu'il était riche).

La première est *l'attitude d'obéissance à la consigne* qui a été beaucoup étudiée dans notre laboratoire et qui a donné lieu à des résultats expérimentaux exposés par ailleurs (voir notre *Psychologie des attitudes intellectuelles*, p. 155 sq); il ne s'agit pas ici d'en noter les divers types, mais de souligner que, si cette attitude trouve des racines dans le sentiment de familiarité dont nous avons parlé plus haut, elle correspond à une acquisition proprement humaine opérée à partir de la deuxième année dans un monde représentatif. Chez l'animal ne se trouve jamais que l'obéissance à une injonction («Coucher!»), non la représentation claire d'une consigne et son assimilation effective. Par des exercices multiples, imités souvent des exercices classiques de la maternelle, on peut étudier la montée progressive de ce commandement pris sur lui-même par un sujet, d'abord dans la réalisation d'un modèle venu du dehors (non d'un commandement, mais d'une suggestion), puis d'un modèle interne — bien visible dans des «consignes additionnelles» ajoutées par l'enfant à la consigne donnée par l'adulte (voir G. Sounalet, *Genèse du travail à la maternelle*, 1976). Nous touchons là, expérimentalement le cœur même d'une éducation, car non seulement doivent passer par ce goulet toutes les règles de politesse envers les autres (le simple savoir-vivre se réduisant à un conditionnement pour une bonne part), mais aussi toutes les conduites volontaires dans lesquelles l'organisme et ses muscles obéissent aux directives mentales.

Une autre attitude capitale, étudiée dans les mêmes recherches et à laquelle nous avons consacré ailleurs une analyse indépendante (*Mélanges Vexliard*, 1983) semble encore plus caractéristique de l'intelligence humaine. En réalité elle n'est que l'une des filles de l'attitude d'inhibition volontaire, elle-même dérivée de l'attitude d'obéissance à la consigne : c'est *l'attitude d'achèvement*. Caractéristique du travail, elle n'intervient pas moins dans l'intelligence, et, par cette situation duelle, elle nous impose de considérer un peu les relations entre les stratégies de l'intelligence et celles du travail.

Qu'un travail doive finir, cela est assuré, sinon il ne donnerait plus lieu à une œuvre (divisible en tâches), ce ne serait qu'un labeur. Mais en est-il de même de l'intelligence? Nous faut-il envisager aussi pour elle des stratégies de clôture du problème. Remarquons d'abord que, lorsqu'il s'agit d'un travail, sa limite est donnée d'avance par la représentation de l'œuvre (planter ce carré de poireaux) mais qu'il n'en est pas toujours de même d'un problème: à côté de problèmes fermés, il peut y avoir des problèmes ouverts. Et peut-être devons-nous alors faire état de stratégies et d'attitudes stratégiques originales.

Ces deux attitudes larges de la consigne et de l'achèvement sont inséparables. Elles délimitent le champ à explorer, elles donnent une consistance à la conduite intelligente; au fond, d'ailleurs, la seconde n'est qu'une forme particulière de la première : comme la première condamne l'instabilité, la distraction, la seconde condamne la persévération et la paresse ; la première concerne toutes les régulations, la seconde ne règle que la dépense d'énergie. Il est également clair que ces deux règles ne donnent pas une base suffisante à l'activité de l'intelligence. Il manque encore l'énergie primitive, la spontanéité de la folle du logis, et, dans les actes de celle-ci, un effort d'expansion dans toutes les directions et même en arrière. Ce dernier point est au fondement de l'esprit critique indispensable à toute intelligence. Il ne s'agit point de changer la direction de la marche, mais de ne pas s'en tenir à une règle trop rigide, ce qui serait perdre une part des possibilités selon lesquelles peut jouer l'énergie mentale. N'oublions pas que nous sommes d'abord — et, par la représentation, restons toujours en un sens — dans le domaine du jeu. Or celui-ci ne serait plus jeu s'il n'y avait comme un contre-jeu, une possibilité de prendre ses distances. Le Oui n'a de sens que par une possibilité de Non, sinon c'est l'entêtement de l'automatisme. Ceci pour dire que l'esprit critique n'est point né d'une autre source que la régulation par la consigne ; que c'est justement par cette sorte de contre-consigne que la consigne garde sa valeur. Il n'y a pas deux démarches de l'intelligence dans ce sens-là, il n'y en a qu'une qui comprend en une sorte d'union substantielle consigne et critique. Sinon ce n'est que le conservatisme effrayant — bien que parfois nécessaire — des opinions toutes faites ou toutes défaites. Même enfoncement dans une glu qui change seulement quelque peu de teinte.

L'intelligence n'est pas une grande route imposée par la loi de l'intellect, c'est un cheminement par des sentiers cachés dans une forêt plus ou moins fournie. En certains cas, ce qui intéresse, c'est de trouver le chemin vers un certain but X ; en d'autres cas, c'est de toujours s'élever en suivant les sentiers ascendants ; enfin ce peut être simplement de se promener dans la forêt et comme de jouer avec les sentiers. Toujours il reste du jeu dans cette persévérance, et toujours il faut faire un choix. L'image classique de la forêt cartésienne où l'on cherche sa voie, ne met pas assez en relief le mélange de détermination et de doute que comporte l'intelligence. Celle de la mer où le barreur doit toujours faire attention à la vague est plus juste, car l'intelligence fait suivre de longs moments de marche selon une règle à des moments de méfiance et de décision. Même s'il faut suivre une règle générale — comme de toujours monter dans la forêt ou de viser le Nord, il est des moments non prévisibles de loin où doit jouer une intuition, une vision, un sentiment, où paraît au mieux la forme la plus éclatante de l'intelligence. L'espace mental aussi est rempli de ces points de décision où intervient un fiat et un risque d'erreur. Il ne s'agit point, sauf par extraordinaire, de grandes décisions, mais d'éclairs plus ou moins lumineux qui illuminent une part de l'étendue à parcourir. Succèderont peut-être des heures de marche lasse où la pensée ne se posera plus de problèmes réels et où subsistera seulement un horizon directionnel, une orientation à peine consciente; mais cette part des séquences automatiques conformes à la règle représentée varie d'une résolution à une autre. Il est des stratégies qui demandent une continuelle attention et d'autres qui demandent seulement que, de temps en temps, on regarde si la barre n'a pas gauchi.

Dire cela, reprendre cette analyse assez classique, c'est ouvrir la possibilité de stratégies parallèles parties du même point et obéissant à la même règle générale. Un des caractères les plus importants de l'intelligence nous semble justement résider dans cette diversité possible des stratégies et des voies. Si nous voulons fixer des intensités d'intelligence, il ne s'agira plus de mesurer des informations, mais des choix ou plutôt le développement des choix. Résoudre un problème, de quelque nature qu'il soit, c'est toujours prévoir plusieurs stratégies qui se séparent en un ou plusieurs points, c'est, comme l'on dit, faire des hypothèses, c'est faire jouer des pistes imaginaires. On pourrait considérer à partir de là que la forme la plus élémentaire de l'intelligence est la conduite par essais et erreurs: lorsque dans un labyrinthe un rat explore chaque cul-de-sac avant de trouver la bonne voie, c'est là comme autant de stratégies. Mais, nous l'avons déjà dit, on prend sans doute alors le terme de stratégie comme métaphore. Même si, comme on le sait depuis Tolman, l'apprentissage n'est point d'ordinaire un simple automatisme, s'il implique une décision consciente, si même parfois il implique une saisie globale du labyrinthe comme d'un territoire, nous ne sommes point encore dans le domaine de la représentation et du jeu — ou, soyons prudent, si peu que cela ne dure guère. Autrement complexe est, chez l'homme, la pluralité des stratégies parallèles, et leur redondance.

Lorsque nous avons utilisé chez des enfants ou des adultes des épreuves d'attitudes stratégiques ( ) nous avons été frappé par diver-

( ) A la suite de divers accidents, une très petite part de ces travaux seulement a été publiée (dans les ouvrages cités plus haut); la plupart avaient été rassemblés dans un ouvrage qui n'a pu paraître dans les conditions fixées, et doit maintenant être amplifié des nouvelles expériences poursuivies par mes anciens collaborateurs et collègues. On trouvera en annexe des exemples précis parmi ceux que nous avons utilisés comme simple illustration des présentes analyses.

ses remarques, et divers résultats. Il ne s'agissait point tant de ces derniers en tant que mesure de l'intelligence; sans doute ne concordaient-ils pas mal avec les résultats scolaires (plus que les tests classiques de Q.I.) d'une part, d'autre part — mais sans excès — avec les épreuves inspirées de Piaget; c'est cependant l'observation du comportement du sujet qui était la plus révélatrice. Non point tant son aspect caractériel, souvent extrêmement instructif, mais les stratégies utilisées. La diversité des comportements de deux professeurs de niveau extrêmement élevé était par exemple révélatrice, l'un cherchant la performance rapide et l'autre s'amusant à multiplier les solutions — d'où des temps très différents, le second sujet retrouvant les temps records d'un adolescent névropathe. Deux types d'intelligence se révélaient ainsi très nettement d'une part chez le psychophysiologiste pratique, d'autre part chez le philo-psychologue homme de lettres: deux hommes tous les deux d'une intelligence exceptionnelle et également vive, sortant du même laboratoire et formés selon des voies qui finalement congruaient.

Cet exemple choisi — mais précisé par la suite par des recherches plus amples — nous mène à faire une large place non seulement à la distinction entre deux directions de l'intelligence sur laquelle nous avons insisté dans les chapitres antérieurs, mais aussi à des types qui se distinguent par le nombre des stratégies. Au niveau de la maternelle, nous l'avons dit, apparaissent déjà des règles additionnelles portant sur un même problème. Ici l'expansion de l'intelligence est cette fois recherchée dans le nombre de règles — de stratégies — aboutissant au même résultat: il ne s'agit plus d'ajouter, mais de doubler, de tripler, de varier les solutions. Le problème ainsi posé est bien différent du problème posé par les tests dits de Q.I.!

Il nous faut insister un peu sur ce point qui nous ramène à la mesure. Des tests de Q.I. ont été conçus à l'origine pour un dépistage rapide des sujets handicapés; ils en ont toujours gardé le caractère. Pour les améliorer, on a plus cherché à multiplier le nombre des items, des demandes, qu'à prolonger l'une de celles-ci. Il s'en est ensuivi que l'on a glissé vers une étude des informations et que les épreuves faisant appel à des stratégies vraiment intelligentes ont été très rares et, lorsqu'elles ont été utilisées, gardées dans le domaine de la psychologie expérimentale. Il fallait changer complètement de méthode ( ).

( ) Et d'abord prendre assez de temps pour la passation d'épreuves assez longues, pour que s'y montrent des stratégies; ne pas procéder si aisément en « temps limité » ce qui est privilégier un style d'intelligence, mais toujours laisser beaucoup de temps au sujet aux prises avec un problème qui exige de lui des initiatives stratégiques. Or n'étaient-ce pas justement là les caractères de ces anciennes épreuves, des problèmes de géométrie complexes aux dissertations (et devoirs divers à faire en dehors du support scolaire), que l'on a abandonnées avec si peu de succès ?

Quelques recherches ont déjà porté sur des problèmes particuliers, Brunner — qu'a continué chez nous Bajard — a ainsi distingué, dans la recherche de celui de divers boutons qui était efficace, la stratégie au hasard, celle qui procède en recommençant par le bon bouton de l'épreuve précédente ou celle qui repart du début de la série; on a cherché également à établir un ordre génétique entre ces stratégies, mais sans grand résultat en raison des importantes variations de sujet à sujet. Dans un excellent article (*Enfance*, 4-5, 1976), Lambert, de Liège, travaillant sur des handicapés à l'aide d'épreuves discriminatives analogues, oppose les conduites persévératives, les conduites d'alternance (entre deux figures) et les conduites positionnelles; faisant référence aux travaux antérieurs sur ces conduites portant sur des sujets normaux, il remarque bien que « le problème important n'est pas de déterminer exactement si le passage d'une conduite persévératrice à une autre s'effectue à 5 ou 6 ans d'âge, mais comment s'effectue cette transition » (p. 442). Il s'agit d'abord d'établir les grandes lignes de la genèse des stratégies.

Mais une autre remarque de Lambert, rejoignant à l'autre bout de l'échelle des intelligences l'exemple que nous citions plus haut, montre bien la complexité du problème : « la stratégie d'erreurs prédominante développée par un sujet au cours d'un apprentissage discriminatif est présente dès le début de la tâche » (441). C'est faire intervenir, outre la genèse, la différence entre types de sujets. Il y a lieu, en effet, et surtout au-delà de tâches simplement discriminatives qui n'engagent qu'une intelligence limitée, de faire état de véritables *styles* intellectuels que connaît bien la commune psychologie traditionnelle. Concentration et dispersion, analyse et vue globale, rapidité ou prudence, ne sont point les seules dichotomies à entrer ici en jeu. Il en est bien d'autres liées aux attitudes personnelles. Des chercheurs comme Berlyne et son équipe, comme Walker et ceux qui, avec lui, ont étudié la motivation du complexe ou du simple, ont repris ainsi une voie qui n'était point ignorée des psychologues philosophes des environs de 1900 ( ).

( ) Il faut ici que le psychologue prenne garde à un danger : ne pas avoir assez conscience qu'il aborde un domaine au fond très nouveau. C'est ainsi que certaines recherches récentes qui frôlent ce problème sont encore trop esclaves de concepts bien délimités, elles mesurent des temps ou se bornent à s'occuper de transferts de l'information. De bons chercheurs parviennent bien alors à distinguer des stratégies ou plutôt des aspects de stratégies (comme celles de « court-circuit » ou « exhaustive » chez un Sternberg, par exemple), mais ils manquent les différences essentielles parce que leur recherche ne s'ouvre pas assez aux réalités — affectives, motrices, traditionnelles — qui ne sont plus vraiment du domaine de l'information. Une fois de plus, on ne considère qu'une intelligence rationnelle, étriquée parce qu'isolée de ses bases. On peut bien, en de telles recherches, multiplier les appels aux instruments et aux ordinateurs, cela ne fera point progresser les frontières du domaine étudié. Je pense par exemple, à une bonne recherche menée à partir d'un jeu classique : trouver de quel objet il s'agit à l'aide de vingt questions posées à l'examinateur : une telle recherche mérite d'être continuée mais elle suit une voie encore limitée ; il faut multiplier les voies, s'écarter des problèmes logiques bien souvent, et même des problèmes verbaux, se débarrasser de ce carcan lourd qu'est l'intellect dans notre civilisation technologique et idéologique ; revenir aux problèmes les plus élémentaires, les plus vulgaires qui sont ceux qui nous intéressent le plus dans notre vie quotidienne, et qui donnent sa dynamique à notre intelligence. De quoi un A. Rey donne un bon exemple, parce qu'il était d'une rare curiosité comme d'une rare culture (*L'intelligence pratique chez l'enfant* date pourtant de 1935 !).

De telles remarques valent particulièrement pour des études assez nombreuses qui ont tenté depuis un certain temps de caractériser des « styles cognitifs », par exemple celles qui ont distingué pensée « divergente » et pensée « convergente » à l'aide de tests essentiellement verbaux, ou celles qui cherchent dans les saisies perceptives (figures cachées, figures à classer ou différencier) à distinguer d'autres styles. Tout cela est certes utile — et mes collaborateurs et moi-même avons souvent suivi ces voies — mais l'on reste toujours dans le même domaine sec et conventionnel du laboratoire. On laisse de côté les bases et les formes moins sèches de l'intelligence.

Restent encore deux points complémentaires que nous voudrions signaler, d'autant plus que la recherche expérimentale a commencé aussi quelque peu sur ce terrain. Signalons d'abord ce « temps de latence » déjà noté quelque peu par Köhler chez ses chimpanzés et dont, entre autres recherches, les variations chez les enfants de la maternelle ont été suivies par G. Sounalet dans notre laboratoire (*op. cit.*). On constate généralement — et même Lambert le trouve chez ses handicapés — un progrès du temps de latence avec la montée de l'intelligence. Avant de procéder à un rangement de pièces dans un puzzle ou de gommettes sur un tableau, l'enfant garde un moment ses pièces ou gommettes dans la main et même les regarde. Il ne s'agit plus seulement de cet arrêt devant le problème, surprise ou étonnement, dont nous avons dit deux mots ; il s'agit d'une prise de conscience des données du problème qui s'opère de plus en plus consciemment. Là aussi les différences sont à la fois génétiques et typologiques ; chez l'adulte, elles témoignent de deux types d'esprits bien connus. Mais ce temps de latence et comme ce mûrissement intentionnel du problème à résoudre et des instruments utilisables nous conduit à une notion que connaissent aussi bien les militaires que les brasseurs d'affaires, la notion de *logistique*, notion que jusqu'ici nous avons laissé se dissimuler derrière les stratégies.

La logistique, c'est la discipline qui apprend à concentrer d'abord les instruments nécessaires à une action, par exemple le train des équipages et les troupes pour un général de jadis. C'est donc le point de départ de la conduite intelligente — même si une logistique un peu complexe demande encore une intelligence, car ici aussi il y a une hiérarchie complexe de possibles — c'est comme la mise en place des données d'un problème d'arithmétique, comme le rassemblement des éléphants d'Annibal, comme la banque des données de l'ordinateur. Or, le problème à résoudre ne se pose plus maintenant de la même manière que pour la stratégie. Celle-ci était une attitude structurée et toujours constante, identique à elle-même. A cette globalité peut s'opposer la multiplicité des données que concentre la logistique. Celle-ci, si l'on veut encore, possède une stratégie propre qui est comme d'accumulation, mais aussi ordinairement déjà d'organisation, ce qui mène à la stratégie. Elle opère en mosaïque d'une manière nécessaire et reste dans la mosaïque, au lieu que la véritable stratégie est progrès en avant, et réalisation d'une structure plus ou moins floue (même si c'est désordre). Lorsqu'il ne s'agit que de logistique, on peut beaucoup mieux séparer les tâches, séparer des manipules, des escouades, des cantines, des réserves de munitions, des armées. Il ne s'agit que de préparer l'instrument, de revêtir ses armes, d'instruire. Et c'est pourquoi, toutes les fois que l'on se borne à rester dans la logistique, des «unités» sont possibles. Au contraire, la stratégie refuse de se diviser en unités : tout ce qu'elle peut, c'est se séparer en tactiques subordonnées : dès qu'apparaît une organisation, c'est en effet comme si se créait un être nouveau sous lequel sont subsumés les êtres anciens selon une stratégie : il y a alors une élévation de la conduite, disons le mot, une sorte d'éducation.

Le lecteur voit maintenant bien où nous voulions en venir en opposant la logistique et la stratégie. C'est là un problème classique de tout enseignement, et particulièrement dans une époque où l'ordinateur impose sa présence avide ( ). Mais c'est aussi un problème ca-

---

( ) Même dans l'église catholique, jadis si portée à figer ses dogmes, on en vient à signaler à haute voix : «dans l'ensemble du processus de l'éducation scolaire en particulier, un déplacement unilatéral vers l'instruction au sens étroit du mot n'est-il pas intervenu?... Cela entraîne alors une véritable aliénation de l'éducation» (le pape Jean-Paul II, à l'U.N.E.S.C.O., le 2 juin 1980) ... C'est, dit encore le même auteur, à la suite de Gabriel Marcel, l'avoir qui l'emporte sur l'être.

pital dans toute étude de l'intelligence et tout cet ouvrage ou presque a tendu à faire voir comment s'est fréquemment produit un glissement de l'intelligence et de ses stratégies vers la logistique et ses Q.I.

Les stratégies, c'est un ensemble de syntaxes; mais il y faut des termes et des significations ( ); que ces termes soient des mots, des

( ) A vrai dire, l'inverse est plus vrai; toute syntaxe est une stratégie, et, dans ce rapprochement on saisit mieux ce que peuvent avoir à la fois de strict et de souple les stratégies de l'intelligence : il est des règles absolues de la syntaxe comme les accords de temps, de nombre, etc., mais il est aussi des jeux possibles avec la syntaxe, ces jeux que connaît bien tout écrivain et qui, tout en les utilisant aussi, dépassent les modèles de la rhétorique classique.

morphèmes ou des séquences toutes faites et plus larges, peu importe ici. Ce qui compte en revanche, c'est ce caractère d'être fissuré qu'a toute logistique : on y peut distinguer des unités à des niveaux divers. C'est ce que fait le grammairien, mais il sait bien que respecter la grammaire ne suffit point à faire un style — c'est surtout une leçon de politesse envers les autres et envers soi. C'est ce qui peut être fait dès qu'il s'agit d'instruction et de logistique. De là cette tendance à réduire les disciplines scolaires (ou militaires) à des *unités de connaissance,* comme c'est la mode aujourd'hui aux U.S.A. et dans les éducations qui s'inspirent de l'Amérique, par exemple en France depuis 1968. La répartition des éléments se fait alors par des coupures horizontales aussi bien que verticales (en fonction de la chronologie ou de l'âge des sujets). Au contraire, lorsqu'il s'agit d'éducation, c'est d'une hiérarchie d'attitudes et de structures qu'il s'agit : éduquer, comme pratiquer la dialectique platonicienne, c'est suivre des généalogies de stratégies dans un sens ou dans l'autre, du multiple à l'un dans la culture générale, de l'un au multiple dans l'application intelligente.

Mais il ne peut jamais y avoir d'*unité d'éducation*.

C'est qu'être intelligent, c'est rester capable à tout moment de changer la direction, de gauchir la stratégie actuelle en fonction d'une stratégie plus haute parce qu'intervient un donné nouveau, un événement. Etre intelligent, c'est tenir la barre fermement, savoir où l'on va et procéder, quand il le faut, à de petits changements. L'homme intelligent est un athlète, mais point un spécialiste et s'il risque — par ces petits changements dont A. Comte puis Alain savaient l'importance — c'est d'un risque calculé. Il s'élève sur la paroi de l'inconnu mais s'est « assuré » par une bonne logistique et une bonne préparation.

Conclusion

1. Récapitulation

Faut-il conclure? La fin du chapitre précédent nous y invite déjà et nous montre la voie. Mais il faut considérer quelque peu et, ce faisant, rappeler aussi à notre secours les diverses évidences que nous avons rencontrées en route. Notre marche a été celle d'un chercheur, non point une ligne droite mais des méandres, des retours, des réserves et de prudentes avancées. C'est que nous n'avions nullement l'intention d'exposer des résultats ou des croyances. Nous aurions procédé d'une manière plus systématique s'il s'était agi, après coup, de rapporter les résultats d'une séquence d'expérimentations dans un article de revue; ou d'affirmer quelque système philosophique, politique, religieux. Nous tâtonnions un peu, nous avancions en corrigeant à mesure la direction et nous heurtant à des obstacles imprévus. Maintenant il faut d'abord reprendre plus clairement, comme un pédagogue, les éléments de notre récolte et les mettre en ordre, autant que nous le pouvons.

1. Il n'y a pas lieu de consacrer trop de temps à vouloir définir l'intelligence. Derrière un terme qui embarrasse assez peu le langage quotidien se dissimule un concept qui, pour n'être pas «clair et distinct», possède néanmoins une valeur indubitable. Vouloir à toutes forces définir, c'est justement réduire l'effort intelligent de compréhension à une forme restreinte de cette intelligence, ne pas employer en soi des attitudes et aptitudes qui font partie de nos puissances.

Refuser aussi une vue génétique qui impose des niveaux et qui, en outre, nous révèle de plus en plus une croissance dyschronique des divers facteurs en jeu. Ne pipons pas les dés dès le début du jeu, ce qui serait — par quelques définitions opérationnelles ou vocales arbitraires — effacer ce qui, dans l'homme, n'est pas de l'ordre de l'ordinateur de 1980, c'est-à-dire les attitudes et stratégies de la rencontre.

2. Il existe donc, répétons-le, des niveaux caractéristiques de chaque aspect ou axe de l'intelligence. Or les distinctions d'ordre chronologique ne correspondent pas exactement aux distinctions typologiques des aspects et axes; comme en biologie, comme chez les handicapés — on l'a souvent dit — il y a des différences d'allure entre les formes et aspects de l'intelligence: c'est grâce à cette constatation que l'on peut comprendre, par exemple, ce phénomène de l'adolescence qui se caractérise par une sorte de déhiscence de l'intelligence et un primat apparent de l'intelligence rationnelle mal contrôlée.

3. Le procès intellectuel semble commencer par une vigilance qui subsume à la fois plusieurs orientations sous une principale (c'est fond et forme), mais qui peut éclairer plus ou moins et le fond et la forme, d'où deux types d'intelligence qui se retrouvent à tous les âges. Cependant la démarche générale reste une mise en accord des éléments, figures et horizons, dans une attitude commune. L'intelligence est et reste toujours un processus unificateur (toute analyse s'écroule sans la synthèse qui lui est inhérente).

4. Il y a lieu de noter que ce processus unificateur est en fait aussi une unification de soi et qu'il précède non seulement la représentation mais aussi la conscience (qui en provient). Non seulement dans cette unification du champ perceptif qui lui fournit un centre commandant les perspectives, mais, beaucoup plus bas déjà, dans les processus de «défense du soi» dont nous parlent les immunologistes et qui entravent les greffes d'organes. Il y a là une suite de démarches génétiques successives qui établissent l'unité de l'organisme (d'abord cellulaire), des premières conduites comportant des séquences d'unités motrices, de la conscience, et enfin la synthèse affective et intellectuelle. Mais nous avons le plus possible évité de traiter ce problème d'ensemble, afin de nous borner en cet ouvrage à la dynamique de l'intelligence.

5. L'intelligence semble comporter d'abord un rassemblement dynamique, comme des racines au tronc unique de l'arbre (quelques

surgeons à part). C'est en cela qu'elle se distingue nettement de l'information, ce qui n'empêche point intelligence et information de collaborer et de se compénétrer. De là deux sortes de stratégies, l'une qui se concentre en une vue globale (nourrie d'éléments implicites et fondus), l'autre qui se développe en chaînes de raisons.

6. Il s'ensuit que nous rencontrons deux orientations principales de l'intelligence adulte: d'une part *l'intelligence de la rencontre*, plus globale et plus liée à l'instant, plus affective aussi, d'autre part *l'intelligence rationnelle*, qui divise en simples (dont chacun reste cependant encore une «boîte noire», sauf en mathématiques) et synthétise en systèmes.

7. L'intelligence de la rencontre comprend celle du cœur; elle est toute en nuances, et va de la poésie à la politesse et à l'amour. Elle profite toujours chez l'homme de ses rapports avec l'intelligence rationnelle qu'elle a tendance à phagocyter. Elle en est cependant séparée par des données qualitatives, et l'emporte dans les relations avec les hommes.

8. L'intelligence rationnelle est, par sa nature, ses démarches et ses buts, essentiellement une intelligence de la quantité. C'est pourquoi tout esprit scientifique est tenté de la mesurer. Reste que, faute d'unité de mesure indiscutable, on n'use jamais que de repères, et que l'on ne mesure que les différences entre sujets — contrairement à ce qui est possible dans le domaine purement organique ou matériel: c'est par cet aspect subjectif que l'intelligence rationnelle elle-même échappe en bonne part à nos instruments de mesure.

9. Il y a des différences entre les sujets humains en ce qui concerne l'intelligence dite «générale» (plus large que l'intelligence «rationnelle» qui en dérive, du moins dans la psychologie actuelle). Mais cette évidence prête encore assez mal à la mesure, car nos procédés portent plus sur l'information que sur les stratégies et attitudes qui constituent l'être profond de l'intelligence, même générale.

10. Des différences analogues existent dans les autres types ou aspects de l'intelligence, sans qu'on puisse parler sans réserves d'aptitudes particulières originelles ( ). Il s'agit de directions, de lar-

---

( ) Certes il en est, comme en musique, mais l'on a si longtemps exagéré leur importance et même souvent tendu à ramener à elles l'intelligence générale que la plus grande méfiance reste de mise dans la plupart des cas. De toute manière, elles ont d'ordinaire besoin d'être fécondées par l'intelligence générale (par exemple, en composition musicale).

ges orientations provenant en bonne part du tempérament. Alors que les apprentissages sont facilement circonscrits, ces caractères que prend l'intelligence correspondent plutôt à des attitudes individuelles larges qui ouvrent la voie à des stratégies différentes. Il ne faut surtout pas les réifier, les figer en facteurs ou capacités, ou dans ce cas il faut bien voir que les données primitives ont été activées et canalisées par l'expérience et la société; et que si parfois elles aident les démarches intelligentes en leur fournissant des points d'appui, en d'autres cas elles leur font obstacle (préjugé, idée fixe, ou «fixation» des psychanalystes).

11. Enfin, il faut garder de ces considérations que toute conduite intelligente est extrêmement complexe, beaucoup plus complexe que ne le laissent croire la plupart des opinions des psychologues. Bien plus, l'acte que nous qualifions d'intelligent est pour une bonne part constitué d'éléments figés, de structures closes, de routines de base : Einstein a d'abord dû apprendre à écrire la suite des chiffres, puis à respecter les quatre opérations fondamentales de l'arithmétique. Cette complexité est fort déroutante, il faut le reconnaître, et elle explique que certains puissent rester bien peu satisfaits des progrès de la psychologie dans ce domaine. A quoi s'ajoute la complexité des activités elles-mêmes (non plus des structures mortes) qui moulent, brisent, triturent l'information. Et encore, nous allions l'oublier nous aussi, ces «mobiles», pulsions, désirs, amours, qui poussent devant eux les conduites intelligentes — non sans les fausser parfois: la vieille distinction entre mobiles et motifs n'est point si obsolète qu'on le dit, elle reste utile à l'horizon de la recherche, même s'il n'y a point là de frontières bien nettes.

2. Les inégalités d'intelligence: inné et acquis

Ces bases posées, et nos ignorances reconnues, nous devons cependant brièvement esquisser certaines directions vers lesquelles nous mène cet ouvrage: il serait malhonnête de nier qu'il y a des conclusions à tirer des quelques résultats larges de nos analyses, sur les plans pédagogiques, politiques, techniques, etc. Nous sommes engagés dans une recherche qui, pour nous, est un exemple de ce que nous nommerions volontiers la «dialectique des œuvres et des valeurs», l'une des deux parties d'une psycho-philosophie ou, si l'on veut, d'une philosophie génétique issue essentiellement des travaux des psychologues de l'enfance (nous en avons défini la démarche dans un article publié dans *Enfance* en 1980, p. 231-247) ( ) ( ). Di-

( ) La création d'échelles de valeurs se heurte toujours, comme la création de systèmes logiques ou mathématiques, au célèbre théorème de Gödel pour lequel aucun système de ce type ne peut avoir de base absolue. Ce théorème qui vaut pour toutes les stratégies, vaut certes aussi ici pour leur déroulement, mais il se brise si l'on fournit par l'étude génétique une base, un point d'appui originel. C'est pourquoi, à notre sens, toute théorie des valeurs ne peut se justifier qu'en partant d'une étude de la genèse, qu'en faisant sortir les valeurs humaines des valences du bébé, de ces attitudes comme syntaxiques inscrites en pointillé dans le trésor de l'espèce. Gödel considère les concepts abstraits des adultes, non les ris et jeux de l'enfance.

Ajoutons que c'est dans cette direction que sont parties ces théories qui fournissent à une théorie des valeurs des bases (sexualité, agression, attachement, etc.) réelles prises dans le monde animal. Mais c'est bien mépriser l'homme que de ne pas sentir qu'en lui s'est développé un autre type de valence qui a permis le développement des jeux de l'intelligence humaine et la constitution d'échelles de valeurs originales, humaines.

( ) Et nous comptons publier prochainement une «analytique des prises» constituant la première partie de cette philosophie génétique : un tel travail parce qu'il ne regarde que les prises premières de notre pensée (l'ordre, le Je, le rôle, l'imaginaire, etc.) se meut sur un terrain parfaitement délimité, au lieu que toute dialectique humaine reste ouverte sur un indéfini que nul ne peut prévoir (sauf à faire intervenir des théologies archaïques).

sons même que toute psychologie qui se veut à la fois génétique et intégrale, qui ne borne point son intelligence à l'intelligence rationnelle ( ) est amenée à lancer des antennes vers des études concer-

( ) J'ai été heureux récemment de voir un psychologue comme Oléron retrouver ses origines de philosophe pour insister sur ce manque de la psychologie de l'intelligence qui serait ramenée uniquement à une intelligence «géométrique». Mais à ce terme de géométrique nous préférons des termes plus larges comme représentative ou structurée ou rationnelle (le sens important plus que les mots). Par son appel constant à une vision dans l'espace, au célèbre facteur S, la géométrie ne nous semble pas être le meilleur exemple de cette forme d'intelligence logique et paralogique dont Oléron dit justement qu'elle seule est étudiée aussi bien par les statisticiens que par les piagétiens; l'algèbre serait plus représentative encore. Mais l'important reste dans le fait que, si un type d'intelligence s'applique mieux aux objets réels, un autre type au moins aussi important, s'applique mieux aux humains.

nant les activités et même le sort commun de l'homme (par exemple, vers le travail, les loisirs, les techniques, enfin toutes les grandes conduites humaines).

N'évitons donc point complètement ces problèmes qui s'attachent d'ordinaire à toute étude de l'intelligence, même lorsqu'elle se dit purement scientifique. Mais ce n'est pas ici le lieu de faire plus que de donner quelques esquisses de solution.

Et d'abord le problème de l'inégalité de l'intelligence d'un homme à un autre, et d'un groupe humain à un autre. Vouloir nier d'abord ces inégalités, ce n'est plus là de la science, mais de la politique et même de la politique idéologique qui est bien la pire de toutes les politiques. Ces problèmes ne sont point aussi simples, ils sont hautement techniques et quand il s'agit de problèmes de ce genre-là, il n'est point possible de les résoudre par un simple referendum, ni par une unique décision techno-scientifique. Même si l'on pense — mais cela n'est plus objet de science — qu'il y a une égalité de droits dans la décision politique et de devoirs dans les obligations morales, que la voix et la conduite de chaque homme doit être mise sur le même plan que celle d'un autre, cela ne résout nullement les problèmes d'inégalité ou d'égalité des intelligences : ce serait comme si l'on croyait les mères au sujet de l'intelligence de leur enfant !

En fait, derrière les controverses qui se déroulent depuis plusieurs années — et même parfois entre ces auteurs qui se disent et se pensent « scientifiques » — il y a plusieurs problèmes. Et d'abord sur l'inégalité entre individus ou même encore entre groupes, on ne discuterait guère, si l'on ne pensait que ce problème est aussi celui des parts respectives de l'inné et de l'acquis, de la « nature » et de la « nurture », problème bien classique pour les psychologues lorsqu'il s'agit des animaux.

Les deux thèses extrêmes ne sont guère que de la métaphysico-politique. On n'a pas eu besoin des psychologues et de leurs tests de Q.I. et d'intelligence générale pour savoir qu'il y a des inégalités d'intelligence (et d'aptitudes) entre hommes et déjà entre enfants. Mais aussi on sait que, sauf cas pathologiques comme celui des mongoliens, il n'y a pas que des inégalités, qu'il reste un commun comportement général, un commun langage, une commune intelligence de base. Le problème est de savoir d'où provient l'inégalité — et c'est de quoi l'on discute tant — mais aussi de savoir d'où proviennent les éléments communs, l'intelligence commune, ce que l'on ne cherche guère autant.

La mode fut pendant plusieurs décennies chez les sociologues de tout expliquer par des causes d'ordre social. On affirmait sans vergogne qu'il n'y avait point de nature humaine, et qu'en chacun de nous son humanité ne procédait que du groupe. Cette affirmation générale impliquait aussi que la quantité et la qualité des intelligences provenaient des influences collectives : sans société, il n'y a jamais qu'une bête, un enfant « sauvage ». Que la Sociologie fût marxiste ou américaine, elle parvenait aux mêmes affirmations élémentaires étayées par des interprétations abusives de faits réels : il n'y avait jamais que cette « seconde nature » dont parle Rousseau, ce qui politiquement et pédagogiquement pouvait mener aux deux positions extrêmes : isoler l'enfant et l'adulte dans leurs enceintes pour prévenir toute infection sociale, ou les plonger délibérément dans le social pour qu'ils s'en nourrissent. Deux solutions, optimiste ou pessimiste, du problème humain, partant d'une même conception du primat de la Sociologie.

La faute opposée, celle de la Biologie cette fois, avait eu son heure. Si l'on en parle moins aujourd'hui — sauf dans certains milieux médicaux — c'est qu'il s'agit là d'une conception plus ancienne et quelque peu archaïque. Que les nobles aient eu du « sang bleu », qu'un noble puisse déchoir en épousant une roturière, de telles pensées contenaient un élément biologique confus mais indiscutable. Le racisme implicite dans la plupart des anciens régimes (et même en Grèce, pays des esclaves) s'inspire de considérations biologiques. Lorsque, dès les débuts de la philosophie grecque, se pose le problème, on discute moins de l'égalité ou de l'inégalité que de leurs causes. Aristote avance une différence de nature entre Grecs et Barbares, et d'autres (Hippocrate et les Stoïciens par exemple) font déjà intervenir le milieu géographique, par exemple le sec et l'humide, qui façonnent les organismes. Mais, par le caractère élémentaire de la biologie, le problème reste très ouvert — et chez Platon, on en discute beaucoup sans qu'il y soit apporté de solutions autres que métaphoriques (le sac du mythe d'Er l'Arménien, ou l'esclave du Ménon, par exemple). La biologie ne prendra forme et vigueur qu'une fois vastement répandues des croyances morales en une égalité morale qui, après le XVIIe siècle au moins, constitueront désormais un obstacle difficile à franchir pour tout racisme biologique. Même le corps médical, pourtant porté par ses préoccupations à placer la biologie au premier plan, sera attiré vers les intrusions sociologiques et versera ainsi fréquemment, par exemple dans la psychanalyse sociologique, ou négligera parfois les malades pour voir surtout les maladies.

Mais ces variations et ces incertitudes du corps médical sont des plus précieuses car elles mènent à mieux poser le problème des variations de l'intelligence qui nous intéresse. Contraint par les faits de considérer des éléments divers en vue de sa thérapeutique, le médecin voit, mieux que personne, combien est complexe le problème. Il ne peut nier l'héritabilité de certaines tares organiques, pas plus que nier l'influence de l'environnement humain. Tiraillé entre les deux pôles, contraint de poser des notions intermédiaires — la « psychosomatique » —, de tenir compte de tous les aspects des misères humaines et, à la limite, de voir que, selon la célèbre formule, tout homme normal est un malade qui s'ignore, il témoigne, par son existence même contre les solutions simplistes des journalistes et du vulgaire qui n'incriminent jamais que le social.

D'ailleurs que veulent dire ces termes d'inné et d'environnement ? Et ce terme d'inégalité appliqué, grâce aux précédents, à l'intelligence ?

Le progrès de nos connaissances a montré la complexité de ce que l'on dénommait autrefois simplement inné, en décomposant ce donné en plusieurs étages, celui des gènes et chromosomes parentaux, celui des mutations géniques aussi capitales que rares — moins cependant qu'on ne l'a cru longtemps —, celui des malformations qui peuvent se produire dans la vie utérine ou pendant la naissance, celui des caractères qui, sans être apparents à la naissance, surgiront plus tard par une maturation purement biologique. Dans ce domaine, la terminologie nouvellement apparue reste parfois encore confuse.

Cette confusion se renforce encore lorsqu'on y adjoint celle qui entoure le terme d'environnement. Le terme anglais de « nurture » semble plus précis parce qu'il fait intervenir une activité, non simplement des horizons. Mais cela ne change guère ce problème général de l'interaction entre l'organisme et le milieu qui, en fin de compte, est ici notre affaire. On ne peut traiter de la même manière l'environnement utérin, le couple mère-bébé, le milieu des pairs, l'influence de la rue, celle de la famille et celle de l'école, sans compter tous les avatars et chances qui viennent d'autres horizons. Ne naît-on pas dans un pays, un climat, sous un ciel comme l'on naît aussi dans une famille et un groupe ? Inné ou acquis ? qui tranchera, et pourquoi ? Montaigne disait qu'on avait la religion de sa naissance, et que, né ailleurs, il eût été d'une autre religion : est-ce inné ou acquis ? C'est certes inné en un sens, ne serait-ce que par le baptême d'un nourrisson de quelques jours, mais c'est aussi acquis lorsque Montaigne, après ces considérations, se dit catholique (assez peu d'ailleurs, avouons-le, et cela n'est pas inné non plus).

Cette confusion, le statisticien lui-même est contraint par ses calculs de lui faire place, lorsqu'il distingue, dans une analyse de variance par exemple, l'action d'un facteur inné (son h^2), comme celle d'un autre facteur acquis, et en troisième lieu celle de l'*interaction* ?

Certes on doit bien distinguer, par exemple, ce qui provient des gènes ancestraux et ce qui vient du régime politique ou religieux; mais on ne peut avancer des distinctions bien tranchées, des mesures et des proportions. Et ceci, sans même faire intervenir ce raisonnement sur lequel s'appuient aussi des psychologues plus sages (Zazzo y insiste par exemple): c'est que les fonctions supérieures elles-mêmes, si elles dérivent des canalisations sociales, réclament des assises et une énergie fournies seulement par un organisme individuel: pas d'intelligence sans oxygène. Tout pour les tripes, disait Rabelais (avec quelque excès, avouons-le). Ajoutons aussi: Tout par les tripes, ce qui complète un dyptique nécessaire à l'horizon de toute psychologie. L'inné *préfigure* l'acquis, d'ailleurs, autant qu'il le *permet*. Ce n'est pas seulement une condition, c'est un élément et comme une forme générale. Comme la syntaxe vague de toute affirmation philosophique.

Hérédité ou environnement? Sottise qu'une telle question lorsqu'on la veut préciser: même le développement d'un nerf suppose un environnement et comme une incitation venue de cet environnement. C'est là sottise d'idéologues à prétentions scientifiques et à visées politiques de notre fin de siècle. Pour l'heure cette opposition doit être contenue dans un domaine encore qualitatif pour garder quelque valeur. L'homme, nous l'avons souvent dit, c'est un peu comme un arbre, et la société comme une forêt ( ). Dira-t-on que l'arbre, c'est

( ) Si un jour quelque curieux venait me demander quel pourcentage il faut attribuer au gland originel dans le développement du chêne, et quel pourcentage à la terre, je serais tenté de l'envoyer à un psychiatre. Et j'imagine que le psychiatre seul pourrait peut-être répondre!

le noyau — ou le fruit — qui fut planté? Ou le terrain qui l'a nourri? ou le climat général qui lui a donné ce qu'il fallait comme pluie et comme soleil, mais pas trop? Poser de tels problèmes, c'est seulement transposer nombre de recherches de psychologues sérieux.

On discute beaucoup pour préciser de quel ordre est l'action des facteurs innés, de quel ordre celui des facteurs acquis. Beaucoup attribuent 80 % aux facteurs innés (en gros évidemment, ne caricaturons pas des gens sérieux), d'autres 45 %; certains font intervenir aussi l'interaction (par exemple, Jencks, mais non aussi clairement Eysenck et nombre d'autres). Nous avons déjà dit, à propos de la mesure de l'intelligence, ce que nous pensions de telles proportions. Même en gommant toutes les réserves précédentes — et elles sont de taille! — il resterait que ces proportions ne concerneront jamais que la variance d'une population parfaitement déterminée. Extrapoler ci, c'est déjà résoudre une part du problème, puisque c'est supposer que les populations sont comparables, qu'elles répondent à une même variabilité. Or il n'est point possible de mettre dans le même sac des écoliers américains de onze ans et des pilotes de ligne sélectionnés au Japon : faire, même en gros, une sorte de moyenne des proportions trouvées dans des cas aussi différents, ce n'est plus faire de la science, c'est jouer avec les calculateurs. Heureusement que, ces dernières années, l'on voit parfois chez un Vernon ou un Jencks par exemple, une assez grande prudence en ce domaine; nous ne voudrions d'ailleurs pas laisser croire que les spécialistes errent en général complètement ici ! C'est plus aux vulgarisateurs qui ne tiennent compte dans des journaux ou des ouvrages de vulgarisation vite écrits, ni de la variance, ni de la diversité des populations, ni des interactions, et s'imaginent que l'on peut parler de l'intelligence sans plus de précaution. Le glissement est si facile...

Le même glissement, et pour les mêmes causes, se retrouve dans les affirmations excessives concernant les différences entre individus ou entre groupes. Ici aussi il convient de suivre parfois le sens commun autant que des prétendues données scientifiques aussi biaisées lorsqu'elles affirment une égalité totale entre les individus et les groupes que lorsque, à la suite du racisme hitlérien, elles affirmaient des différences et des primats dont le caractère erroné est aussi incontestable que le caractère horrible.

Reprenons donc le problème avec la plus extrême prudence, bien que nous nous bornions à une esquisse. Et, suivant notre comparaison (qui, certes, n'est point raison) avec un arbre, ce qui nous fournit un schéma valable, tentons de poser quelques points d'appui dont pourraient se tirer des visées philosophiques ou pratiques ( ).

( ) Pour commune qu'elle puisse être, cette comparaison avec l'arbre n'est point un lieu commun trop usé. Le langage nous la rappelle abondamment en usant des termes de tronc, de sève, de fruits, etc. Et cela n'est point si étonnant car, pour différentes qu'elles soient, les deux grandes formes, végétale et animale, sous lesquelles nous connaissons la vie dérivent d'une même souche et ne peuvent différer complètement dans leurs démarches respectives. Inutile ici de sophistiquer : le plus simple est le plus clair et le plus juste.

3. L'arbre psychologique : les prises premières

Le germe

Que l'intelligence dépende de nos chromosomes et plus précisément des gènes qui constituent ces chromosomes et de la « location » de ces gènes, on n'en peut plus contester aujourd'hui la certitude sans ignorance ou sans mauvaise foi. Trop de maladies ou de troubles mentaux dus à ces gènes, et même aux chromosomes entiers (trisomie par exemple), ont été décelés ces dernières années, comme nous l'avons déjà rappelé, pour en avoir le moindre doute, pour peu qu'on soit médiocrement informé. Certes nous commençons seulement, dans cette direction, des recherches qui promettent d'être très malaisées (surtout d'ailleurs, si l'on se refuse à tenter en même temps cette approche psychologique qui est le but du présent ouvrage), et, maladies d'ordre génique à part, nous voyons même mal comment orienter la recherche: il est si probable que l'intelligence dépend d'un grand nombre de gènes — et non comme le croirait un optimisme trop simpliste, seulement de gènes correspondant aux facteurs des statisticiens — dont les actions s'enchevêtrent selon des milliards de combinaisons possibles que l'on ne peut imaginer des esprits semblables, encore moins que des organismes semblables. La diversité est de règle ici comme pour la taille, la couleur des yeux et des cheveux, la propension au diabète ou à des accidents vasculaires. Il s'agit de la fonction polygénique la plus complexe qu'il soit. Parler en ce cas d'égalité des intelligences innées, c'est bien plus que croire (et Leibnitz put se convaincre du contraire, par l'expérience, que même deux feuilles d'un même marronier ne peuvent être semblables). Ce qui caractérise peut-être la nature, à l'opposé de l'œuvre humaine, c'est justement cette diversité, cette prodigalité, cet indéfini existentiel. Notre cerveau est le plus complexe des existants et notre intelligence native ne peut qu'en prendre ses inégalités et diversités.

Cela dit, il ne le faut point oublier, les mêmes résultats peuvent souvent être obtenus par des procédés et avec des éléments différents: la diversité peut recréer une certaine similitude qu'il n'y a pas lieu d'attribuer à une identité, si elle comporte une certaine redondance des voies et moyens — comme nous le disions plus haut, c'est le propre du système nerveux. De quoi l'expérience commune nous donne fréquemment la preuve; avec des tempéraments divers, des styles différents, deux hommes peuvent réussir aussi bien dans une même tâche: chaque peintre a sa manière, et Vinci n'est point nécessairement, de par sa manière propre, supérieur à Rembrandt. Reste que ces réserves, ces convergences n'effacent point de manière complète les inégalités natives concernant soit l'intelligence rationnelle, soit l'intelligence de la rencontre, soit les aptitudes musicales ou mathématiques. Ce serait folie que de croire ici, avec les démagogues de la Providence, que Mère Nature a pris bien soin de distribuer également ses dons: ce reste de théologie, malgré son impact pédagogique et politique, malgré des théoriciens sociologues, politiques et pédagogues qu'il n'est pas besoin de nommer, nous rejette bien des siècles en arrière.

Même si, comme il est heureusement certain, certaines correspondances, certains parallélismes, certaines compensations s'installent, il reste que, comme le corps, l'esprit, ce fils des neurones et des gènes, sera plus ou moins efficace selon la direction d'activité choisie. Nous y reviendrons tout à l'heure, mais déjà se peuvent deviner certaines différences selon de nouveaux types de considérations. La première se bornera à rappeler que le stock chromosomique n'est pas le même dans les deux sexes, la paire XY correspondant chez l'homme à la paire XX chez la femme. Les médecins commencent de plus en plus à distinguer, derrière cette diversité chromosomique, des différences qui ne sont pas considérées comme purement d'ordre sexuel; peut-être la plus grande longévité féminine, mais certainement les différences moyennes de taille, de visage, etc., qu'il est trop simple de traiter simplement comme des caractères « secondaires » de la sexualité — puisque ce ne sont pas toujours des caractères nécessaires de ladite sexualité. Certes, ces caractères constituent une bonne part de l'attrait d'un sexe sur l'autre et, en ce sens-là, on peut leur reconnaître un rôle dans la continuité de l'espèce. Mais ce qui vaut pour la fraîcheur de la peau, pourquoi cela ne vaudrait-ce pas aussi pour une certaine forme d'esprit? Pourquoi n'y aurait-il pas là, en même temps que dans la différence de vigueur, un caractère important dans la formation d'un couple humain? L'expérience de nos contemporains, comme celle des grands romanciers, nous font assez connaître ces jeux des différences morales et intellectuelles, aussi importants sinon plus que celui des concordances morales et intellectuelles. Attribuer seulement les rôles sociaux respectifs de chaque sexe à la différence de force qui entraînerait — quasi dans toutes les cultures — des comportements différents et des personnalités différentes dans les deux sexes dans un même rapport comme prédestiné, cela est peut-être bien excessif. Ce serait s'imaginer que, lorsqu'elle a abordé la création de l'espèce humaine et de son monde mental (disons mieux, de son cerveau), la démarche évolutive a rompu brutalement avec toutes ses techniques. Il n'est pourtant pas besoin de revenir au trop célèbre élan vital pour savoir que ce serait là un miracle. Seul Helvétius, avec sa notion d'un seuil commun à tous les humains, pourrait ouvrir une voie vers une telle considération, mais il admet d'abord des différences organiques entre les intelligences; et il ignore toutes les indications que nous fournit aujourd'hui l'acquis des sciences de l'évolution.

Des races je ne dirai guère, parce que nous ne savons guère non plus. Lorsque l'on écarte les affirmations commandées par des idéologies aussi violemment opposées que mal fondées, il ne reste que peu de choses de certaines. Que la notion de race soit extrêmement floue, cela est bien certain; que la vision vulgaire qui met au premier plan la couleur et ignore les différences internes (longueur de l'intestin par exemple ou fragilité devant certaines maladies) ne corresponde pas à grand-chose, cela est aussi assuré. Mais, quoi qu'en veuillent nos idéalistes inspirés de 1789 (plus que du christianisme qui considère seulement le moral), l'égalité en «droits» n'entraine nullement une égalité intellectuelle. Il vaut mieux dire que, s'il est des différences en ce qui concerne le Q.I. de groupes ethniques, elles sont bien inférieures aux différences entre individus d'un même groupe humain — ce qui mène à poser les problèmes moraux et politiques sur un tout autre terrain. On peut aussi dire que ces différences natives sont, de toute manière, aujourd'hui médiocres, sinon nulles; mais, s'il en est, comme certaines recherches sembleraient le montrer, d'une part ce ne sont là que des moyennes, et d'autre part il ne s'agit que de mesures de Q.I. assez contestables étalonnées dans tous les cas pour un groupe dominant (même lorsqu'on s'est efforcé de ne point le faire).

Un mot cependant encore, et, si l'on ne veut être ce que j'appelais plus haut un démagogue de la Providence, il le faut bien dire, c'est que, dans ces discussions, on oublie trop vite le fait de l'évolution humaine. Dans cette histoire de la genèse de l'Homme qui commence à être bien connue, on ne sait guère encore où placer les différenciations qui justifieraient les grandes races, mais l'on sait aussi qu'il y a sans doute eu des rameaux humains qui ont divergé puis sont morts — c'est encore aujourd'hui le problème que se posent certains préhistoriens à propos de l'homme de Néanderthal, mais plus près encore de nous, c'est celui de ces races des confins du monde habité qui ont été exterminées, des Fuégiens historiques aux Yétis protohistoriques. Et beaucoup plus tôt, il y eut certainement bien d'autres rameaux morts dont il est assuré qu'ils n'avaient ni la même capacité crânienne (en fonction de la taille), ni la même efficacité, ni — n'hésitons pas à l'affirmer — la même intelligence que nous. Qui osera prétendre que de telles différences, certes plus minimes et qui existent à l'intérieur d'un groupe relativement homogène, n'existent pas entre des groupes? Plutôt que de rechercher une incompréhensible égalité, ou une minuscule inégalité dans les moyennes, mieux vaut faire état de différences qualitatives des intelligences entre races et entre sexes. C'est l'étude des gènes (qui apparaît déjà si prometteuse dans l'établissement de l'arbre généalogique de notre espèce) qui nous donnera très probablement ici le dernier mot. Mais il ne s'agira jamais que de moyennes; à ces sciences biologiques l'individu, trop complexe, échappe. Echappe heureusement, aujouterai-je.

Le problème est de principe; c'est un problème de déontologie scientifique qu'il faut bien maintenir à son horizon de pensée, si l'on ne veut verser dans toutes les aberrations civiles et guerrières au nom d'une prétendue morale. Encore aujourd'hui nous assistons à trop de fanatismes et de dogmatismes — et non seulement dans la foule qui, Montaigne le notait bien, «va par ondées» — pour ne pas avoir à cœur une complète liberté de recherche, et même à propos des races. On ne doit pas être considéré comme raciste pour se poser des problèmes, comme cet homme de gauche qu'était Piéron lorsqu'il affirmait que certaines races en voie de disparition possédaient sans doute un niveau inférieur d'intelligence. S'il se trouve que la recherche scientifique dévoile des différences et même des inégalités entre races, il ne doit pas être obligatoire de se garder sous le voile de l'anonymat — comme le faisaient des chercheurs récemment (Hébert). Défions-nous de ces formes de laisser-aller scientifique qui demain pourront se retourner contre nous : tous les fanatismes, toutes les violences justifiées par une quelconque des prétendues justices, sont de la même valeur. La même valeur négative.

Qu'il y ait des différences entre les groupes humains, cela est d'ailleurs bien certain sur trop de points: les sportifs le savent bien, et toujours en basket-ball les Ecossais de Galloway l'emporteront sur les Pygmées du Congo, toujours certaines maladies seront plus nombreuses chez certains organismes et dans certaines races, quel que soit le mode de vie. Mais, et cela aussi doit être un horizon de la recherche en ce domaine, en ce qui concerne l'intelligence, le problème de l'inégalité, malgré des résultats nombreux, ne peut encore être tranché; de plus il est très probablement des différences intellectuelles liées à des différences perceptives comme on le voit déjà entre familles pour l'intelligence ou telle ou telle aptitude musicale; et ces différences sont en certaines professions très importantes: il est difficile à l'époque de la télématique d'être grand homme d'Etat sans des qualités photogéniques suffisantes. Mais tout cela est trop connu pour qu'il suffise de le rappeler.

Les facteurs physiques de l'environnement

Plus importants sans doute sont en réalité les problèmes posés par les facteurs physiques, par le terrain, par le climat, par l'environnement végétal, problèmes beaucoup plus faciles à étudier que les précédents. Si l'homme est un animal — le seul peut-être avec les moustiques — capable de vivre sous tous les climats, c'est en raison de ses conduites intelligentes, car l'adaptation au climat s'opère d'abord à l'aide d'instruments, au sens très large du mot, extrêmement divers, depuis l'igloo esquimau jusqu'à la flèche empoisonnée sous les Tropiques. L'adaptation purement organique, déjà discutée par les penseurs Grecs, est moins importante et très relative bien que difficilement niable. Mais les déplacements des populations, les fuites forcées vers d'autres climats, les mélanges intergroupes masquent nécessairement en bonne part ces influences, si bien que celle des facteurs proprement physiques dépend de l'histoire des groupes et est masquée par elle : le développement des comparaisons entre langues, outils, vêtements nous laisse peu à espérer dans cette direction. Seules quelques «îles», en mer ou en montagne, gardent des populations moins mêlées et sur lesquelles est moins douteuse l'étude de l'influence des climats. Les comparaisons entre climats tempérés et civilisations avancées (favorisant, pense-t-on, le développement intellectuel) restent impressionnantes, malgré des contestations sérieuses — dues sans doute aux mouvements de population. La vieille idée que les grandes civilisations modernes, à partir du néolithique, se sont installées surtout dans les vallées fertiles des grands fleuves n'est point complètement à mépriser.

Plus nets les effets des terrains et des climats artificiellement ménagés. Les progrès de l'hygiène, du chauffage, des soins médicaux, l'allongement de la période purement éducative et scolaire, influent nettement sur le développement intellectuel : on sait que le résultat du célèbre test alpha utilisé dans l'armée a progressé de manière spectaculaire aux U.S.A. entre les deux guerres, et on ne peut point attribuer ce progrès seulement à des facteurs provenant des modes et de la vulgarisation des passations de tests ! Cependant il ne s'agit encore que des vieux tests psychologiques plus liés à l'information qu'à l'intelligence de la rencontre. Ne l'oublions pas, même les Pygmées de la forêt tropicale, « à peine descendus de leurs arbres » dirait V. Gheorgiu en poète, montrent une rare intelligence dans leur mode de vie; et des anthropophages du Congo enrôlés dans les mines, se découvrent d'excellents conducteurs d'engins lourds au Katanga — comme je l'ai conté plus haut d'après Ombredane.

4. Culture générale et éducation

Le tronc

Nous voici, par ces dernières considérations, amené à envisager l'action du groupe social dont l'étude a engendré encore beaucoup plus d'ouvrages que celle du germe. Nous ne nous aventurerons point dans le détail de travaux trop vulgarisés. Nous nous contenterons de quelques remarques. Dans les années qui ont suivi la Seconde Guerre Mondiale, la psychologie encore très neuve faisait le plus souvent état d'abord, contre la tradition, d'aptitudes particulières : il suffit de feuilleter les bulletins d'alors de l'Institut national d'orientation professionnelle pour s'en convaincre; le célèbre plan Langevin-Wallon, qui est d'une semblable veine, parlait aussi d'une orientation précoce et misait sur des aptitudes dont cependant « certaines paraissent ne pas se révéler avant 13 ou 14 ans » (heureusement qu'il était beaucoup plus avisé et annonçait mieux l'avenir sur d'autres points). Aujourd'hui, on parle beaucoup moins de ces problèmes, on oublie volontiers d'anciennes opinions ou affirmations. On retrouve l'importance d'une commune culture, d'un « tronc commun »; on accorde plus facilement qu'il faut placer l'accent surtout sur l'intelligence générale et les disciplines qui la favorisent (sans trop s'accorder, il est vrai, sur ces disciplines). L'expérience de siècles d'enseignement efficaces n'est plus mise simplement de côté par des réformateurs en chambre. Mais le problème subsiste, hélas, et il reparaît parfois sous les solutions simplistes de nombre de programmes ou recommandations pédagogiques.

On peut former un arbre de plusieurs manières. Le laisser développer un tronc vigoureux en l'aidant au besoin par des élagages. Le laisser développer plusieurs pousses à partir du même pied comme font les noisetiers. Lui permettre de garder au pied d'un tronc épais quelques surgeons pour « meubler » l'air. Enfin le diriger très strictement afin de concentrer sa vigueur sur les fleurs ou sur les fruits, en le taillant en coupe, en globe, en charmille : et, en ce cas, on peut faire que l'arbre garde toute sa spontanéité, sa nature première, ou qu'il soit asservi aux jeux de l'homme comme ces ifs ou buis taillés en forme d'oiseaux ou de soldats. Il y a là autant de modes d'éducation, au sens original de ce mot qui parle de conduite à partir d'un germe (*e* : le germe; *ducere* : conduire).

Mais un homme n'est pas un arbre quelconque. Il a besoin d'une base commune à toutes ses conduites psychologiques et surtout intellectuelles. S'il faut lui reconnaître une certaine dispersion, celle-ci se situe premièrement et surtout aux origines, dans la mosaïque psychologique d'instants séparés ou mal fondus, dans les caprices et les contradictions de la pure spontanéité. Le niveau proprement humain se situe à un niveau plus élevé et plus synthétique, lorsque les vues, les intuitions si l'on aime ce terme dangereux, se lient et se « condensent » en un tout moins fissuré, de quelque manière que se fasse cette union. Ce problème résolu par le psychisme humain, c'est, selon l'aspect sous lequel on l'envisage, celui du Je, celui de la synthèse, celui du caractère (quand on dit d'un homme qu'il a du caractère), enfin sous l'aspect de l'intelligence celui de la genèse de cette base commune ou, mieux, de la genèse de cet instrument complexe, polyvalent, efficace qu'est l'intelligence générale.

Rappelons une fois de plus qu'on ne peut complètement séparer la personnalité et l'intelligence. On a souvent insisté sur la dépendance de la personnalité par rapport à l'intelligence : les vertus morales demandent une certaine compréhension d'autrui comme un retour sur soi, ce qui implique intelligence, « un sot n'a pas assez d'étoffe pour être bon » ; il faut une certaine vigueur d'esprit pour être vraiment bon, non point de cette dangereuse bonté qui pousse souvent sur la mauvaise pente, mais d'une bonté efficace, d'une bonté à longue durée en quelque sorte. L'inverse est encore plus vrai, bien qu'on n'y insiste guère comme si l'intelligence ne dépendait point de l'éducation, et seulement d'un ensemble de données germinatives ; tout acte intelligent suppose une maîtrise de soi, une possession continue des instruments intellectuels jointe à une volonté d'en user. Il est vrai que ce facteur d'éducation personnelle, disons encore de contrôle de soi, n'apparaît guère dans les analyses factorielles réunies par exemple par un Guilford ; il n'est point en première position, comme il le devrait évidemment, mais mêlé à des facteurs plus spécialisés. C'est justement que, comme le facteur « g », à qui il arrive le même avatar en maintes analyses, il est justement trop important pour ne pas apparaître dès le début. Tout se passe un peu comme si, voulant différencier le physique de deux individus, on refusait de faire intervenir, on annulait un élément non différenciateur comme la bipédie ou le fait d'avoir un nez. Mais l'intelligence humaine, cette seconde nature qui refaçonne la première en l'humanisant, ne peut rien sans un vouloir-être-intelligent, un vouloir-chercher, un vouloir-s'attacher, un vouloir-aimer. Tout cela, et ces facteurs sont en réalité si proches qu'on ne les peut distinguer que par de douteux artifices, tout cela provient essentiellement de l'éducation. C'est par l'éducation que l'on parvient à acquérir aussi une culture générale et à se donner une intelligence générale, ce tronc de l'intelligence.

Education et culture générale, cœur et esprit pourrait-on presque dire. Il n'y a point d'intelligence sans cette présence aux autres, et, par la suite, au monde, sans cette rencontre, ce heurt affectif avec ce qui se trouve devant soi, et avant tout avec d'autres humains. C'est là ce qui nourrit la sève humaine, le sang humain, qui permet au cœur de se muer en ce *thumos* platonicien, à la fois amour, intérêt et colère. Thumos, c'est éveil au monde, c'est vigilance, c'est attention de l'élève, «attentions» à l'aimée, c'est l'intelligence par l'affection, dans la fusion affective, avant d'être intelligence par une stratégie intellectuelle bien définie. «On ne voit bien qu'avec le cœur» dit le petit Prince. Mot d'humaniste, mais aussi, ne l'oublions pas, d'ingénieur qui sait piloter son avion à travers déserts et montagnes, et fort soucieux de l'autre sexe. Mot d'amoureux et de stratège!

Point non plus d'intelligence sans une culture générale. Nous en avons assez parlé rapidement au chapitre I, et ce n'est pas le lieu d'analyser en détail une fois de plus cette notion sans laquelle aucune pédagogie n'a de sens. Rappelons seulement qu'il ne s'agit nullement là de ce que l'on trouve sous ce nom dans la plupart des revues d'éducation et de sciences pédagogiques, à plus forte raison de journaux, c'est-à-dire d'une «information» générale (dont l'importance est d'ailleurs évidente car toute conduite intelligente suppose des points d'appui et des techniques); mais de cette assimilation de très larges attitudes et stratégies qui, bien au contraire, ne s'applique point à tel ou tel problème, à tel ou tel cas, mais à tous les problèmes et à tous les cas. Or la formation de ces facteurs formels, si elle caractérise plus certaines époques et certaines directions de la vie que d'autres, commence néanmoins dès le berceau, comme le savaient bien un Pestalozzi ou un Rousseau. Toute éducation pose des bases de culture générale; or, l'éducation, et même l'école ne datent point de la rentrée dans un certain bâtiment scolaire pour l'individu; et, pour l'espèce, elle ne date point des siècles où l'on a construit ces bâtiments, mais bien du moment où le premier homme digne de ce nom a appris à un jeune comment tailler un nucleus, comment utiliser un bâton, comment suivre une piste ou cueillir des baies. C'était déjà un début de culture générale que cet ensemble de stratégies élémentaires. Dans ces premières techniques, en effet, était déjà cachée la conception de l'instrument universel — comme dit Descartes de la raison — et c'est là qu'ont commencé les premiers transferts selon un modèle collectif. La culture générale naît avec le groupe humain, vraiment humain, parce que c'est un héritage qui, déjà utilisé en situations variées, se transmet à l'intérieur du groupe, et, au fil des générations, prend de plus en plus de racines en même temps que de plus en plus de souplesse. Cette préparation sociale de l'acte à l'aide d'une représentation mentale, cette préparation à la rencontre — et d'abord de l'Autre humain — c'est là le propre de l'intelligence humaine. Chez l'animal supérieur, il existe bien une instruction élémentaire des petits, que l'on commence à étudier, mais non point ce passage de l'intelligence sur le plan représentatif qui en fait un instrument d'approche, une avancée vers l'autre homme et vers le futur. L'intelligence humaine ne se disperse pas en surgeons multiples comme l'apprentissage animal, elle se concentre en un ensemble d'attitudes amples et hiérarchisées et en un réseau de stratégies qui en dépendent. C'est une intelligence qui possède un tronc unique, commun aux situations et commun aux hommes. C'est par les canaux de ce tronc de culture générale que passe la sève originelle.

Le vieillissement de l'intelligence peut présenter les mêmes scléroses que le vieillissement de l'arbre; c'est comme une rechute dans le tout fait, dans l'immobile, dans le dur et le mort; la sève ne passe plus, mais les structures des automatismes restent encore là, bien que plus ou moins rongées par ces insectes lucifuges que sont préjugés, plaisanteries toutes faites, haines et dégoûts, amours captatifs ou aveugles, refus de repousser les appels du passé et des souvenirs morts. L'arbre, je veux dire l'esprit, vit encore; il passe assez de sève dans les canaux d'aubier restés vivants pour nourrir des fleurs, des feuilles et des branches, mais cette vie est fragile, locale, et il suffit de peu pour la compromettre.

Ces dernières remarques valent aussi pour les branches. A voir l'arbre intellectuel en gros, il semblerait qu'il fut intact: c'est à ses fruits qu'on voit le mieux sa déchéance. Et cette remarque d'ami des arbres nous ramène à une considération importante, c'est que ce tronc intellectuel qu'est la culture générale résiste mieux aux dommages que peut porter l'environnement: les fleurs ne supportent pas aussi bien les gelées, les fruits sont percés par les chenilles avant le tronc. Ou, pour mieux dire, les conduites intellectuelles sont plus fécondes, plus efficaces et surtout plus durables lorsqu'elles naissent d'une solide culture générale; les psychologues ont souvent constaté et étudié cette différence étonnante entre les décadences des esprits de niveaux plus ou moins élevés: la déchéance, rappelons-le encore, peut débuter extrêmement tôt (dès 14 ans chez un groupe africain étudié par Ombredane) lorsqu'il n'y a pas de scolarisation; en revanche, elle est si tardive pour les hommes de génie que ceux-ci donnent parfois leurs meilleures prestations très tard en certains domaines (pas en tous, comme on le sait bien). Le psychisme intellectuel, disons mieux — avec Artemenko — la «personnalité intellectuelle» n'est pas aussi strictement assurée, aussi unie chez tous les sujets. Pour prendre une comparaison plus suggestive ici, j'y pourrais voir une gerbe d'informations, de techniques, de savoirs enfin, que tient plus ou moins solidement un lien de culture générale, en donnant à ce mot un sens assez large pour qu'il englobe les stratégies et syntaxes majeures.

Pour assurer l'information elle-même, et les compréhensions et résolutions, il faut d'abord assurer le passage de la sève, et c'est la culture générale qui, par ses attitudes stratégiques, favorise le mieux ce passage. Cela, les pédagogues de jadis, Montaigne, Jésuites, maîtres laïques de la IIIe République, le savaient bien. On trouve souvent très facilement les informations dans les dictionnaires, les bandes magnétiques, en un mot toutes les «banques de données»; on n'y trouve pas la culture générale. Pas plus que l'éducation d'ailleurs. Ou que la politesse, cette intelligence du cœur.

5. Les différences d'ordre social

Branches, fleurs et fruits: les différences d'intelligence

Nous voici maintenant, en suivant notre schéma, parvenus au point où se manifestent le mieux les différences entre les diverses intelligences. Laissons de côté les différences dues au germe ou à la formation intellectuelle (formation disons-nous et non instruction) dont nous avons assez parlé — et c'était bien peu encore. Et avant d'aller plus loin, posons-nous le problème d'ensemble de la nature et des sources des diverses différences, de la typologie des différences.

Qu'il y ait des différences, et qu'elles soient importantes, cela est évident. Nous retrouvons ici d'abord le problème des marginaux abordé dans notre introduction par des références aux données de l'évolutionnisme moderne. Economiquement, politiquement, artistiquement, seule la différence assure non seulement le progrès mais aussi la stabilité. Il faut des hérétiques, des Socrate et des Servet, parce que seuls ils apportent des graines nouvelles et des espoirs nouveaux. Mais n'est pas hérétique qui veut, n'est pas utile toute diversité, n'est pas efficace la contestation folle, cette pathologie de l'intelligence aussi stérile que l'imbécilité. Une suggestion remarquable nous vient ici de remarques d'origine biologique et préhistorique. La rareté des mutations susceptibles de prolonger une espèce sur des voies nouvelles est certaine. Il est bien connu que la plupart de nos animaux domestiqués, du rat blanc au chien de manchon, seraient incapables de vivre en liberté; ce sont souvent des raretés que l'homme a assurées par des croisements variés, puis conservées à l'abri comme des plantes de serre. De là aussi ces variétés et même ces espèces qui ont pu se développer dans des îles isolées (ou des cavernes, ou des « sanctuaires » montagnards; mais ce sont îles de terre pour le biologiste). Fruits d'incestes animaux ou végétaux qui ne nous émeuvent certes guère — et l'on a pu aussi penser que l'esprit humain n'aurait jamais pu naître sans un inceste primitif seul capable de pallier à la rareté des mutations efficaces, lorsque celles-ci étaient, tour à tour, apparues chez quelque parent ( ). L'actuelle di-

( ) Cette hypothèse assez vraisemblable s'accorde avec ce que nous pouvons penser des familles primitives éloignées les unes des autres dans une préhistoire où l'homme était extrêmement rare. La prohibition de l'inceste — dont on trouve cependant déjà des esquisses chez des animaux supérieurs — eut plus tard l'avantage de favoriser non plus les différences caractéristiques d'une race îlienne, mais les divergences entre individus en multipliant les combinaisons possibles de gènes plus nombreux; elle tranchait entre l'espèce humaine et les autres espèces d'Hominidés, mais favorisait la naissance des marginaux, fous ou génies.

versité humaine, de plus en plus apparente par les mélanges des races et des cultures, reste, elle aussi, artificielle en ce sens qu'elle suppose une ouverture, un groupement de maisons de plus en plus nombreuses, à la fois distinctes et alliées. C'est encore domestication limitée.

Si nous oublions ces différences germinales, quels types de différenciations intellectuelles allons-nous encore trouver ? Essayons de dénombrer les différences possibles.

a) Les différences dues aux gènes primitifs (mutations comprises); nous n'y reviendrons pas.
b) Les différences dues à l'environnement embryonnaire et aux traumatismes possibles lors de la naissance. Signalons seulement que ces différences, comme les précédentes d'ailleurs, dépendent déjà du milieu qui environne l'organisme, bien que l'intelligence de l'enfant résiste beaucoup plus qu'on ne le pensait jadis aux privations de la mère: les enfants nés pendant la dernière guerre n'ont pas constitué des générations handicapées comme certains l'avaient cru (à l'époque des premiers « blousons noirs »); mais le placenta n'est point non plus cet organe imperméable à toutes les influences d'ordre pathologique qu'on a voulu y voir jadis.
c) Les différences concernant les apprentissages premiers (en particulier de la petite enfance).

d) Les techniques acquises, avec l'aide et le modèle des éducateurs en famille ou à l'école. Ces deux types de différences constituent les bases de l'intelligence humaine: elles permettent d'évacuer ou d'utiliser les éléments de routine résultant d'apprentissages. Déjà apparaissent ici des stratégies élémentaires.
e) Les éléments d'ordre plus personnel et caractériel développés au même niveau. Il s'agit cette fois des attitudes amples qui utilisent et coiffent le tempérament, et des stratégies larges qui leur sont liées (la stratégie qui consiste à attaquer directement ou à faire un détour; le penchant vers une décision rapide ou une attention prudente).

Arrêtons-là cette énumération. Elle constitue autant de chapitres de la psychologie de l'enfant. Mais l'impact social est partout plus ou moins présent. Déjà il commande et a toujours commandé l'union des parents en un certain couple, donc la formation de tel ou tel ensemble de gènes dans la cellule embryonnaire. Mais avec les différences citées en a, b, c et d, ce sont encore des influences traditionnelles — au sens large de ce mot, au sens étymologique — qui sont les plus importantes. Elles varient avec les différentes cultures, depuis les façons de porter un bébé jusqu'aux modèles présentés à l'adolescent et à l'adulte. Les traditions culturelles sont ici reines, comme l'ont montré des travaux célèbres, en particulier ceux de l'anthropologie américaine (Mead, Benedict, Malinowski, Bateson, etc.). Mais par ceci que ces traditions et cultures fournissent des instruments et indiquent des voies, elles orientent et concentrent l'intelligence plus ou moins. Elles peuvent être des cultures closes ou ouvertes, elles peuvent viser à former des sujets, ou des hommes qui se guideront sur leur intelligence propre.

Contentons-nous de rappeler à nouveau que la société peut rechercher une homogénéité ou une hétérogénéité des humains intéressés, et ajoutons-y une double remarque rapide. C'est que cette différence d'ordre culturel ne correspond point à des régimes autoritaires opposés à des régimes de liberté: l'autoritarisme, si traditionnel, a donné grâce à Pierre le Grand une hiérarchie très stricte de strates sociales aussi diversifiée et plus immobile que le libéralisme américain dans ses expressions les plus égoïstes. L'égalitarisme — limité — des citoyens d'Athènes se conjugue avec le mépris des Barbares et des esclaves. Comme l'intelligence, l'Etat est un instrument universel, mais cependant sans lequel l'humanité n'aurait pu accéder à son état actuel, horreurs et libertés en même temps.

Cette rapide incursion sur le terrain qui fut exploré sérieusement pour la première fois par Helvétius, ne visait qu'à rappeler l'extrême dépendance de l'intelligence par rapport au milieu social, à la religion, au régime politique. La seconde remarque annoncée nous ramènera dans un champ qui est mieux dans notre ligne actuelle. Il s'agit cette fois d'un fait qu'Alain, à notre connaissance, a seul exprimé avec force, mais sans l'expliquer assez, lorsqu'il a écrit cette formule paradoxale : « la commune culture fait fleurir les différences ».

Le problème posé est bien moins exploré que les précédents, certes, mais il est cependant bien connu par l'expérience commune. On pourrait dire que l'originalité d'un sujet demande d'abord des bases communes solides : c'est la société et ses activités éducatives qui fournit également ces bases, autant qu'elle le peut. « L'école pour tous », « l'égalité des chances », ce sont là formules qui doivent être évidemment au centre de toute vision pédagogique — et qui, ajoutons-le, posent bien des problèmes ; mais une fois cet effort accompli, il reste une inégalité qui, en outre, devient de plus en plus visible. Comme si l'on ne pouvait développer son style intellectuel qu'à partir d'un point d'appui commun. Il suffit, en effet, de considérer quelles différences de l'écriture, mais aussi des visions du monde entre les grands écrivains (ces « Egaux » dont parlait justement V. Hugo, qui sont si différents les uns des autres) pour ne pas pouvoir croire à une sorte de convergence nécessaire des esprits à mesure qu'ils s'élèvent. Au contraire, le raisonnement du rustre et du sot se calque sur le modèle vulgaire, et même s'il sait lire et écrire. L'originalité est en haut, elle est élitiste, la sottise est plus « démocratique » — dans le sens bien altéré aujourd'hui de ce mot. On reconnaît un Victor Hugo ou un Chopin aux premiers vers et aux premiers préludes, mais on distingue mal entre les opinions toutes faites (par le dehors) des imbéciles. Il ne s'agit point ici d'incriminer le groupe, ni même tous les partis et toutes les religions, mais il faut bien voir que le mot de culture reste ambigu : la vraie culture (à laquelle Alain fait allusion) est celle qui fournit les instruments de la pensée, mots, concepts, etc., à tous, et les exercices à en user dans toutes les directions : c'est culture générale. Les cultures particulières au contraire, visent à couler les individus dans le même moule et par là à émasculer l'intelligence. Peu importe d'ailleurs que ces cultures limitées soient laxistes, autoritaires ou, comme fréquemment, un mélange des deux : au fond, de plus, faut-il reconnaître vraiment le terme de culture à qui, de son bulldozer, bouleverse le terrain, ou à qui ne fait que l'effleurer à peine pour semer ses graines ( ).

( ) Il est cependant à noter que des cultures oppressives (Jésuites ou stalinisme) ont souvent produit quelques esprits très originaux, comme si la règle et la révolte étaient alors excellentes pour faire fleurir les différences — mais sur un terrain beaucoup trop écrasé par, semble-t-il, le rouleau compresseur des sectes, religieuses ou politiques. Un terrain trop meuble ne donne que de mauvaises herbes, et souvent en masses.

Revenant à notre schéma coutumier, disons encore que la commune culture, c'est comme le tronc sur lequel poussent diverses branches, et même des greffes. Et elles divergent et s'étendent mieux si le tronc est épais et bien irrigué.

6. Quelques considérations historiques

Passons maintenant à cette différence essentielle que nous avons reconnue entre les deux branches maîtresses desquelles s'écartent des branches plus petites qui s'entremêlent; nous voulons dire aux deux aspects de l'intelligence. Un aspect plus primitif, cette intelligence que nous avons nommée intelligence de la rencontre, et un aspect rationnel. En réalité tout se passe comme si déjà la divergence avait commencé dès le tronc, comme si déjà à un niveau assez bas une greffe rationnelle avait pris et avait continué sa montée en s'accolant à la tige primitive pendant toute cette montée qu'est la culture générale pour ne diverger vraiment qu'assez haut.

Le problème que pose l'intelligence rationnelle est, chez nos enfants, comme un curieux problème de greffe, car le développement de cette forme d'intelligence est accéléré par les adultes qui ont inventé à ce propos un incroyable nombre de courts-circuits afin d'éviter les détours historiques et de progresser plus rapidement. C'est de ce côté-là que se fait le mieux sentir le progrès de l'intelligence humaine qui dispose alors d'instruments (écriture, technique de division, ordinateurs, etc.) et stratégies plus efficaces et plus aptes à s'améliorer. L'intelligence de la rencontre ne dispose point autant, elle, de ces armes neuves, de cette instruction, en raison de sa complexité; aussi donne-t-elle lieu à une progression plus difficile et, bien qu'elle débute dès le berceau, cette formation reste plus traditionnelle et plus cachée : il s'agit en fait de ce que l'on nommait jadis les « Humanités », mais en donnant toute son extension à ce beau mot.

Le malheur ici est que l'on s'est lassé de ce beau mot parce qu'il avait été un peu trop terni par le temps. Il ne posait point de problèmes du temps d'un Montaigne, lorsque les *studia humanitatis* comprenaient en fait l'essentiel des disciplines éducatives, et que cet essentiel se réduisait aux études grecques et latines. En cela résidait toute l'*humanitas*, l'ensemble des fonctions humaines, des conquêtes humaines. C'était là le but dernier de l'éducation, celui qui constitua par la suite le terme ultime de l'éducation classique des Jésuites, entre autres. Et il faut reconnaître qu'une telle formation visait d'abord une certaine sagesse, une attitude ouverte et compréhensive envers le monde humain — et cela souvent malgré le sectarisme des enseignants. Il ne s'agissait plus des fausses disputes sorbonnagres condamnées par les humanistes de la pré-Renaissance, mais d'une pénétration plus profonde de l'âme humaine et d'une tolérance neuve — qui colore le début des guerres de religion, mais, hélas, ne dure guère chez les masses. Les humanités nouvelles sont à l'opposé de la discussion verbale des scolastiques. Une âme tolérante et aimante y peut remplacer l'esprit discutailleur des Sorbonnagres de Rabelais.

C'est l'intelligence de la rencontre, cette intelligence fluide du cœur, qui prend le devant avec l'humanisme d'un Lefèvre d'Etaples. Le dogme, et le sectarisme ratiocinant qui en naît, passe au second plan; cela ne durera guère, certes, mais assez pour qu'un Montaigne, plus que tout autre, voie le lien étroit entre le raisonnement pur et l'absence du cœur, pour qu'il condamne de la même plume les ratiocinements de la Sorbonne et des théologiens, et les sauvages fanatismes. On voit bien comment, chez lui, se conjuguent le retour aux Anciens avec une certaine distanciation par rapport aux contemporains: il connaît trop les variétés de religions, anciennes ou modernes, pour n'être pas amené à prendre du champ par rapport aux sectarismes de son temps. C'est humanisme, et des meilleurs, mais ce désintéressement voulu de ce que nous nommons aujourd'hui un «engagement» dans un parti, ce point d'appui pris sur Socrate et les autres sages de jadis, c'est aussi la porte ouverte à la fois à la tolérance et à une vue objective de tout problème. Humanités et culture générale progressent ici ensemble. Il n'est point étonnant, par suite, que même chez les Jésuites, au début d'esprit plutôt clos et même plus clos que chez les anciens Sorbonnagres, la pratique courante d'une Antiquité pourtant bien choisie ait pu faire naître des «esprits forts»: l'humanisme survit chez ces maîtres-là, contre toute attente, à travers leurs «humanités». Ils transmettent Socrate l'hérétique sous le couvert de Platon ou d'Aristote, mais aussi d'Horace ou de Virgile.

Celui qui, à notre sens, fut le plus grand psychologue et le plus grand philosophe français — nous voulons dire évidemment Montaigne — est par là aussi celui qui met au premier plan l'intelligence de la rencontre et la nourrit de la lecture des sages de l'Antiquité. Non qu'il refuse la raison, mais il voit trop bien combien elle peut devenir fallacieuse si elle n'est guidée dans des sages «orbières», des attitudes, une vue du cœur. C'est dans ce sens qu'il faut comprendre le terme qui devient, à cette époque, à la mode de *studia humanitatis,* d'humanité. Mais replacer ce terme à sa naissance, c'est aussi préparer l'étude de son devenir.

Non seulement Montaigne n'est pas encore un scientifique — malgré quelques allusions heureuses — mais les hommes de valeur de son temps ne savent guère encore ce qu'est la science moderne, ils ne sont point de l'époque qui va suivre, de celle de Galilée ou de Descartes. Et il est remarquable qu'un Descartes ait pu, de son côté, bien qu'élève des Jésuites et sans cesse plein de Montaigne, penser à ce qui sera l'éducation technique aussi bien qu'à des équipes scientifiques de recherche. Avant le XVIe siècle, la formation de la culture générale s'était trop réduite aux discussions vaines des théologiens rationalistes et de la Sorbonne; la culture du cœur n'était qu'apprentissage de la foi catholique. Elle tentait d'assimiler en les figeant ou d'écarter avec horreur tous les restes de paganisme qui trainaient dans les croyances et les âmes populaires. Avec l'explosion littéraire puis scientifique du XVIe et des débuts du XVIIe siècle, vont apparaître les deux directions de formation éducative qui seront le lot des deux siècles suivants. D'une part des humanités véritables qui possèdent déjà dans l'Antiquité leur terrain et comme la glaise à modeler. D'autre part une culture générale encore entravée, gauche, hésitante, qui parfois rappelle les discussions du Moyen Age et parfois annonce la formation scientifique. L'histoire ici va jouer un rôle aussi important que la littérature: Montaigne, avec son érudition latine et grecque si souvent lassante, avec son amour de l'histoire, est un précurseur des sciences humaines, il prépare le terrain d'une histoire qui vise dès le XVIIe siècle à devenir plus exacte, plus scientifique. Mais surtout vont jouer les découvertes des physiciens, de Descartes puis de Newton.

N'insistons pas sur des problèmes historiques qui éclairent déjà quelque peu et éclaireront, espérons-le, beaucoup plus encore par la suite les directions qui nous intéressent. Ce qui importe ici, ce que nous voulions faire sentir sur un plan pédagogique, c'est cette opposition et cette complémentarité entre les deux tendances de l'intelligence, tantôt l'une tantôt l'autre prenant la dominance.

Or, remarquons-le bien, il ne s'agit point ici d'une séparation trop classique entre les Lettres et les Sciences, car la coupure ou plutôt la frontière assez vague peut passer à l'intérieur d'une discipline, l'instruction peut être éducation. Ainsi évidemment de l'histoire. Je respecte infiniment l'histoire et les historiens contemporains qui ont élargi le domaine trop étriqué de leur discipline, mais cette histoire scientifique dans sa complexité et sa sécheresse, n'élargit certainement point le cœur des enfants autant que l'histoire des héros, des grands hommes, des modèles, même si ceux-ci sont alors plus grands que nature. Souvenons-nous ici que, en un certain sens, comme le disait Valéry, la légende est plus vraie que l'histoire. Réservons aux adultes cultivés de chercher ce qu'était vraiment Jeanne d'Arc.

Ce qui est transparent pour l'histoire n'est pas moins vrai pour d'autres disciplines. On sait comment l'enseignement du « français » peut être divers: le maître, à la suite du célèbre Lanson et de bien d'autres, peut peiner sur les alentours, les détails biographiques, l'environnement, enfin les « hors-d'œuvre »; mais en ce cas il arrive difficilement à créer cette aura poétique et cette intuition des personnages romanesques qui sont au cœur de toute œuvre littéraire. L'explication de textes oscille ainsi entre la science et l'art, entre les deux directions de l'intelligence. Apprendre par cœur des poèmes qui vous accompagneront tout le long des milliers de jours de votre vie et surtout qui rendront le cœur plus sensible et plus clairvoyant, cela compte. Mais comptent aussi les tours secrets du poète, la grammaire et la rhétorique, cet apprentissage du langage qui, plus que n'importe quelle autre discipline, constitue une discipline générale ( ).

( ) La discipline principale jusqu'au moment de la spécialisation professionnelle, et à juste titre. Des expériences menées plusieurs années sous le contrôle de notre laboratoire ont montré nettement — ce que savent bien les bons instituteurs — qu'un accent particulier mis sur l'enseignement du français accélère de manière spectaculaire les progrès dans les autres disciplines (voir Repusseau in *Enfance*, 1962, et une analyse de ce problème général dans notre *Psychologie des attitudes intellectuelles*, p. 223 sq.).

Le fait que certaines disciplines puissent ainsi jouer à double fin — et l'on y pourrait joindre la philosophie, les langues étrangères qui connaissent ici un problème ardu, le grec — ne doit point nous ramener à la croyance d'une unique formation intelligente. J'avoue ne guère être tenté de classer ou les mathématiques ou la physique dans les « humanités »; même pas le latin ou la pure grammaire ( ): c'est

( ) Il est significatif, rappelons-le, que, comme nous l'avons vérifié jadis à plusieurs reprises en classe de 6e, la plus forte corrélation statistique se trouve entre latin et mathématiques, bien supérieure à celle entre français et latin, par exemple.

toujours culture générale — mais cela compte aussi. Inversement la musique appartient clairement aux humanités. Et le sport d'équipe devrait également y prendre place (si, hélas, le « fair play » était de règle).

Nous ne pouvons encore ici qu'orienter la girouette pensante vers certaines directions. Notons cependant, cette fois, que nous avons dû négliger deux problèmes que nous n'avons cessé de frôler dans les derniers développements. L'un est celui des variations historiques visibles dans les variations de l'éducation. L'autre est celui des sciences humaines.

Du premier point d'abord. On sait que la formation d'un jeune gentilhomme anglais, bien organisée par Locke, au XVIIe siècle, était bien différente de celle du jeune ingénieur anglais — ou français — de nos jours. Reconnaissons qu'il s'est posé entre temps un problème de connaissances nouvelles, mais, malgré son importance ce facteur ne suffit point à expliquer la différence : le mépris avoué de Locke pour les arts et la poésie est étonnant chez un si grand esprit, mais il est de son temps, d'un temps où passe au premier temps une autre forme d'intelligence que celle qui prime de nos jours ou que celle qui primait chez un Platon. Il ne s'agit pas seulement de l'importance variable accordée à la culture générale — par exemple, aujourd'hui aux U.S.A. où elle cède toujours, malgré un début de retour, à la « general information », ou dans la France pédagogique et américanisée — il s'agit des formes beaucoup plus diverses que peuvent prendre les « humanités » au sens large du mot.

Cette différence est éclatante dès la naissance car la formation du caractère et le mode de la rencontre varient dès le berceau comme l'ont montré, entre autres, les célèbres études de M. Mead. La psychologie de l'enfant rencontre ici les recherches anthropologiques en soulignant aujourd'hui l'importance dans la formation de l'intelligence affective de la rencontre des regards, de l'intelligence continue des gestes entre mère et enfant, enfin de toutes ces concordances qui lient l'enfant de manière variable à l'adulte, et par là même, délient sa connaissance et sa compréhension des autres. Cette même psychologie cependant n'a point encore assez étudié la formation par les pairs, par le peuple enfant, ses jeux et ses rites : or c'est à ce niveau-là que l'on entre vraiment dans l'intelligence *humaine* des semblables, dans les *studia humanitatis,* même si c'est dans la cour de l'école, même si c'est parfois hors de l'école. Jencks a bien montré que l'on surestimait d'ordinaire le rôle de la famille et de l'école dans la formation actuelle des connaissances; cela implique certes des réserves, en particulier sur la toute petite enfance, mais lorsqu'il s'agit des véritables humanités, il est important de frotter non seulement sa cervelle mais ses poings et sa peau à ceux d'autrui. C'est ici qu'interviennent les sports, les chœurs, les danses populaires, enfin cette école du groupe restreint qui est irremplaçable. Les modes de cette rencontre avec les autres sont à la base même de toute culture, ils constituent l'essentiel de la Civilisation.

Or ces modes ont depuis quelques décennies changé beaucoup plus que pendant les siècles précédents, et la vitesse de ce changement s'accélère sans cesse. C'est là un lieu commun pour journalistes, mais le remède, s'il est utile et possible, dépend des causes du changement. On sait qu'il s'agit en bonne part du progrès des techniques rationnelles, des progrès des sciences. Le rationalisme qui, depuis la Réforme, s'est développé puis exacerbé en Occident, n'a favorisé que l'intelligence rationnelle, l'intelligence des choses construites, des instruments; il y a longtemps qu'on le sait et que de grands esprits comme Montaigne, comme Rousseau, comme Balzac même, ont mis l'accent sur ce danger. Montaigne, le premier penseur a avoir concentré ses analyses sur ce qu'il nommait déjà la «communication», savait combien étaient dangereux les raisonnements non appuyés sur les sentiments, tout autant que Rousseau savait combien, malgré leur importance, il fallait se méfier des «mots» (*Emile*). Il est d'autant plus curieux de voir au contraire combien ceux qui se souciaient des études portant sur les hommes en groupe se sont, même lorsqu'ils étaient stylistes et poètes, laissé emporter par une foi latente dans le langage et l'intelligence rationnelle. On croyait pouvoir mener de pair les progrès de la physique et de la compréhension entre hommes, de la science et de la fraternité: Descartes, Leibniz, Kant, Hegel, Marx, autant d'étapes sur une même ligne, autant de proclamations du primat de la raison sur le cœur, de l'intelligence rationnelle sur l'intelligence de la rencontre.

7. Insuffisance des sciences humaines

On croyait rapprocher les hommes par la plus pure des raisons, on les éloignait, on jetait les fondements d'une civilisation dont nous sentons aujourd'hui tous les dangers et toute l'inhumanité.

Il se trouve que l'on en est venu à chercher dans les sciences humaines un remède à cette inhumanité. L'étude de la communication est sans cesse sur la scène, tantôt sous la forme d'une linguistique, tantôt sous celle d'innombrables institutions créant des réseaux de communication entre les hommes les plus éloignés, tantôt dans la diffusion de techniques neuves, non plus seulement de livres mais aussi de disques, de cassettes, de vidéogrammes, de télématique, de langages universels prévus pour un meilleur traitement des problèmes d'intelligence.

Mais ce n'est jamais là que verser de plus en plus dans le domaine des choses et des passages. Le langage nouveau est fait pour les machines, il n'a pas d'âme, les machines ne sont point «d'intelligence» entre elles, elles ressemblent plus aux leviers et rouages d'Archimède qu'aux balbutiements du bébé. Elles peuvent être efficaces lorsqu'il s'agit de modeler les ailes d'un avion, de fournir une information, de calculer les mondes lointains. Mais, dès qu'il s'agit des rencontres entre humains, elles n'ont plus qu'un rendement médiocre, elles faussent l'atmosphère humaine, elles sont glacées. Tout ce qu'elles peuvent, c'est prendre avantageusement la place des structures mortes, accélérer le calcul, transmettre les sons à l'autre bout de la terre. Mais l'on ne voit guère que la sociologie ait amélioré les rapports entre l'Occident et l'Orient : mieux vaut les rencontres des hommes, le regard des individus.

Allons plus loin, même la psychologie ne progresse guère dans ses applications pratiques : on ne peut croire que les nations qui lui ont le plus consacré d'argent, d'efforts et d'emplois, qui ont le plus de psychologues et de psychanalystes, soient plus stables, constituées d'individus mieux équilibrés, plus sages, moins inconstants, plus soucieux de civisme ou de tendresse. A se demander parfois si cette vulgarisation de sciences psychologiques encore en enfance n'a pas contribué à un certain déséquilibre moral (et par suite intellectuel au sens large et humain du mot); à moins que l'inverse ne soit vrai et que le déséquilibre plus prononcé des chercheurs ait contribué à déséquilibrer aussi une science (la psychanalyse pose ce problème) ( ).

( ) Il m'est arrivé dans un congrès important de psychologie de demander que l'on mette comme thème du prochain congrès «la psychologie du psychologue». Contrairement à ce qu'ont pensé beaucoup de collègues, ce n'était point seulement une plaisanterie de mauvais goût. Les psychanalystes, eux, se sont parfois posé franchement le problème (je pense, par exemple, aux travaux de Moscovici).

Il ne conviendrait cependant point de trop marcher dans cette voie étroite. Il vaut mieux réfléchir que nous avons souvent fait trop de confiance aux sciences humaines; elles ne pouvaient pas donner plus de résultats si, sous prétexte de leur donner une efficacité «scientifique », nous leur appliquions les méthodes (généralement mathématiques) des sciences exactes qui, à elles seules, sont extrêmement lentes et restent inefficaces pour l'essentiel.

Serait-ce donc seulement une question de patience? L'intelligence rationnelle serait-elle assurée de rattraper quelque jour l'intelligence globale sur le terrain de la rencontre (amours et haines ensemble). Il est à craindre qu'il n'en soit point ainsi car l'individu aussi change avec son siècle, le sondage d'hier n'est déjà plus vrai aujourd'hui. Il est nécessaire de se rendre compte que, si la société change de plus en plus vite, laissant derrière elle, semble-t-il, chaque individu qui vieillit, cet individu aussi se modifie et, si je puis oser cette cascade de termes, modifie ses modes de modification. L'adolescent étudié avant la dernière guerre par les spécialistes (Stanley Hall, Debesse, etc.) n'existe plus guère, ne répond pas plus aux anciennes études que ne répondent les jeux récents utilisant ordinateurs et télématiques aux jeux de ma jeunesse qui se contentaient de bâtons, de trognons de chou ou de billes.

Apparences, dira-t-on; sous les modalités diverses subsistent des attitudes anciennes, des caractères, des tempéraments, des stratégies, des amours et des sourires. Je le veux bien, mais c'est justement ce fond-là qu'une intelligence rationnelle saisit le plus mal. L'essentiel de la rencontre échappe aujourd'hui à l'avancée la plus aiguë de notre esprit et, à vouloir commander à la formation des esprits normaux, les sciences humaines n'arrivent qu'à perdre une bonne part de leur crédit. La science des « public relations » reste loin derrière les humanités et la politesse.

Mieux vaut reconnaître que, et surtout en cette jeunesse des sciences humaines, le plus important de notre vie ne peut être consommé par les ordinateurs et les méthodes dites rationnelles. Si celles-ci sont capitales en vue du développement économique et végétatif, pour vaincre la faim, pour faire reculer les maladies, pour faire éclater notre cosmos humain au-delà de la Terre, elles doivent encore en général céder la place à l'intelligence que nous avons tenté de nommer intelligence de la rencontre, à cette intelligence qui seule peut nous faire connaître les humanités d'aujourd'hui. Et par ce terme d'humanités d'aujourd'hui je ne veux évidemment point signifier la technologie — il n'y aura jamais d'humanités techniques — mais ces disciplines et ces activités qui enracinent l'homme dans le groupe et non devant son poste de télévision, qui jettent entre les hommes des rapports d'amitié, de tendresse, d'humanité et non seulement de sexualité, de commerce et de rivalité guerrière. Il ne s'agit certes point de ces liens rigides qui enchaînent non des hommes mais des robots dans les régimes inhumains aujourd'hui rivaux des anciens Gengis Khân, il ne s'agit point non plus de ce laisser-aller pédagogique fréquent ailleurs qui laisse l'individu seul au lieu de lui assurer une place dans un groupe suffisamment nombreux de camarades de classe. Il s'agit de ces disciplines et de ces activités, parfois parallèles, parfois d'équipe, où l'individu, par la poésie, par la compétition, par l'ordre, développe sans le dire ni le penser l'intelligence de la rencontre pacifique.

Cette intelligence qui, à travers les Lettres, prépare les Sciences.

Cette intelligence qui, par la poésie, mène à l'amour.

Annexe

Les épreuves d'attitudes stratégiques

Les épreuves d'attitudes stratégiques sont complexes, plus complexes que des épreuves de savoir ou d'apprentissage, parce qu'elles impliquent, en tant que stratégiques, des structures ou orientations au moins esquissées mais souvent variées et confuses et que, en tant qu'attitudes, elles dépassent dans une réalité globale mal analysable les éléments qui les constituent et qu'on ne peut les reconstituer simplement à partir de ces éléments. Elles dépassent les épreuves visant les savoirs et les perceptions, parce que l'entrée à quelque savoir que ce soit ne nécessite point un jeu aussi important avec la durée, disons plus avec une activité qui se prolonge en se modifiant, avec ce « passage qui se transforme » qui était pour Lagneau la pensée elle-même : l'arrivée au savoir vrai, au savoir bien structuré, c'est la trace sur le sable de la vague, il y a du statisme dans toute épreuve qui vise un savoir comme il en est tant dans des batteries dites d'intelligence. Les épreuves d'attitude dépassent également les épreuves d'apprentissage en ce qu'elles sont création, qu'elles ne procèdent point selon un programme puisque justement c'est d'elles que procède la stratégie qui se mue finalement en programme.

Il y aurait aussi lieu de bien distinguer les épreuves d'attitudes stratégiques des épreuves de personnalité ou des épreuves scolaires. Mais la distinction est plus difficile. Nous verrons plus loin comment elles se rapprochent des épreuves scolaires les plus classiques. Pour les épreuves de personnalité, sans même se poser le problème de savoir si la personnalité n'est point finalement un ensemble d'attitudes — encore plus que de pulsions — il faut bien reconnaître que certaines épreuves de personnalité peuvent être utilisées comme épreuves d'attitudes stratégiques — et inversement. Telles sont ces tests qui visent les orientations générales dans l'espace ou le temps, par exemple la jolie épreuve dans laquelle on note un « actogramme » du sujet qui est censé chercher une balle dans un champ — épreuve qui, étudiée jadis par des psychologues comme Mme Bernyer, a été mise à la mode récemment, mais sous un autre nom plus sophistiqué, par un chercheur médical. Dans cette ligne on peut concevoir un grand nombre d'épreuves, mais il suffit de faire cette remarque qu'une épreuve portant sur des modes de déplacements dans le temps ou dans l'espace concerne toujours des stratégies; il s'agit là de la personnalitté intellectuelle autant que de la personnalité tout court. Même le simple dessin d'un objet ou d'un être peut être ainsi précieux; c'est pourquoi l'on a même, sans grand succès il est vrai, tenté de tirer une épreuve de Q.I. du dessin du bonhomme; c'est pourquoi nous avons pu nous-même, dans un long travail de 7 ans, user de dessins divers pour étudier des attitudes intellectuelles et certaines stratégies profondes qui les commandaient (*Les attitudes intellectuelles...*, CNRS, 1965).

En ce domaine, comme dans toute recherche psychologique, gardons-nous cependant de ces épreuves trop ambiguës que l'on a parfois utilisées, comme tant d'épreuves concernant la nature du dessin (non son orientation, ou ses dimensions comme nous le faisions). Il peut être intéressant d'étudier dans n'importe quelle épreuve les types de personnalité et les styles, mais mieux vaut chercher des épreuves plus appropriées qui visent sans équivoque possible la distinction ou la mesure des attitudes stratégiques et permettent ainsi de suivre leur genèse et leurs cours. On peut les trouver dans bien des domaines mais les jeux sont ici particulièrement riches parce que justement toute stratégie est du jeu et comporte du jeu, même chez les adultes les plus intelligents. Dames, échecs, billard, à peu près tous ces jeux que l'on nomme « de société » fourniront des suggestions. Il s'agit, il est vrai, d'opérations au sens précis de ce terme, c'est-à-dire de l'achèvement d'une tâche, ou plutôt d'un but; mais l'on sait combien, même dans des jeux aussi « opératoires », si je puis dire, qu'échecs ou billard, se montrent des attitudes générales, des styles, des manières particulières de rechercher la prouesse. Le mot d'opération prend ici un autre sens que lorsqu'on parle d'opérations mathématiques, logiques ou même grammaticales (à la manière d'un Piaget, par exemple); il évoque tout autant des « opérations de commando » ou des « opérations de bourse » dans lesquelles joue au plus haut point un certain flair, un esprit de finesse. Même s'il est dans des manuels appropriés des « coups » célèbres pour les joueurs d'échecs ou de bridge, la valeur du joueur réside surtout ailleurs, dans des attitudes, dans des stratégies amples — comme l'on voit mieux au poker. L'opération n'est plus simplement une séquence de structures ou de schèmes ou même de rites (comme en certaines études de psychologie ou d'ethnologie), elle implique que soit ressentie une orientation, et comme une sorte de faible pour telle stratégie ou tel « coup » plutôt que pour un autre. Un coup d'œil, dirait le tennisman ou le rugbyman.

Entre autres opérations, les opérations ludiques sont plus propres à fournir au psychologue des épreuves d'attitudes stratégiques parce que justement elles ne se réduisent pas à des chaînes d'arguments, parce qu'elles laissent d'ordinaire un certain jeu — voyez en passant combien ce mot est beau — parce que chacun y peut choisir stratégie et techniques, en visant la même prouesse ludique. Tout jeu suppose une règle, certes, mais — et surtout lorsque s'élèvent l'âge et le niveau du jeu — bien éloignée d'avoir la stricte rigidité de la stratégie mathématique, d'un calcul. Qui dit jeu dit serment, mais aussi flou : le serment est stratégie mais le flou est attitude.

Laissons cependant de côté les jeux que l'on n'a point tort de nommer jeux rituels, ces jeux qui ont pour objet la communion du groupe (rondes, grands jeux des fillettes, etc.) dans lesquels la liberté, si elle n'est jamais absente, reste limitée. Laissons aussi à part les jeux dans lesquels prévaut la force ou la vitesse physiques. Il restera bien assez d'épreuves pour nous suggérer des études des attitudes stratégiques ( ).

( ) Il y aurait beaucoup à dire ici des sports et de leurs rapports avec l'intelligence et les attitudes stratégiques. Nombre de sports individuels font peu de place à la stratégie (courses de vitesse, haltères) et réclament seulement une préparation intelligente par des exercices planifiés. Il en est cependant où la stratégie, non point simplement conçue mais assimilée et passée en attitude, jouent un rôle capital. Tout joueur de tennis sait combien compte la tête dans un match, et la manière non seulement d'attaquer en usant de tel ou tel coup, mais d'abord chaque match, chaque set, chaque jeu, chaque point. La montagne, dès qu'elle n'est plus simple promenade, exige aussi cette intelligence qui mêle calcul et flair. Et cette fois plus généralement, la plupart des sports d'équipe réclament la mise en jeu d'attitudes correspondant à des stratégies de groupe, comme savent bien les rugbymen ou autres joueurs de balle et ballon — et même de cartes ! Mais il n'est pas aisé de faire entrer des compétitions sportives en laboratoire ! Ni même de porter les techniques de mesure sur le terrain pour mesurer l'intelligence d'une équipe ou de tel ou tel de ses joueurs. Ce qui ne doit pas nous faire oublier combien de jugements sur cette intelligence sont portés par spectateurs et sélectionneurs (et combien se justifie ici notre conception plus ouverte de l'intelligence; et du « être d'intelligence », qui est au fond constituer une équipe).

Donnons des exemples précis. Nous les choisirons de préférence dans des épreuves étudiées par nos chercheurs dans ce but précis d'une étude des attitudes intellectuelles. L'un d'eux tire son principe d'un jeu — que j'ignorais alors —, le jeu du « taquin » très à la mode il y a un siècle : ce principe est celui du carré magique des mathématiciens : par exemple, un carré de 16 cases sur lesquelles il faut répartir en ordre les 16 jetons numérotés de 1 à 16. On peut varier le problème et les stratégies aisément : au lieu de chercher à placer les jetons dans l'ordre numérique à partir d'un désordre variable, chercher à les placer de telle sorte que la somme des colonnes et des rangées soit toujours la même (de 34); il s'agit alors d'un carré parfait. En utilisant une série de 14 carrés parfaits de ce type, mais de 9 cases seulement, et un total prévu de 6 pour colonnes et rangées, je me contente de placer d'abord dans chaque carré un 1 et un 4 selon des figures variables. Le sujet étudié doit compléter les carrés en remplissant pour chacun les 7 cases restées vides par des chiffres à trouver (zéro excepté). Dans une telle épreuve on peut, outre les temps partiels et totaux et leurs relations, mesurer des données comme les temps de latence, les retours en arrière, les types de stratégie (trois types faciles à distinguer lorsque le sujet travaille), le point de départ (case déjà notée ou case vide). L'application de cette batterie a permis, entre autres résultats (dont un meilleur accord avec les résultats scolaires que l'excellent NEMI de Zazzo), de distinguer des stratégies différentes dans les classes menées selon des pédagogies différentes (ou tout à fait traditionnelles, ou du plus pur type Freinet), l'une, la classique, fournissant une plus grande homogénéité que l'autre entre les sujets.

Une épreuve du même genre, consistant à placer (sans autre consigne) 4 séries de 9 jetons portant des chiffres colorés de 1 à 9 (sur des fonds également colorés) sur un triangle de cases disposées en étages comportant successivement 1, puis 2, puis 3... cases, s'est avérée très riche en permettant, par exemple de distinguer très nettement (à p. 001) deux populations d'enseignants de niveaux différents bien qu'élevés (enseignants du supérieur et étudiants-instituteurs de psychologie scolaire), selon des mesures d'ordre. Mais le plus frappant en cette épreuve était la diversité des stratégies choisies de sujet à sujet dès que l'on n'envisageait plus seulement l'ordre, ou le temps, mais les attitudes, par exemple graphique ou perceptive, inspirée ou non des trois types de couleur ou de l'ordre numérique, la préparation logistique (classement préalable des jetons selon des stratégies ou non-classement) avant ou pendant le travail. En fin de compte, entre deux sujets de même âge, ayant atteint la même réussite (de professeur de Faculté) dans une même carrière, apparaissaient des différences si importantes dans les attitudes stratégiques qu'elles dépassaient de beaucoup les différences classiques qu'on eût pu étudier entre leurs « personnalités ».

Il s'agit, on le voit, dans cette seconde épreuve, d'une tâche parfaitement ouverte (à plusieurs solutions). De telles tâches sont des plus utiles pour l'étude des attitudes stratégiques : elles sont intermédiaires entre des tests d'intelligence classique et ces épreuves dites de « créativité » qui ont été utilisées d'abord, il est vrai dans un but seulement pédagogique, par Pestalozzi, puis reprises et étudiées récemment (appliquer le plus de sujets à un adjectif ou inversement d'adjectifs à un sujet, comme dans la célèbre éducation placée sous le signe de *Gertrude*). Déjà cependant ces épreuves pestalozziennes supposent une attitude que je n'oserais pas encore qualifier de stratégique, mais seulement de consigne, car l'essentiel est dans le vocabulaire évoqué. Mais, si l'on envisage des niveaux d'âge précoce, il faut bien voir que ces épreuves, utiles pour développer la folle du logis verbale, sont déjà des épreuves préparatoires à celles qui permettent d'étudier les attitudes stratégiques : la stratégie constitue la consigne. Et, à ces niveaux précoces, dans les classes maternelles, on peut étudier des épreuves qui sont déjà d'attitudes stratégiques parce qu'elles concernent la création et l'application d'une règle — ou de plusieurs, certaines consignes « additionnelles » venant parfois non seulement compliquer mais aussi perturber la consigne originale. On sait — nous l'avons souvent observé et même écrit — combien les enfants de la maternelle aiment ces jeux, et dans notre laboratoire nous avons usé et abusé de leurs modèles. Simplement aligner des objets analogues sur une table (épreuve qu'ont utilisée Piaget et Lambercier), n'est-ce pas déjà suivre une stratégie ? mais les modalités de la conduite générale sont aussi déjà des stratégies. Placer des jetons ou des gommettes sur un papier quadrillé en cases, selon des consignes données ou inventées, c'est là un buisson riche en stratégies utilisant des alternances, des nombres, des rythmes, des régularités. On y peut joindre maints puzzles, à condition d'observer et noter non seulement le résultat final et le temps mais aussi la prise en considération d'une logistique préalable et de stratégies diverses.

De plus en plus nos enfants disposent aujourd'hui de jeux dits éducatifs (en particulier électroniques) qui sont en fait des épreuves d'attitudes stratégiques. Le tournant dans le choix des jouets par les enfants, que constatent les fabricants de jouets et auquel sont consacrées des études intéressantes, peut aussi fournir à notre psychologie des possibilités pour renouveler le stock de ce que l'on considère aujourd'hui comme les tests d'intelligence, stock biaisé trop souvent par des considérations pratiques. Point n'est besoin d'ailleurs en général d'un matériel complexe — on ne doit point juger la valeur d'un psychologue et de ses méthodes à la mesure de ses dépenses — mais d'un matériel léger, et le plus souvent des objets les plus communs, en premier lieu de papiers et de crayons.

Mais n'avons-nous pas quelque peu abandonné un territoire réservé au chercheur scientifique pour passer sur un territoire qui fut longtemps et reste en bonne part celui de l'éducateur? C'est que les maîtres qui ont précédé notre génération n'ignoraient nullement l'importance des attitudes stratégiques, même s'ils utilisaient des vocables qui semblent aujourd'hui archaïques. Faire appel à l'ordre (et à la politesse, qui est de finesse autant que de rites), au sens de l'achèvement (du travail), à la propreté (qui est art et maîtrise de soi, par exemple dans l'écriture), à l'insertion dans le collectif (aussi bien dans l'orthographe que dans le langage et les jeux), savoir «composer» (avec les mots, avec les idées, avec les autres, avec soi), ne sont-ce point là de vieilles préoccupations, de vieilles maximes, qu'ont éclairées et pratiquées les plus grands des éducateurs de tous les temps? Quoi qu'il en veuille, le psychologue suit une piste déjà tracée. Ce qu'il lui faut, c'est aller plus vite, accélérer les décisions et les jugements. Mais, à juger un enfant ou un homme, il faut autrement de temps qu'à juger les raies d'une photographie ou les taches sur une feuille. Les épreuves d'attitudes intellectuelles ne peuvent éviter d'être longues; comme l'apprentissage de l'art de composer et de se composer, il leur faut de la distance. A quoi répugnent trop aisément les vendeurs de tests: la «composition», la dissertation montrent cependant mieux que n'importe quel test si le sujet sait ordonner ses pensées, achever ses arguments, utiliser son savoir et la folle du logis. L'éducateur était déjà psychologue et son examen, pour trop restreint qu'il fut toujours, l'était encore moins que certaines passations de tests de Q.I. Et surtout il mettait mieux en jeu la suite dans les idées, la persévérance, l'effort continu, fondement des structures conceptuelles et verbales. Il n'ignorait point qu'il n'y a pas d'intelligence sans volonté et que ne s'est point complètement trompé celui qui a affirmé un jour que l'on «est juste aussi intelligent qu'on veut».

Cette dernière citation nous ramène à la notion d'attitude qui ne doit point, dans notre actuelle préoccupation, céder trop de terrain à celle de structure, même si, comme Lévi-Strauss ou comme Piaget, on élargit au maximum la notion de structure. C'est d'ailleurs là un point qu'avaient aussi bien senti les grands pédagogues de jadis. En parlant d'attitudes, nous avons voulu rappeler sur le devant de la scène cette base affective, ces affections, cette affectivité — et le remplacement intentionnel de ces termes par des termes comme motivation est ici significatif du glissement général de la psychologie moderne en cette région de la recherche — qui sont à la base de toute intelligence, et aussi qui sont à son achèvement lorsqu'il s'agit de cette intelligence la plus précieuse qu'est l'intelligence de la rencontre. Ces facteurs, comme l'anxiété, l'inquiétude critique, la rage de comprendre, la saisie globale, on ne peut y voir vraiment des structures. Il nous faut donc maintenant revenir en arrière et, après l'intelligence rationnelle, regarder l'intelligence de la rencontre et chercher les armes avec lesquelles l'estimer et même, si possible, la mesurer.

Sans doute peut-on, comme pour les simples stratégies destinées aux objets, envisager des épreuves notées sous plusieurs aspects, des questionnaires par exemple : on pourrait extraire des questionnaires classiques de personnalité — et Dieu sait s'il y en a ! — un lot de questions susceptibles de porter sur les attitudes intellectuelles. Mais là aussi ce sont des *problèmes* qui doivent passer au premier plan, des problèmes concernant les autres plus que soi-même. Il faudrait nous tourner, semble-t-il, vers ces arts qui portent sur les relations entre les individus. Sur ce point, avouons-le, nos recherches occidentales — plus portées d'ailleurs à la pratique et au collectif qu'à l'étude de l'individu — restent sans doute bien loin, à des milliers d'années en arrière dit Lévi-Strauss, des connaissances de l'Orient ; mais c'est de jugement qu'il s'agit autant que de formation et les textes des grands auteurs sont précieux pour former le jugement autant que pour former le cœur. Encore n'est-il point indispensable de connaître les techniques comme si c'étaient des structures, et d'utiliser le *Kamasoutra* ou Casanova : c'est une certaine finesse qu'il faut assimiler, un goût qu'il faut former.

Il s'agit moins de connaître et de savoir que de juger ou même de sentir. Deux lignes essentielles sont ici visibles, l'une de compréhension, de saisie, l'autre d'assimilation, d'absorption en soi. Nous voici ainsi amenés à retrouver, entre autres, un exercice scolaire que nos psychologues ratiocineurs et bien des éducateurs, surtout en Amérique, ignorent à peu près complètement, l'explication de textes conçue très généralement (mais non comme une récitation de données historiques). D'abord étudier la compréhension d'une scène, d'une situation, les significations des termes et des phrases, le jeu dramatique des pulsions et des affections. Ensuite, en faisant passer sur le plan de la conscience claire les raisons et causes secrètes du jugement de goût (aussi bien moral qu'artistique, car c'est même problème), parvenir par cette formulation à l'élever, à le renforcer, à l'affiner, et par là même à enfoncer dans le profond de son être psychologique cette saisie globale et subtile qu'est notre intelligence des autres. A mettre en lumière et à nourrir à la fois de cette même lumière la sagesse secrète. Peut-être au fond ne connaît-on jamais qu'en éduquant. Rencontrer l'autre et se rencontrer soi, c'est même chose.

Lorsque j'étais encore jeune adolescent, jeune lycéen, et que je désirais, en bon rationaliste mathématicien et cartésien — mais sans m'en douter — que mes maîtres me donnent toujours un savoir bien ordonné (quel est le premier poète français? le second? le troisième?), je ne pouvais comprendre à quoi rimait cette explication de textes qui tenait tant de place dans l'éducation de cette époque; à la fin de l'adolescence, j'en niais même la valeur parce qu'elle ne pouvait être assignée à aucune des sciences (par exemple, dans la célèbre série d'A. Comte). Dans l'obnubilation venue du savoir et des sciences qui condamne trop souvent notre école moderne, notre éducation récente, je retrouve cette simplicité du jeune que je fus; j'aimais cependant ces analyses et cet esprit de finesse qu'elles impliquent et par la suite je n'eus guère de plus grande joie lorsque j'ai enseigné que lorsque je devais à mon tour « expliquer » une poésie ou un beau texte en tentant d'en approfondir les secrètes significations. Mais je mis longtemps à empoigner solidement cette évidence que l'homme ne vaut que dans la valeur de ses rencontres, non dans sa force ou ses savoirs, et que pour le connaître ou pour le former il est bon d'abord d'avancer sur un terrain riche et ardu, sur un domaine semblable à ces pentes secrètes et dangereuses où la montagne offre sous quelque rocher ses plus belles fleurs. Non point dans le territoire plat et desséché de ces déserts rationnels où l'on peut — comme font les génies mathématiques — forcer l'allure, mais aussi où l'on meurt de soif.

L'intelligence, ce n'est point simplement un parcours simple et rapide, c'est aussi une flanerie à la rencontre de l'autre homme. Heureux qui, comme le sage dont nous parle Platon dans son *Phèdre*, est parvenu à faire marcher de front ces deux chevaux, cœur et esprit, dont seul vaut le couple. Là est l'intelligence véritable, celle qui met d'intelligence avec soi-même et avec les autres êtres.

Table des matières

INTRODUCTION: L'EVOLUTION DE LA VIE PSYCHIQUE

1. Le sens commun contre l'intellectualisme 7
2. La démarche de l'évolution 9
3. Organes et fonctions 12
4. Le comportement comme mosaïque d'éléments d'âge différent 14
5. Confirmation sur une conduite intelligente 18

CHAPITRE I: LES SIGNIFICATIONS

1. Etymologies 23
2. L'intelligence comme chose 25
3. Intelligence et savoir 29
4. Etre d'intelligence 32

CHAPITRE II: L'INTELLIGENCE ET LA MESURE

1. Psychologie de l'intelligence et qualité 37
2. Les tests d'intelligence 42
3. Que mesure le psychologue? 48
4. Les groupes et les variances 52
5. Le zéro psychologique 54
6. Usage de la variabilité 59
7. Le facteur g 61

CHAPITRE III: POSITION DES VRAIS PROBLEMES

1. De la pensée en mosaïque vers une intelligence générale 65
2. Le regard 70
3. Le langage le plus primitif 74
4. Divergence et convergence 78
5. L'overlap 81

CHAPITRE IV: LES DIVERGENCES ET L'INTELLIGENCE DE LA RENCONTRE

1. Facteurs V et S 87
2. Les démarches génétiques de l'intelligence 91
3. L'intelligence des amours 97
4. Le langage et l'intelligence 100
5. La « métis » 104
6. L'intelligence dans les arts et dans certains sports 108
7. Les coupures et les reprises 116

CHAPITRE V: LES CONVERGENCES ET L'INTELLIGENCE RATIONNELLE

1. Convergence innée et convergence acquise : le problème d'Helvétius 121
2. Les fausses pistes 125
3. Le passage par les attitudes affectives 130
4. Les automatismes de base 135
5. Vers les attitudes intellectuelles 140
6. La condensation (note sur les relations entre la rencontre et l'étendue-durée) 143

CHAPITRE VI: L'INTELLIGENCE COMME STRATEGIE

1. L'intelligence comme position et solution de problème 147
2. La stratégie dans la rencontre affective 152
3. La stratégie comme instrument 155
4. Etonnement et attitude de problème 163
5. Vers l'intelligence rationnelle 167

CHAPITRE VII: ITINERAIRES ET FORMES DE L'INTELLIGENCE

1. L'ouverture 171
2. Projet, plan, stratégie, programme 176
3. Vers une expérimentation variée 182

CONCLUSION

1. Récapitulation 191
2. Les inégalités d'intelligence : inné et acquis 194
3. L'arbre psychologique : les prises premières 200
4. Culture générale et éducation 206
5. Les différences d'ordre social 210
6. Quelques considérations historiques 214
7. Insuffisance des sciences humaines 219

ANNEXE 223

PSYCHOLOGIE ET SCIENCES HUMAINES
collection publiée sous la direction de MARC RICHELLE

1. Dr Paul Chauchard
   LA MAITRISE DE SOI, 9ᵉ éd.
5. François Duyckaerts
   LA FORMATION DU LIEN SEXUEL, 9ᵉ éd.
7. Paul-A. Osterrieth
   FAIRE DES ADULTES, 16ᵉ éd.
9. Daniel Widlöcher
   L'INTERPRETATION DES DESSINS D'ENFANTS, 9ᵉ éd.
11. Berthe Reymond-Rivier
    LE DEVELOPPEMENT SOCIAL DE L'ENFANT ET DE L'ADOLESCENT, 9ᵉ éd.
12. Maurice Dongier
    NEVROSES ET TROUBLES PSYCHOSOMATIQUES, 7ᵉ éd.
15. Roger Mucchielli
    INTRODUCTION A LA PSYCHOLOGIE STRUCTURALE, 3ᵉ éd.
16. Claude Köhler
    JEUNES DEFICIENTS MENTAUX, 4ᵉ éd.
21. Dr P. Geissmann et Dr R. Durand
    LES METHODES DE RELAXATION, 4ᵉ éd.
22. H. T. Klinkhamer-Steketée
    PSYCHOTHERAPIE PAR LE JEU, 3ᵉ éd.
23. Louis Corman
    L'EXAMEN PSYCHOLOGIQUE D'UN ENFANT, 3ᵉ éd.
24. Marc Richelle
    POURQUOI LES PSYCHOLOGUES?, 6ᵉ éd.
25. Lucien Israel
    LE MEDECIN FACE AU MALADE, 5ᵉ éd.
26. Francine Robaye-Geelen
    L'ENFANT AU CERVEAU BLESSE, 2ᵉ éd.
27. B. F. Skinner
    LA REVOLUTION SCIENTIFIQUE DE L'ENSEIGNEMENT, 3ᵉ éd.
28. Colette Durieu
    LA REEDUCATION DES APHASIQUES
29. J.C. Ruwet
    ETHOLOGIE: BIOLOGIE DU COMPORTEMENT, 3ᵉ éd.
30. Eugénie De Keyser
    ART ET MESURE DE L'ESPACE
32. Ernest Natalis
    CARREFOURS PSYCHOPEDAGOGIQUES
33. E. Hartmann
    BIOLOGIE DU REVE
34. Georges Bastin
    DICTIONNAIRE DE LA PSYCHOLOGIE SEXUELLE
35. Louis Corman
    PSYCHO-PATHOLOGIE DE LA RIVALITE FRATERNELLE
36. Dr G. Varenne
    L'ABUS DES DROGUES
37. Christian Debuyst, Julienne Joos
    L'ENFANT ET L'ADOLESCENT VOLEURS
38. B.-F. Skinner
    L'ANALYSE EXPERIMENTALE DU COMPORTEMENT, 2ᵉ éd.
39. D. J. West
    HOMOSEXUALITE
40. R. Droz et M. Rahmy
    LIRE PIAGET, 3ᵉ éd.
41. José M.R. Delgado
    LE CONDITIONNEMENT DU CERVEAU ET LA LIBERTE DE L'ESPRIT
42. Denis Szabo, Denis Gagné, Alice Parizeau
    L'ADOLESCENT ET LA SOCIETE, 2ᵉ éd.
43. Pierre Oléron
    LANGAGE ET DEVELOPPEMENT MENTAL, 2ᵉ éd.
44. Roger Mucchielli
    ANALYSE EXISTENTIELLE ET PSYCHOTHERAPIE PHENOMENO-STRUCTURALE
45. Gertrud L. Wyatt
    LA RELATION MERE-ENFANT ET L'ACQUISITION DU LANGAGE, 2ᵉ éd.
46. Dr. Etienne De Greeff
    AMOUR ET CRIMES D'AMOUR
47. Louis Corman
    L'EDUCATION ECLAIREE PAR LA PSYCHANALYSE
48. Jean-Claude Benoit et Mario Berta
    L'ACTIVATION PSYCHOTHERAPIQUE
49. T. Ayllon et N. Azrin
    TRAITEMENT COMPORTEMENTAL EN INSTITUTION PSYCHIATRIQUE
50. G. Rucquoy
    LA CONSULTATION CONJUGALE
51. R. Titone
    LE BILINGUISME PRECOCE
52. G. Kellens
    BANQUEROUTE ET BANQUEROUTIERS
53. François Duyckaerts
    CONSCIENCE ET PRISE DE CONSCIENCE

54 Jacques Launay, Jacques Levine et Gilbert Maurey
LE REVE EVEILLE-DIRIGE ET L'INCONSCIENT
55 Alain Lieury
LA MEMOIRE
56 Louis Corman
NARCISSISME ET FRUSTRATION D'AMOUR
57 E. Hartmann
LES FONCTIONS DU SOMMEIL
58 Jean-Marie Paisse
L'UNIVERS SYMBOLIQUE DE L'ENFANT ARRIERE MENTAL
59 Jacques Van Rillaer
L'AGRESSIVITE HUMAINE
60 Georges Mounin
LINGUISTIQUE ET TRADUCTION
61 Jérôme Kagan
COMPRENDRE L'ENFANT
62 Michael S. Gazzaniga
LE CERVEAU DEDOUBLE
63 Paul Cazayus
L'APHASIE
64 X. Seron, J.L. Lambert, M. Van der Linden
LA MODIFICATION DU COMPORTEMENT
65 W. Huber
INTRODUCTION A LA PSYCHOLOGIE DE LA PERSONNALITE, 2ᵉ éd.
66 Emile Meurice
PSYCHIATRIE ET VIE SOCIALE
67 J. Château, H. Gratiot-Alphandéry, R. Doron et P. Cazayus
LES GRANDES PSYCHOLOGIES MODERNES
68 P. Sifnéos
PSYCHOTHERAPIE BREVE ET CRISE EMOTIONNELLE
69 Marc Richelle
B.F. SKINNER OU LE PERIL BEHAVIORISTE
70 J.P. Bronckart
THEORIES DU LANGAGE
71 Anika Lemaire
JACQUES LACAN, 2ᵉ éd. revue et augmentée
72 J.L. Lambert
INTRODUCTION A L'ARRIERATION MENTALE
73 T.G.R. Bower
DEVELOPPEMENT PSYCHOLOGIQUE DE LA PREMIERE ENFANCE
74 J. Rondal
LANGAGE ET EDUCATION
75 Sheila Kitzinger
PREPARER A L'ACCOUCHEMENT
76 Ovide Fontaine
INTRODUCTION AUX THERAPIES COMPORTEMENTALES
77 Jacques-Philippe Leyens
PSYCHOLOGIE SOCIALE, 2ᵉ éd.
78 Jean Rondal
VOTRE ENFANT APPREND A PARLER
79 Michel Legrand
LE TEST DE SZONDI
80 H.J. Eysenck
LA NEVROSE ET VOUS
81 Albert Demaret
ETHOLOGIE ET PSYCHIATRIE
82 Jean-Luc Lambert et Jean A. Rondal
LE MONGOLISME
83 Albert Bandura
L'APPRENTISSAGE SOCIAL
84 Xavier Seron
APHASIE ET NEUROPSYCHOLOGIE
85 Roger Rondeau
LES GROUPES EN CRISE ?
86 J. Danset-Léger
L'ENFANT ET LES IMAGES DE LA LITTERATURE ENFANTINE
87 Herbert S. Terrace
NIM, UN CHIMPANZE QUI A APPRIS LE LANGAGE GESTUEL
88 Roger Gilbert
BON POUR ENSEIGNER ?
89 Wing, Cooper et Sartorius
GUIDE POUR UN EXAMEN PSYCHIATRIQUE
90 Jean Costermans
PSYCHOLOGIE DU LANGAGE
91 Françoise Macar
LE TEMPS, PERSPECTIVES PSYCHOPHYSIOLOGIQUES
92 Jacques Van Rillaer
LES ILLUSIONS DE LA PSYCHANALYSE
93 Alain Lieury
LES PROCEDES MNEMOTECHNIQUES
94 Georges Thinès
PHENOMENOLOGIE ET SCIENCE DU COMPORTEMENT
95 Rudolph Schaffer
COMPORTEMENT MATERNEL

96 Daniel Stern
MERE ET ENFANT, LES PREMIERES RELATIONS
97 R. Kempe & C. Kempe
L'ENFANCE TORTUREE
98 Jean-Luc Lambert
ENSEIGNEMENT SPECIAL ET HANDICAP MENTAL
99 Jean Morval
INTRODUCTION A LA PSYCHOLOGIE DE L'ENVIRONNEMENT
100 Pierre Oleron et al.
SAVOIRS ET SAVOIR-FAIRE PSYCHOLOGIQUES CHEZ L'ENFANT
101 Bernard I. Murstein
STYLES DE VIE INTIME
102 Rondal/Lambert/Chipman
PSYCHOLINGUISTIQUE ET HANDICAP MENTAL
103 Brédart/Rondal
L'ANALYSE DU LANGAGE CHEZ L'ENFANT
104 David Malan
PSYCHODYNAMIQUE & PSYCHOTHERAPIE INDIVIDUELLE
105 Philippe Muller
WAGNER PAR SES REVES
106 John Eccles
LE MYSTERE HUMAIN
107 Xavier Seron
REEDUQUER LE CERVEAU
108 Moreau/Richelle
L'ACQUISITION DU LANGAGE
109 Georges Nizard
ANALYSE TRANSACTIONNELLE ET SOIN INFIRMIER
110 Howard Gardner
GRIBOUILLAGES ET DESSINS D'ENFANTS, LEUR SIGNIFICATION
111 Wilson/Otto
LA FEMME MODERNE ET L'ALCOOL
112 Edwards
DESSINER GRACE AU CERVEAU DROIT
113 Rondal
L'INTERACTION ADULTE-ENFANT
114 Blancheteau
L'APPRENTISSAGE CHEZ L'ANIMAL
115 Boutin
FORMATION ET DEVELOPPEMENTS
116 Húsen
L'ECOLE EN QUESTION
117 Ferrero/Besse
L'ENFANT ET SES COMPLEXES

Hors collection

Paisse
PSYCHOPEDAGOGIE DE LA LUCIDITE
Paisse
ESSENCE DU PLATONISME
Collectif
SYSTEME AMDP
Boulangé/Lambert
LES AUTRES, L'EXPRESSION ARTISTIQUE CHEZ LES HANDICAPES MENTAUX

Manuels et Traités

2 Thinès
PSYCHOLOGIE DES ANIMAUX
3 Paulus
LA FONCTION SYMBOLIQUE ET LE LANGAGE
4 Richelle
L'ACQUISITION DU LANGAGE
5 Paulus
REFLEXES-EMOTIONS-INSTINCTS
Droz-Richelle
MANUEL DE PSYCHOLOGIE
Hurtig-Rondal
MANUEL DE PSYCHOLOGIE DE L'ENFANT (Tome 1)
Hurtig-Rondal
MANUEL DE PSYCHOLOGIE DE L'ENFANT (Tome 2)
Hurtig-Rondal
MANUEL DE PSYCHOLOGIE DE L'ENFANT (Tome 3)
Rondal-Seron
LES TROUBLES DU LANGAGE (DIAGNOSTIC ET REEDUCATION)